해양과 재난으로 본 근세 한일 교류

해양과 재난으로 본 근세 한일 교류

한일관계사학회 편

경인문화사

| 발간사 |

2025년 을사년.

우선 올해는 우리 학회의 역사로 보면, 1992년에 '한국과 일본에 대한 역사연구를 통하여 두 나라 사이의 올바른 관계사 정립'을 목표로 학회가 창립된 지 34년째가 되는 해입니다. 그동안 학회 구성원 모두가 고대에서 근현대에 걸친 각자의 전공 분야를 통해 귀중한 연구 성과를 내왔고, 이러한 연구 성과를 우리 학회의 학술지 《한일관계사연구》를 통해 한국과 일본 양국 학계에 발신해 어느덧 89집(2025.8)을 간행하기에 이르렀습니다. 또한 학회 구성원 개인의 연구 성과를 모은 단독 연구서로서 단행본 출판은 물론, 학회 차원에서도 매년 다양한 기획 주제를 선정해 년 2~3회의 학술대회를 개최하여 그 성과를 〈경인 한일관계 연구총서〉(이하, 한일 총서) 시리즈의 단행본으로 출간해 왔는데, 올해 3월에 간행된 《역사적으로 본 한일 양국의 갈등과 해법의 모색》(한일 총서 95권)에 이어 마침내 대망의 한일 총서 100권으로 《해양과 재난으로 본 근세 한일관계》를 출판하게 되었습니다. 특히, 올해 발간하게 된 이 두 권의 단행본은 지난 2년 동안 우리 학회가 기획한 〈동아시아 지역의 해양교류와 갈등〉, 〈바다에서 바라 본 "조선"-역사기록의 재발견을 통한 대외교류사의 재구성-〉, 〈역사적으로 본 한일 양국의 갈등·현안과 해법 모색〉을 주제로 한 학술 행사의 소중한 결과물입니다.

말할 나위도 없이 30여 년 동안의 학회의 지속적이고 활발한 학술 활동의 결과가 바로 89권의 학술지 간행과 100권의 한일 총서 발간으로 이어졌고, 이는 우리 학회의 발전과 역량, 그리고 사회적 기여도를 말해주는 것이 아닌가 생각되어 너무 벅차고 기쁘게 생각합니다. 그런 만큼 우리 학회는 일본학계의 한일관계사 연구자들과도 깊은 학문적 교류를 지

축하면서 한국학계의 한일관계사 연구를 최일선에서 견인해 왔다고 자부할 수 있으며, 그 당연한 결과로 이제 우리 학회가 한국 사회에서 자타가 공인하는 명실상부한 명품학회로 자리를 잡게 되었다는 사실을 학회 구성원 모두와 함께 축하하고자 합니다.

전사지불망은 후사지사야(前史之不忘, 後事之師也).

시야를 넓혀 한일관계의 역사를 뒤돌아보면, 고대 시대인 645년 을사년에는 일본에서 소위 '을사의 변'이라는 왜궁정 내의 쿠데타가 발생하여 개신(改新)정권이 탄생하였고 이를 계기로 한반도에 대한 대외정책에 커다란 변화가 있었습니다. 즉 을사의 변 이전의 소가(蘇我)씨 주도의 백제일변도 정책에서 고토쿠(孝德)정권 탄생 이후 백제와의 우호 관계를 기본으로 하면서 신라와도 친선 관계를 유지하는 소위 '다면' 외교로 대외정책이 크게 전환되었습니다. 한편으로 근대 시기의 1905년 을사년에는 '보호'라는 미명(美名) 아래 강요된 을사늑약이 체결되었습니다. 그리고 주지하는 것처럼, 현대의 2025년 을사년 올해는 36년에 걸친 일제의 질곡에서 벗어나 해방을 맞이한 지 80년이 되는 해이고, 1965년 양국의 국교정상화로 한일관계의 전환점을 맞이한 지 60년이 되는 매우 뜻깊고 의미 있는 해이기도 합니다.

그럼에도 여전히 한일 양국 사이에는 2006년의 아베 정권 탄생 이후 더욱 가시화된 역사문제와 영토문제로 인한 갈등과 대립이 온존하고 있습니다. 이러한 시점에서 산학(기업과 학회)협력의 모범 사례라 할 수 있는 경인문화사와 우리 학회의 콜라보 결과물인 〈경인 한일관계 연구총서〉 100권 발간이라는 결실은 매우 커다란 의미가 있습니다. 이 한일 총서 전(全) 100권에서 다루고 있는 중심적인 주제를 보면, 칠지도, 일본서

기, 도래인, 백제왕씨, 왜구, 임진왜란, 조선통신사, 왜관, 쓰시마, 한일병합, 역사교과서, 역사인식, 상호인식, 독도 등 고대에서 근현대에 이르는 한일 양국 학계의 쟁점에 대한 진지한 추구와 함께 양국이 해결해야 할 제문제에 대한 해법 모색이 시도되어 있고, 더 나아가 바람직한 공통의 역사상 구축을 위한 귀중한 제언이 담겨 있습니다.

아무쪼록 이 한일 총서 시리즈 총 100권을 통해 우리 사회에 제공된 귀중한 학술 성과가 2000년 한일관계의 과거를 조망하고, 현재를 직시하며, 상극을 넘어 공존·상생의 미래를 전망하는 데에 귀중한 자양이 되고 지남(指南)이 되길 간절히 소망하고 또한 그렇게 되리라 믿어 의심치 않습니다.

끝으로, 이번 한일 총서 100권을 꾸밀 수 있도록 옥고를 주신 집필자 여러분과 직접 개인의 연구 성과를 한일 총서 단행본으로 출간하신 저자 여러분에게 우선 감사의 말씀을 드립니다. 무엇보다도 그동안 학회 발전에 헌신해 오셨고 특히 한일 총서 발간을 직접 기획하시고 한일 총서 100권 발간을 라이프 워크로 삼아 열과 성을 다해 진력하신 손승철 교수님께는 경의와 함께 특별한 감사의 말씀을 드립니다. 마지막으로 열악한 인문학 출판시장에도 불구하고 우리 학회의 학술 활동을 적극 후원해 주시고 사회적 기여의 일환으로 한일 총서 100권 간행이라는 금자탑을 이루기까지 출판을 지속해 주신 경인문화사 한정희 사장님 이하 임직원 여러분들의 노고에 깊은 감사의 말씀을 드립니다.

2025년 9월

한일관계사학회 회장 나행주

| 목차 |

第2부 재난과 근세 한일 교류

제1부

해양과 근세 한일 교류

제1장 근세 한일관계사 연구의 현황과 과제

정성일*

1. 머리말

1992년 7월 한일관계사연구회(韓日關係史研究會)가 창립되었다. 이듬해(1993년) 10월 『한일관계사연구(韓日關係史研究)』가 창간되었다. 『한일관계사논저목록(韓日關係史論著目錄)』도 그 무렵 발간되었다. 그 뒤 학회 명칭이 한일관계사학회(韓日關係史學會)로 변경되어 지금에 이르고 있다.

한일관계사의 연구 동향에 관한 단행본이 두 차례 출간된 바 있다. 학회 창립 10주년에 즈음하여 『한일관계사연구의 회고와 전망』(국학자료원, 2002)이, 그리고 학회 창립 25주년을 맞이하여 『한일관계사연구의 회고와 전망』(경인문화사, 2018)이 각각 세상에 모습을 드러냈다.

학회 창립 30주년이 지난 지금, 한일관계사연구의 방향을 새롭게 모색하고자 이 자리가 마련된 셈이다. 이 기회를 빌려서 그간의 한일관계사 연구성과를 되돌아보고, 두 가지 관점에서 문제를 제기하면서, 앞으로 새로운 연구 방향을 모색해 보고자 한다.

* 광주여자대학교 교수

2. 역사 인식의 문제

역사 연구에서 어떠한 용어(用語)를 사용하느냐는 중요한 문제이다. 역사 용어에는 역사를 어떻게 바라보는가 하는 역사 인식이 담기게 마련이므로 더욱 그렇다.

통신사(通信使)를 예로 들어 보기로 하자. 이에 관한 연구가 먼저 시작된 일본에서는 조선통신사(朝鮮通信使)라는 용어가 1970~80년대부터 정착되었다. 그것이 한국 학계에 소개되면서 상당 기간 조선통신사라는 용어가 한국 연구자들 사이에서도 무비판적으로 사용되고 있었다. 그런데 이것은 일본 관점에서 만들어진 용어이며, 여기에는 '조선에서 (일본으로) 건너온 통신사'라는 의미가 담겨 있다. 이러한 경향에 대하여 비판적 입장을 견지한 하우봉(河宇鳳) 등 한일관계사 전공자들은 조선 정부가 일본으로 파견한 사신이므로 '조선'을 빼고 그냥 '통신사'라고 부르거나, 아니면 '일본통신사(日本通信使)'로 고쳐 불러야 마땅하다고 주장하기도 하였다. 그런가 하면 일본 정부가 조선에 파견한 사신을 '일본국왕사(日本國王使)'라 불렀으니, 조선 정부가 일본으로 파견한 사신에 대해서는 '조선국왕사(朝鮮國王使)'라는 용어가 더 타당하다는 주장도 제기되었다. 이러한 논의 과정을 거친 뒤 한국 학계에서는 일본에서 사용하는 '조선통신사'라는 용어를 대신하여, '조선(시대) 통신사' 또는 '조선(의) 통신사' 등으로 표현하는 등 새로운 변화가 나타나기도 하였다.

그리고 통신사(通信使)와 신사(信使)라는 용어 사용에 대해서도 여러 견해가 제시되었다. 예를 들면 조선 예조(禮曹) 등이 남긴 조선 측 기록에는 통신사등록(通信使謄錄)이라고 쓴 반면에, 대마도종가문서(對馬島宗家文書) 등 일본 측 기록에서는 신사기록(信使記錄)이라고 적었다는 주장이 제기되기도 하였다.

그런데 일본 기록뿐만 아니라 조선 기록에서도 신사(信使)라고 적은 사례가 있었다. 예를 들면 『변례집요(邊例集要)』나 『통신사등록』 같은 조선 측에서 작성된 기록에서도 신사라는 용어를 사용하였다. 원중거(元重擧)도 『화국지(和國志)』에서 통신사를 가리켜 신사로 적었다. 이것을 보면 조선이든 일본이든 '통신사를 줄여서 신사라고 불렀을' 가능성이 높다고 판단된다.

한국과 일본 학계에서 사용하는 용어와 관련하여 한 가지 더 지적하고자 한다. 먼저 선위사(宣慰使)와 접위관(接慰官)이라는 용어에 대하여 살펴볼 필요가 있다. 조선의 『경국대전(經國大典)』에 따르면, 조선 정부가 외교—사신 접응[접대]—와 관련하여 파견하는 관리(官吏)의 명칭을 '○○사(使)'로 할 것인지, 아니면 '○○관(官)'으로 할 것인지가 명확하게 법(法)으로 규정되어 있었다. 예를 들면 일본에서 국왕사(國王使)가 건너오면 조선 정부는 선위사(宣慰使)를 동래(東萊)로 파견하여 일본 사신을 응접하게 하였다. 그런데 조선 정부는 중국 사신 접대와 일본 사신 접대에서 차등을 두었다. 중국 사신에 대한 선위사는 2품 이상 조관(朝官)을, 일본 또는 유구에서 온 사신에 대해서는 3품 조관을 보내서 응접하게 한 것으로 되어 있었다.

1629년 현방(玄方, 玄昉) 일행이 상경(上京)하였을 때, 그들이 일본의 국서(國書)를 지참하지 않아서 마찰이 발생한 적이 있었다. 조선 정부가 처음에 정홍명(鄭弘溟, 종3품)을 선위사(宣慰使)로 임명하여 동래로 내려보낸 것은 현방 일행이 일본의 국서를 지참하고 왔을 것으로 예상했기 때문이었다. 그런데 현방 일행이 상경(上京)한 뒤에 그들이 국서를 지참하지 않은 사실이 판명된 뒤에는 조선 정부가 이행원(李行遠, 종5품)을 접위관(接慰官)으로 삼아서 현방 일행을 응접하게 했다.

그런데 문위행(問慰行)과 관련하여 한국과 일본 학계의 용어 사용에서 크게 차이가 난다. 조선 정부가 대마도주에게 파견한 역관(譯官)을 조선 정부는 문위행(問慰行)으로 불렀는데, 이를 역사 자료에서는 도해역관

(渡海譯官) 또는 문위역관(問慰譯官)이라는 용어로 기록하기도 했다. 예를 들면 규장각에 소장된 『동래부접왜사목(東萊府接倭事目)』에 따르면, 도해역관 또는 문위역관으로 적은 사례가 다수 발견된다. 그렇지만 여기에서 주의할 점은 '역관사(譯官使)' 또는 '역사(譯使)'로 기록된 사례는 조선 측 역사 자료에서는 전혀 등장하지 않는다는 점이다.

그런데도 현재 일본 학계에서는 통신사와 도해역관(또는 문위역관)이 모두 조선 정부가 파견한 '사신(使臣)' 또는 '사자(使者)'의 범주에 들어간다고 보는 관점에서 '역관(譯官)'에 '사(使)'라는 한 글자를 더 추가하여 '역관사(譯官使)'라는 용어를 사용하는 경향이 있다. 그렇지만 이는 조선의 법(法) 체계에서 본다면 결코 성립하기 어려운 용어 사용법이라고 말하지 않을 수 없다. 즉 조선 정부가 문위행(問慰行)으로 파견했던 '역관(譯官)'을 가리켜 '도해역관(渡海譯官)'이나 '문위역관(問慰譯官)'라고는 부를 수 있겠지만, 그것을 '역관사(譯官使)'라고 부르는 것이 과연 옳은지에 대해서는 숙고(熟考)가 필요하다고 생각한다.

당시 대마도가 남긴 기록에서는 역관(譯官)이라는 용어가 일반적으로 사용되었다. 예를 들면 일본 국립국회도서관 소장 『분류사고(分類事考)』 14의 표지를 보면, '신사(信使)'에 이어서 '역관(譯官)'이라고 되어 있다. 여기에서 당시 대마도 사람들이 '역관사(譯官使)' 또는 '역사(譯使)'라 적지 않고 '역관(譯官)'이라 기재한 이유에 대하여 깊이 생각해 보아야 한다.

그런데 『분류사고(分類事考)』14의 내용을 읽다 보면, '역관(譯官)'을 가리키는 낱말을 '○○사(使)'로 적은 사례가 일부 보이기 시작한다. 그 중 '역사(譯使)'라 기록한 사례가 주목된다. 그 시기는 대략 18세기 중엽 이후이다. 이와 관련된 사례를 몇 가지 소개하면 아래와 같다.

- 역사(譯使): 1768년(明和 5, 무자) 9월 6일, 9월 14일
  - 이 뒤에 다시 '역관(譯官)'이라는 용어를 사용함

- 역사(譯使): 1780년(安永 9, 경자) 5월 23일, 8월 22일, 8월 23일, 10월 28일, 11월 2일, 11월 28일
  - 앞뒤 시기에 '역관(譯官)'이라는 용어를 사용함
- 역사(譯使): 1783년(天明 3, 계묘) 5월 28일, 6월 4일
  - 앞뒤 시기에 '역관(譯官)'이라는 용어를 사용함
- 역사(譯使): 1796년(寬政 8, 병진) 7월 28일
  - 이 뒤에 다시 '역관(譯官)'이라는 용어를 사용함

위에서 보듯이 중간중간에 '역사(譯使)'라 적은 사례가 더러 있었지만, 그 앞뒤로도 '역관(譯官)'으로 기록된 건수가 훨씬 더 많았다. 이처럼 '역사(譯使)'라는 용어가 사용되는 시기에도 여전히 '역관(譯官)'이 혼용되고 있었다. 이것은 '역사(譯使)'라는 용어가 '역관(譯官)'이라는 용어를 완전히 대체했다고 말할 수 없음을 의미하는 중요한 증거가 된다.

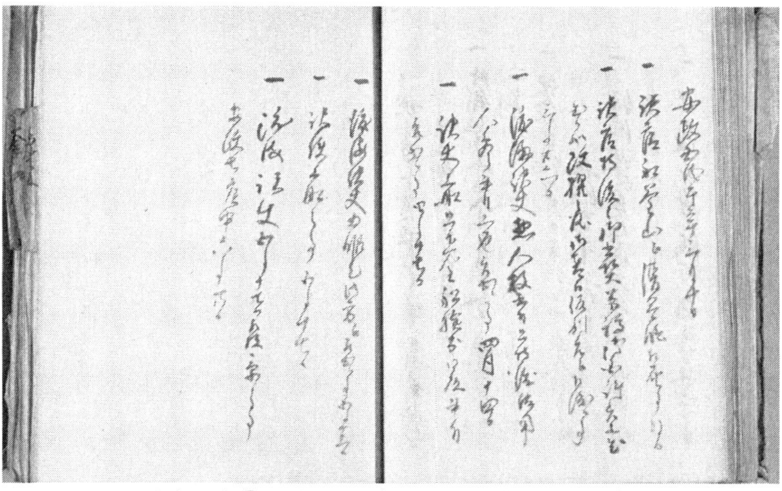

〈자료 1〉『分類事考』14(일본 국립국회도서관 소장)

〈자료 1〉은『분류사고』14의 마지막 기록인 1858년(철종 9, 安政 5)

무오년 3월부터 6월까지 기사를 보여준다. 이 자료는 현재 일본 국립국회도서관의 홈페이지를 통해서 원문 서비스가 제공되고 있다. 그래서 누구든 이 자료에 쉽게 접근할 수 있다.

〈자료 1〉의 화면을 통해서 '역관(譯官)'과 '역사(譯使)'와 '도해역사(渡海譯使)'가 함께 쓰이고 있었음이 확인된다. 즉 1858년 3월 10일과 3월 26일에는 '역관(譯官)'으로, 동년 4월 14일에는 '도해역사(渡海譯使)'로, 그리고 동년 4월 17일에는 '역사(譯使)'로 각각 적혀 있다. 그런데 여기에서도 증명되듯이, '역관사(譯官使)'라는 용어는 찾아보기 어렵다. 설령 그런 사례가 발견된다고 하더라도, 그것이 결코 일반적 현상은 아니었다고 보아야 한다. 이러한 결과는 아마도 조선의 사정을 잘 알고 있었던 당시 대마도 사람들이 역관의 마지막 글자인 '관(官)'에 '사(使)'를 덧붙여서 '역관사(譯官使)'라는 용어를 사용하기란 쉽지 않았기 때문일 것으로 생각한다. 이 점을 고려한다면 현재 일본 학계를 중심으로 널리 쓰이고 있는 '역관사(譯官使)'라는 학술용어(學術用語)에 대해서는 반드시 재고(再考)가 필요하다고 본다.

또 다른 자료를 살펴보더라도 마찬가지 현상을 발견할 수 있다. 예를 들면 현재 국사편찬위원회에 소장하고 있는 이른바 대마도종가문서 중에서 '역관기록(譯官記錄)' 또는 '역관기(譯官記)'라는 제목이 붙은 자료가 가장 많다. 이것은 당시 대마도가 조선의 법체계(法體系)를 정확하게 인식하여 '역관(譯官)'이라는 용어를 사용하였다는 반증이다. 그런데 후대에 가면 앞의 『분류사고』 사례에서 보았듯이, 매우 드물게 '역사(譯使)'라고 적은 사례가 보인다. 그렇지만 역관사(譯官使)라고 쓴 사례는 더욱 찾아보기 힘들다.

역관(譯官)에 사(使)를 덧붙여서 역관사(譯官使)라는 용어를 만들어서 쓰는 것은 마치 접위관(接慰官) 또는 선위사(宣慰使) 중 하나를 선택하여 사용해야 하는 것을 '접위관사(接慰官使)'라는 새로운 용어를 창안해

내서 오류를 범하는 것이 된다고 생각한다. 정리하자면 조선이 대마도에 파견한 문위행(問慰行)을 도해역관(渡海譯官), 문위역관(問慰譯官) 등으로 부를 수는 있겠지만, 일부 일본 측 기록에서만 극히 드물게 보이는 사례를 근거로 들어서 '도해역관사(渡海譯官使)' 또는 '역관사(譯官使)'로 부르는 것은 적절하지 못하다고 생각한다.

3. 역사 자료의 문제

여기에서는 동일 물품의 명칭이 역사 자료마다 서로 다르게 표기된 사례에 대하여 살펴보고자 한다. 예를 들면 조선 측 자료인『증정교린지(增正交隣志)』(公貿易)에 '주홍(朱紅)'이라 적혀 있는 것이 역시 조선 측 기록인『만기요람(萬機要覽)』(재용편 호조 공물)에서는 '왜주홍(倭朱紅)'으로 기록되어 있다. 그런데『증정교린지』중에서도 연례송사(年例送使)와 관련된 항목에서는 서계 별폭(書契別幅)에 대하여 설명하는 가운데, '대화진주(大和眞朱)'라는 명칭이 등장한다. 그런가 하면 일본 측 자료인 종가기록(宗家記錄)에서는 '일본주(日本朱)'라고 적은 사례도 보인다.

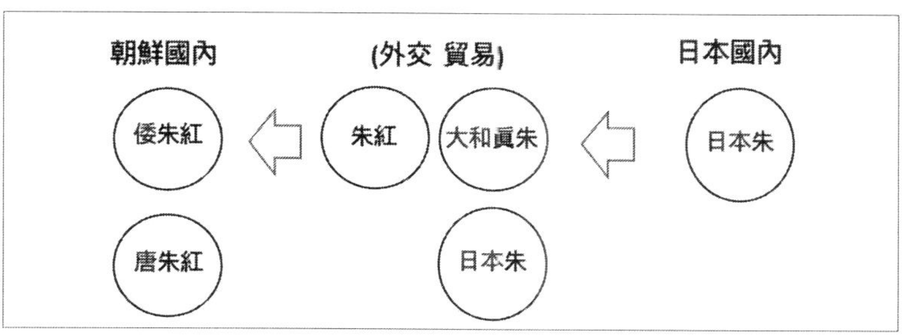

여기에서 말하는 '주홍(朱紅)'이라든가, '왜주홍(倭朱紅)' '대화진주(大和眞朱)' '일본주(日本朱)'가 사실은 모두 동일 물품이다. 이것은 일본에

서 산출된 황화수은(黃化水銀)인 붉은 안료(顔料)를 가리킨다. 주의할 것은 진주(眞朱)가 진주조개를 말하는 진주(眞珠)가 아니라는 점이다(개념도 참조).

그렇다면 왜 같은 물품을 역사 자료마다 서로 다른 명칭으로 적었던 것일까? 이 문제를 한국과 일본에 남아 있는 역사 자료에 근거하여 접근해 보기로 하자. 먼저 '왜(倭)' '대화(大和)' '일본(日本)'이 모두 일본국(日本國)을 가리키는 것은 명백하다.

지금부터는 연례송사(年例送使) 중에서도 특송선(特送船)에 집중하여 설명하게 될 것이다. 『증정교린지(別幅)』에 따르면, 대마도주(對馬島主)가 조선의 예조(禮曹)로 보내는 서계(書契)와 함께 '대화진주(大和眞朱)'를 해마다 8근씩 조선 정부에 진상(進上)—나중에는 봉진(封進)으로 용어가 바뀜—을 하고 있었다. 그리고 『증정교린지(公貿易 朱紅)』에는 조선 정부가 공무역(進上=封進)에서 수입한 '주홍(朱紅)'이 연간 8근이었다고 적혀 있다. 1869년 이즈하라번[嚴原藩]에서 작성한 종가기록(宗家記錄)에 따르면, 이때의 '일본주(日本朱)' 8근의 가격이 은(銀) 기준으로 998몬메[匁] 4분(分)—1근당 124匁 8分—이었다고 되어 있다.

이와 관련하여 여기에서 소개하고자 하는 역사 자료는 서울대학교 규장각한국학연구원 소장 『동문휘고(同文彙考)』와 국사편찬위원회 소장 원본 서계(書契), 그리고 일본 국립국회도서관 소장 『양국왕복서등(兩國往復書謄)』 이렇게 셋이다. 이 세 가지 역사 자료에 주목하는 이유는 이들 자료가 조선과 일본이 주고받은 서계(書契) 즉 외교문서(外交文書)와 관련되어 있기 때문이다. 특히 여기에서는 일본이 조선으로 보낸 외교문서에 한정하여 설명하려고 한다. 그래서 일단 국사편찬위원회 소장 서계는 이 논의에서 제외하는 것이 좋겠다. 왜냐하면 국사편찬위원회 서계는 모두 조선이 일본으로 보낸 것이었기 때문이다. 따라서 아래에서는 대마도주가 조선 예조로 보낸 서계에 네 가지 명칭—주홍(朱紅), 왜주홍(倭朱

紅), 대화진주(大和眞朱), 일본주(日本朱)—이 어떻게 기록되어 있었는지, 조선 측 자료인 『동문휘고(同文彙考)』와 일본 측 자료인 『양국왕복서등(兩國往復書謄)』에 근거하여 설명하고자 한다.

먼저 『동문휘고』(進獻 一)를 살펴보면, 1626년에 처음으로 '도주 특송 제1선(島主特送第一船)'의 서계에 대하여 기록이 남겨져 있다. 대마도주가 조선의 예조참의(禮曹參議) 앞으로 보낸 이 서계는 작성 연월이 일본 연호를 사용하여 '천계(天啓) 6년 병인 10월'로 되어 있었다. 그런데 여기에는 본문의 주요 내용만 등재되어 있을 뿐, 별폭에 대해서는 '궐(闕)'이라고만 적어 놓았다(특송 제2선과 제3선 별폭에 대해서도 동일함). 이것은 당시 특송선의 별폭이 분실되어 내용을 알 수 없었기에, 『동문휘고』의 편찬자가 이에 대해서는 기재하지 못했다는 의미로 풀이할 수 있다.

『동문휘고』(進獻 三)에서 '도주 특송 제1선서(島主特送第一船書)'의 본서와 별폭이 자세하게 기록된 것은 1640년 4월이 첫 사례이다. 서계와 별폭의 작성 연월은 '관영(寬永) 17년 경진 4월'로 되어 있었다. 원문을 그대로 소개하면 〈사료 1〉과 같다(국사편찬위원회 영인본, 『同文彙考』 二, 1998쪽).

〈사료 1〉

日本國對馬州太守平義成名字上着圖書　奉書
朝鮮國禮曹大人　閤下
隨每歲例玆差正官平成直都船主藤成重二船主平成正封進押物官等以遣特
送使船常度不替迎接爲幸仍謝中間回送之送使客秋亦復繼約之日此使船亦
倍加貿木實分高卑由其誠信感以今玆收受餘容槎使等口布土宜付左別幅統
希盛諒不宣
寬永十七年庚辰四月　日
對馬州太守平義成名字上着圖書

別幅
朱紅二斤彩畵硯匣一備胡椒五百斤蘇木七百斤白礬三百斤 計
寬永十七年庚辰四月 日
對馬州太守平義成名字上着圖書

公貿銅鐵四千三百斤鑞鐵二千四百斤

먼저 위의 〈사료 1〉에서 '이름을 적은 글자 위에 도서(圖書)를 찍었다'는 뜻의 '명자 상착 도서(名字上着圖書)'라 쓴 여섯 글자를 주목할 필요가 있다. 이렇게 적은 곳이 세 군데 보인다. 발신자는 일본국 대마주 태수 평의성(平義成), 즉 요시나리[義成]였다. 수신자는 조선국 예조대인으로 되어 있다. 이 자료의 뒤에 소개된 답서가 예조참의(禮曹參議) 명의로 작성된 것으로 보건대, 대마도주 명의로 발신된 서계의 수신인도 예조참의였을 것으로 판단된다. 대마도주 서계의 본서 가운데 특송사선(特送使船)이라는 표현이 있으며, 정관 평성직(平成直)과 도선주 등성중(藤成重), 그리고 이선주 평성정(平成正)의 이름이 각각 적혀 있는 이 역사 자료는 특송 제1선의 서계이다.

서계와 함께 예조에 전달된 별폭에는 5종의 물품 명칭과 수량이 각각 열거되어 있다. ① 주홍(朱紅) 2근, ② 채화연갑(彩畵硯匣) 1비, ③ 호초(胡椒) 500근, ④ 소목(蘇木) 700근, ⑤ 백반(白礬) 300근이 그것이다. 다른 자료에서는 여기에 적힌 소목이 단목(丹木)으로, 백반이 명반(明礬)으로 각각 기재되기도 했다. 그리고 공무(公貿)는 진상(또는 봉진)과 별도로 특송 제1선이 일본에서 가져온 구리(銅鐵)와 주석(鑞鐵)이 공무역을 통해서 매매된 것을 말한다.

〈표 1〉은 『동문휘고』(進獻 三)에 보이는 1640년 4월 '도주 특송 제1선서(島主特送第一船書)'의 별폭 가운데, '주홍(朱紅)'에 해당하는 기록이 일본 측 자료인 『양국왕복서등』에는 어떻게 적혀 있었는지를 확인하여

그 결과를 정리한 것이다. 먼저 눈에 띄는 것은 연번 1~15번 물품의 명칭에서 공통으로 들어 있는 글자가 '주(朱)'이다. 실제로 『관수일기(館守日記)』에서 이것이 '주(朱)'로 기재된 사례도 있었다. 그리고 '심주(深朱)'와 '진주(眞朱)'는 일본어 발음이 모두 '신슈'로 같아서인지, 일본 기록(예: 『양국왕복서등』)에서는 이 둘이 같은 의미로 통용되었던 것이 아닐까 짐작된다.

그런데 『동문휘고』에는 '주홍(朱紅)'으로 적혀 있는 것이 『양국왕복서등』에는 여러 명칭으로 기재되어 있는 점이 가장 두드러진다(深朱, 眞朱, 倭深朱, 倭眞朱, 倭朱, 日本朱, 日本眞朱). 그리고 시기적으로는 1673년(寬文 13) 이후부터는 일본주(日本朱), 일본진주(日本眞朱)로 수렴이 되어갔다. 대체로 왜관(倭館)을 두모포(豆毛浦)에서 초량(草梁)으로 이전(移轉)하는 방향으로 조선 정부의 정책이 결정되어가던 시기를 전후하여 이러한 변화가 나타났다고 판단된다. 그 이전까지는 왜심주(倭深朱), 왜진주(倭眞朱), 왜주(倭朱)와 같이 '왜(倭)'라는 글자가 대마도주의 특송제1선 별폭에 들어 있는 점이 흥미롭다. 다만 〈표 1〉의 내용은 모두가 서계 원본이 아닌 필사본을 바탕으로 정리한 것이므로, 필사자의 기재 오류 가능성을 완전히 배제할 수는 없다는 점도 염두에 두어야 한다고 생각한다.

〈표 1〉 특송 제1선 별폭에 적힌 주홍의 명칭 비교(1640~1680년)

연번	예물		작성 연월		비고	출전
	명칭	수량(斤)	서력	원문		
1	朱紅	2	1640	寬永 17년 경진 4월		《同文》 2
2	深朱	2	1654	承應 3년 갑오 정월		《兩國》 1
3	倭深朱	2	1655	承應 4년 을미 6월	원문은 200근임	《兩國》 1
4	倭深朱	2	1658	明曆 4년 무술 11월		《兩國》 5
5		2	1663	寬文 3년 계묘 5월		《兩國》 9

6		2	1665	寛文 5년 을사 7월		《兩國》 11
7		2	1666	寛文 6년 병오 6월		《兩國》 11
8	眞朱	2	1667	寛文 7년 정미 정월		《兩國》 12
9	倭眞朱	2	1667	寛文 7년 정미 7월		《兩國》 12
10	倭朱	2	1671	寛文 11년	伊曼里造磁器 二束	《兩國》 15
11	日本朱	2	1673	寛文 13년 계축 정월		《兩國》 16
12	眞朱	2	1673	寛文 13년 계축 4월		《兩國》 16
13	日本朱	2	1674	延寶 2년 갑인 정월		《兩國》 17
14	日本眞朱	2	1675	延寶 3년 을묘 5월		《兩國》 19
15		2	1680	延寶 8년 경신 7월		《兩國》 23

자료: 《同文彙考》(서울대학교 규장각한국학연구원 소장); 《同文彙考》 2(국사편찬위원회 영인본); 《兩國往復書謄》(일본 국립국회도서관 소장)

지금까지 〈사료 1〉과 〈표 1〉을 통해서 살펴보았듯이, 일본 측 외교문서의 기재 내용에 대해서는 한국과 일본에 남아 있는 여러 자료를 종합적으로 검토하지 않으면 안 된다. 『분류사고』, 『양국왕복서등』과 같은 자료는 일본 국립국회도서관 홈페이지의 원문 서비스를 통해서 원문을 쉽게 확인할 수 있다. 그리고 국사편찬위원회 홈페이지의 원문 서비스를 통해서 조선 정부가 일본의 대마도주 측에 보낸 외교문서의 원문 이미지를 쉽게 접할 수 있다. 최근의 이러한 연구 환경 변화를 고려하여, 앞으로 조선후기 한일관계사에 대한 연구의 방법도 새롭게 달라져야 할 것으로 생각한다.

4. 새로운 연구 방법론의 제안

조선 정부가 일본과의 공무역을 통해서 해마다 8근씩 수입했던 왜주홍(倭朱紅), 즉 일본산 주홍은 중국산 주홍을 가리키는 당주홍(唐朱紅)과 대체 관계에 있었던 물품이었다. 옻칠과 섞어 왕실 공예품에 사용하고 있었던 광물성 붉은 안료(顔料)를 조선 정부가 일본에서 수입해서 조달하고 있었던 실태를 밝힌 김미라의 연구는 앞으로 한일관계사의 연구 방향을 새롭게 설정하고자 할 때 하나의 참고 자료가 될 수 있을 것으로 생각한다

한일관계사와 관련한 새로운 연구 방법론의 하나로 인접 학문 간 융합 연구를 제시하고자 한다. 그리고 이에 관한 구체적인 방법의 하나로 조선의 국상(國喪)을 조문하러 온 일본 사신들이 가져온 조례품(弔禮品), 즉 부물(賻物)에 관한 자료를 소개하는 것으로 이 글을 마치고자 한다.

예를 들어서 조선 국왕의 홍거(승하) 시에 대마도주가 조례품을 가져왔다. 즉 ① 전탁(前卓), ② 촉대(燭臺), ③ 납촉(蠟燭), ④ 주칠원분(朱漆圓盆), ⑤ 화병(華甁), ⑥ 향로(香爐), ⑦ 침향(沈香) 등이 그것이었다(〈표 2〉 참조).

〈표 2〉 일본의 조문사절이 조선으로(예조참의) 가져온 書契의 別幅(국왕 조문)

연번	품목	단위	1	2	3	4	5	6	7	8	9	10
			1649	1659	1674	1720	1724	1776	1800	1835	1849	1864
			기축	기해	갑인	경자	갑진	병신	경신	을미	기유	갑자
1	白檀	斤	3									
2	蠟燭	挺, 柄	100	200	200	200	200	200	200	200	200	200
3	白布	端	10									
4	高宮細布	端		20								
5	沈水香	觔		3								
6	沈香	斤, 觔			3	3	3	3	3	3	3	3
7	靈前卓子	脚		1								
8	前卓	脚			1	1	1	1	1	1	1	1
9	三具足	飾		1								
10	華甁	箇			1	1	1	1	1	1	1	1
11	燭臺	箇			1	1	1	1	1	1	1	1
12	香爐	介			1	1	1	1	1	1	1	1

13	朱漆圓盆	束			5束	50	50	15	50	50	50	50
종류			3	5	7	7	7	7	7	7	7	7

주: 朱漆圓盆의 단위는 1674까지는 束, 나머지는 枚임.
자료: '차왜'=『吊慰差倭謄錄』(서울대학교 규장각한국학연구원 소장); '동문휘고'=『同文彙考』 二와 『同文彙考』 四(국사편찬위원회 영인본, 1978)의 해당 부분 쪽 번호; '往復書謄'=『兩國往復書謄』(일본 국립국회도서관 소장)의 문서 번호.

대마도주의 조선 국왕 조문에 대하여 조선 정부는 10종 안팎의 회사별폭(回賜別幅)으로 회례(回禮)를 하였다. 예를 들면 ① 인삼(人蔘; 원문은 人參), ② 호피(虎皮), ③ 표피(豹皮), ④ 백저포(白苧布), ⑤ 백면주(白綿紬), ⑥ 흑마포(黑麻布), ⑦ 백목면(白木綿), ⑧ 화석(花席), ⑨ 사장부유둔(四張付油芚), ⑩ 황모필(黃毛筆), ⑪ 진묵(眞墨) 등이 그것이다(〈표 3〉 참조).

〈표 3〉 조선 측(예조참의)이 일본의 조문사절(대마도주)에게 전달한 回賜別幅

연번	품목	단위	1	2	3	4	5	6	7	8	9	10
			1649	1660	1675	1720	1725	1776	1801	1835	1850	1864
			기축	경자	을묘	경자	을사	병신	신유	을미	경술	갑자
1	人蔘(人參)	斤, 觔	2	3	3	3	3	3	3	3	3	3
2	虎皮	張	1	2	2	2	2	2	2	2	2	2
3	豹皮	張	1	2								
4	白苧布	匹	7	10	10	10	10	10	10	10	10	10
5	白綿紬	匹	7	10								
6	黑麻布	匹	5	7	7	7	7	7	7	7	7	7
7	白木綿	匹	20	20	20	20	20	20	20	20	20	20
8	花席	立, 張	5	10	10	10	10	10	10	10	10	10
9	四張付油芚	部	3	3	3	3	3	3	3	3	3	3
10	黃毛筆	柄	30	50	40	40	40	40	40	40	40	40
11	眞墨	笏	30	50	40	40	40	40	40	40	40	40
종류			11	11	9	9	9	9	9	9	9	9
출전	국편 원본 서계		-	929	1464	-	3534	5444	6447	7889	8514	9018

	동문휘고	2-1796	2-1798	2-1798	2-1799	2-1799	2-1800	4-3834	4-3835	4-3836	4-3836
	往復書謄			19	60	66	108	130	160	173	188

자료: 〈표 2〉와 같음.

조선 국왕 이외에도 왕세자, 왕비, 대왕대비 등의 훙거 때마다 대마도주는 조례품을 조선의 예조로 보내왔다. 예를 들면 ① 탁(卓), ② 촉대(燭臺), ③ 화병(華瓶), ④ 향로(香爐), ⑤ 납촉(蠟燭), ⑥ 침향(沈香), ⑦ 고궁세포(高宮細布) 등이 그것이다(〈표 4〉 참조).

〈표 4〉 일본의 조문 사절(대마도주)이 조선에 가져온 書契의 別幅과 贈物(국왕 이외 조문)

연번	대상	서력	일본	간지	월	별폭						
						①	②	③	④	⑤	⑥	⑦
(1)	明聖王后 (현종비)	1684	天和 4	갑자	2	卓	華瓶	燭臺	香爐	蠟燭	沈香	高宮細布
						1脚	1箇	1箇	1箇	100挺	2觔	15端
(2)	莊烈王后 (인조 계비)	1689	元祿 2	기사	5	卓	華瓶	燭臺	香爐	蠟燭	沈香	高宮細布
						1脚	1箇	1箇	1箇	100挺	2觔	15端
(3)	仁顯王后 (숙종 계비)	1701	元祿 14	신사	11	卓	華瓶	燭臺	香爐	銀裝燭	沈香	高宮細布
						1脚	1箇	1箇	1箇	100挺	2觔	15端
(4)	宣懿王后 (경종 계비)	1730	享保 15	경술	10	卓	華瓶	燭臺	香爐	蠟燭	沈香	高宮細布
						1脚	1箇	1箇	1箇	100挺	2觔	15端
(5)	貞聖王后 (영조비)	1757	寶曆 7	정축	7	卓	華瓶	燭臺	香爐	蠟燭	沈香	高宮細布
						1脚	1箇	1箇	1箇	100挺	2觔	15端
(6)	仁元王后 (숙종 계비)	1757	寶曆 7	정축	7	卓	華瓶	燭臺	香爐	蠟燭	沈香	高宮細布
						1脚	1箇	1箇	1箇	100挺	2觔	15端
(7)	貞純王后 (영조 계비)	1805	文化 2	을축	5	卓	華瓶	燭臺	香爐	蠟燭	沈香	高宮細布
						1脚	1箇	1箇	1箇	100挺	2觔	15端
(8)	孝懿王后 (정조비)	1821	文政 4	신사	6	卓	燭臺	華瓶	香爐	蠟燭	沈香	高宮細布
						1脚	1箇	1箇	1箇	100挺	2觔	15端
(9)	孝明世子 (순조 세자)	1830	文政 13	경인	12	卓	燭臺	華瓶	香爐	蠟燭	沈香	高宮細布
						1脚	1箇	1箇	1箇	100挺	2觔	15端
(10)	孝顯王后 (헌종비)	1844	天保 15	갑진	3	卓	燭臺	華瓶	香爐	蠟燭	沈香	高宮細布

						1脚	1箇	1箇	1箇	100挺	2觔	15端
(11)	純元王后 (순조비)	1857	安政 4	정사	10	卓	燭臺	華甁	香爐	蠟燭	沈香	高宮細布
						1脚	1箇	1箇	1箇	100挺	2觔	15端

주: ①부터 ⑦까지는 별폭의 물목이 기재된 순서를 가리킴.
자료: 〈표 2〉와 같음.

대마도주의 조례품에 대하여 조선 정부는 9종의 회사별폭(回賜別幅)으로 회례(回禮)를 하였다. 품목은 국왕 조문 때와 크게 다르지 않았다(〈표 5〉 참조).

〈표 5〉 국왕 이외 조문 사절(대마도주)에게 예조가 전달한 回賜別幅

연번	품명	단위	(1)	(2)	(3)	(4)	(5)	(6)	(7)	(8)	(9)	(10)	(11)
			1684	1689	1702	1731	1758	1758	1805	1821	1831	1844	1858
			갑자	기사	임오	신해	무인	무인	을축	신사	신묘	갑진	무오
			왕비	대비	중전	대비	중전	대비	대비	대비	세자	중전	대비
1	人蔘	觔	3	3	3	3	3	3	3	3	3	3	3
2	虎皮	張	2	2	2	2	2	2	2	2	2	2	2
3	白苧布	匹	10	10	10	10	10	10	10	10	10	10	10
4	黑麻布	匹	7	7	7	7	7	7	7	7	7	7	7
5	白木綿	匹	20	20	20	20	20	20	20	20	20	20	20
6	花席	張	10	10	10	10	10	10	10	10	10	10	10
7	四張付油芚	部	3	3	3	3	3	3	3	3	3	3	3
8	黃毛筆	柄	40	40	40	40	40	40	40	40	40	40	40
9	眞墨	笏	40	40	40	40	40	40	40	40	40	40	40

자료: 〈표 2〉와 같음.

〈사료 2〉와 〈사료 3〉의 그림 자료는 〈표 2〉와 〈표 4〉의 대마도주(對馬島主) 조례품(弔禮品)을 짐작하게 한다. 두 가지 모두 국사편찬위원회 소장 자료이다. 국내외 박물관에 이러한 물품이 소장되어 있는지에 대해서도 앞으로 연구가 필요하다. 그리고 이와 관련한 외교사(外交史)와 공예사(工藝史) 측면의 융복합 연구도 가능할 것으로 판단된다.

〈사료 2〉 1730년 조례사 별폭
(국사편찬위원회 대마도종가문서 DK 4523)

〈사료 3〉 1843년 조례사 별폭
(국사편찬위원회 대마도종가문서 DK 3560)

〈사료 4〉의 그림 자료는 1844년 중전(憲宗 王妃) 홍거(薨去)에 대한 대마도주(對馬島主)의 조례품(弔禮品) 중에서 전탁(前卓), 촉대(燭臺), 화병(華甁) 등을 보여주는 것이다. 〈사료 4〉는 일본 국립국회도서관에 소장되어 있다.

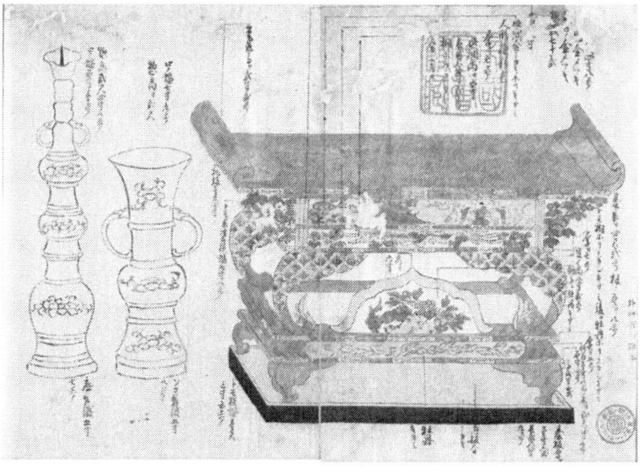

〈사료 4〉 1849년 弔禮使記錄(일본 국립국회도서관 소장)

지금까지 한일관계사(韓日關係史) 연구는 주로 통신사(通信使)라든가 문위행(問慰行) 등 외교사(外交史) 측면의 연구에 집중되어 있었다. 앞으로는 예물(禮物) 즉 물품을 매개로 하여, 경제사(經濟史) 또는 공예사(工藝史), 더 나아가서는 조선시대 궁중 의례(宮中儀禮)와 관련된 융복합 연구로 외연(外延)을 넓혀나갈 필요가 있다. 한국의 국사편찬위원회나 일본의 국립국회도서관 등 국내외 여러 기관의 역사 자료 데이터베이스를 활용한다면 충분히 가능한 일이라고 생각한다.

제2장 '바다의 역사'와 도요토미 히데요시 정권론 : 대외관계사를 중심으로*

이수열**

1. 방법론의 시대

1976년 일본의 사회경제사학회 대회의 공통논제는 '새로운 에도 시대 사상을 찾아서(新しい江戸時代史像を求めて)'였다. 이 대회에서 논의를 주도한 경제사학자 하야미 아키라(速水融)는 당시 다음과 같이 문제를 제기하고 있었다.

> 에도시대라고 하면 사람들은 먼저 무엇을 주제어로 떠올릴까? 언젠가 여론조사라도 해보고 싶지만, 빈곤과 착취의 사회, 의리와 인정의 세계, 쇄국으로 말미암아 세계의 대세로부터 뒤처진 시대 등등, 요컨대 근대화의 입장에서 극복하고 부정되어야 할 마이너스 표어가 더덕더덕 늘어설 것임에 틀림없다. 물론 에도시대는 어떻게 생각한들 근대사회가 아니다. 그러나 근대사회가 아니므로 유럽사의 관점에서 재단하여 봉건사회라고 말해서는 지나치게 유럽중심사관에 빠지게 된다. 우리는 너무나도 강력한 이 오염을 어떻게든 뿌리치도록 노력해야 한다.[1]

---

* 논문 초출: 『한일관계사연구』 제75집(2022년 2월)
** 한국해양대학교 교수
1) 速水融, 「歴史のなかの江戸時代」, 速水融 편, 『歴史のなかの江戸時代』, 藤原書店, 2011, 37쪽. 원저 (東洋經濟新報社) 출간은 1977.

하야미가 극복하려는 유럽중심사관이란 구체적으로 마르크스주의와 그에 입각한 패전 이후 일본의 역사학을 의미한다. 하야미는 그 뒤 역사인구학(historical demography)에 의거해서 '전후역사학'과 대결하여 종래 "빈곤·착취·쇄국이라는 부정적인 키워드로 덧칠해져" 온 근세 일본을 "세계사적으로 볼 때, 오로지 국내를 중심으로 하는 장기간의 태평성대를 배경으로 사회적·경제적·문화적인 성숙을 이룬 매우 드문 예"[2]로 탈바꿈시키는 데 성공했다.

1980년대를 전후하여 일본의 역사학계는 방법론의 시대를 맞이하고 있었다. 눈앞에서 전개되고 있는 '동아시아의 기적'과 '경제대국' 일본. 그와 궤를 같이하는 서구 근대의 사양. 여기에 전후 세대 연구자의 출현과 전후 의식의 풍화가 더해져 그때까지 일본의 역사학계를 견인해 온 마르크스주의나 시민사회파 계열의 역사학은 점차 발언권을 상실해 갔다. 전후 40년이 지나 역사학에서도 한 시대가 저물고 있었던 것이다. 가노 마사나오(鹿野政直)는 당시 역사학을 둘러싼 상황을 표현하여 "이는 '전후'라는 과제를 짊어지고 때때로 그것을 부적으로 삼아온 전후역사학이 과제의 변질이라는 사태에 직면하여 미래를 모색하기 위해 발버둥치고 있음을 의미한다"[3]고 말했다. 하야미의 문제제기는 이러한 방법론의 시대 속에서 이루어진 것이었다.

하야미가 제출한 새로운 근세 역사상은 인구와 경제가 서로 영향을 주고받으며 성장해 가는 '경제사회'로서의 에도시대였다. 그 사회는 시장이 경제성장을 촉진하고, 경제성장이 인구 증가로 이어져, 결과적으로 지속적인 인구 증가가 경제성장을 견인하는 순환적 경제사회였다. 하야

2) 하야미 아키라, 조성원·정안기 역, 『근세일본의 경제발전과 근면혁명: 역사인구학으로 본 산업혁명 VS 근면혁명』, 혜안, 2006, 10쪽. 원저 『近世日本の經濟社會』(麗澤大學出版會) 출간은 2003.

3) 鹿野政直, 『「鳥島」は入っているか: 歴史意識の現在と歴史學』, 岩波書店, 1988, 28쪽.

미는 이러한 "대중사회 상황" 속에서 일본 "근대화"[4]의 원형을 발견함으로써 에도시대를 근대 이후의 산업화의 요람기로 자리매김할 수 있었다.

방법론의 시대를 거친 뒤 에도 시대상은 크게 변모했다. 봉건적 수탈, 전제 권력, 농민 봉기 등은 근면혁명, 에콜로지, 화려한 소비도시의 이미지로 변해갔는데, 그 중에는 기토 히로시(鬼頭宏)의 예처럼 친환경적인 "자원과 에너지의 순환 체계"를 통해 지속 가능한 사회를 구현한 "도쿠가와 문명"에서 "탈근대사회의 힌트"[5]를 구하려는 문명론적 일본 근세사 연구도 출현했다.

부정적인 근세 역사상에 이의를 표명하고 에도사회의 번영 안에서 근대화의 계기를 발견하려는 문제의식은 대외관계사 연구자들에 의해서도 공유되고 있었다. 근세 대외관계사 분야에서 가장 극적인 변화를 보인 것은 쇄국과 관련된 평가였다. 근대 이후 쇄국은 일본의 근대화를 지연시킨 '비극'으로 이야기되는 것이 보통이었다. 예를 들어 이와오 세이이치(岩生成一)는 1966년에 발표한 한 책에서 쇄국의 이해득실에 관해서는 판단을 유보하면서도 쇄국을 전기로 일본인의 세계 인식이 크게 축소되고, "크리스트교를 매개로 하여 도입되기 시작한 유럽의 합리적 정신의 싹이 잘리는 결과"[6]를 초래한 사실을 안타깝게 서술하고 있었다.

그러나 이 같은 쇄국 인식은 이후 크게 변모한다. 변화를 추동한 대표적인 연구자 가운데 한 사람인 아라노 야스노리(荒野泰典)는 에도시대의 "국제관계"의 실태를 부정하는 쇄국 담론을 "역사에 대한 모독" 또는 "사고 정지"[7]라고 강하게 비판했다. 근세 일본은 "필요에 따라 충분하게

---

4) 速水融, 앞의 논문, 「歴史のなかの江戸時代」, 『歴史のなかの江戸時代』, 49-51쪽. 하야미의 역사학에 관해서는 이수열, 「'아시아 교역권론'의 역사상: 일본사를 중심으로」, 『한일관계사연구』 48, 2014.

5) 鬼頭宏, 『文明としての江戸システム』(日本の歴史 19), 講談社學術文庫, 2010, 14-15쪽. 원저 출간은 2002.

6) 岩生成一, 『鎖國』(日本の歴史 14), 中公文庫, 1974, 491-492쪽. 원저 출간은 1966.

국제관계를 유지하고 그로써 평화 속에서 완만한 발전과 진보를 달성"한 사회였고, 그것이 메이지유신 이후의 "급속한 근대화의 기초"[8]가 되었다는 것이 아라노의 생각이었다. 쇄국 담론은 에도시대에 존재한, "동시대의 유럽 못지않은 풍족함, 사람들의 올바른 인간성, 번영하는 사회와 문화"[9]를 무시하는 논의로서, 이런 점에서도 쇄국이란 말은 "절대 용인할 수 없는"[10] 것이었다.

대외관계사 연구에 보이는 근세 역사상의 변화는 비단 쇄국에 한정된 현상이 아니었다. 아라노가 제창한 '일본형 화이질서'나 '4개의 입구'는 모두 쇄국론의 수정과 연동하고 있었는데, 그러한 논의를 통해 근세 일본의 역사상은 종래의 침략과 고립에서 벗어나 일본을 중심으로 하는 독자적인 지역 구상과 적극적인 교역의 시대로 변모해갔다. 변화를 가져온 요인으로는 여러 가지를 생각할 수 있겠지만, 그 중에서도 방법론의 시대를 관통하는 문제의식이었던 국민국가 패러다임 비판 및 유럽중심주의 극복과 함께 간과할 수 없는 것은 다나카 다케오(田中健夫)가 제창한 '바다의 역사'였다.

바다의 역사는 원래 왜구 연구를 위해 제안된 것이었다. 왜구의 활동을 "동아시아 연해지역을 무대로 하는 해민집단의 일대 운동"이라고 생각하는 다나카는 왜구를 "일본사의 문제라기보다 동아시아 혹은 세계사의 문제"[11]로 파악할 필요성을 제기했다. 육지 중심의 역사관에서 벗어나 "더 넓은 시야와 국경에 구애받지 않는 바다 중심의 역사관을 도

7) 荒野泰典, 『「鎖國」を見直す』, 岩波書店, 2019, 123쪽.

8) 같은 책, 118쪽.

9) 같은 책, 44쪽.

10) 같은 책, 107쪽.

11) 田中健夫, 『倭寇: 海の歷史』, 講談社學術文庫, 2012, 3쪽. 원저(教育社) 출간은 1982.

입"[12]할 때 비로소 왜구의 실상이 입체적으로 드러날 수 있기 때문이었다. 바다의 역사는 이처럼 새로운 왜구상 정립을 위한 방법론으로서 제출된 이론이었다. 다나카는 이후 왜구 집단의 다민족 구성을 강조함으로써 동아시아 통교권의 한 주체로서 왜구를 자리매김했다.[13]

패전 이후 일본의 왜구 연구에서 다나카가 미친 영향력은 지대했다. 일본 대외관계사 분야의 "전후 연구자 제1호"[14]로 자부하던 다나카의 연구는 비단 왜구에 그치지 않고 중근세 대외관계사 전반에 골고루 영향을 미쳤다. 앞서 언급한 아라노 야스노리 또한 다나카의 시각을 적극적으로 받아들인 연구자 가운데 한 사람이었다. 아라노의 쇄국론 비판은 나카무라 히데타카(中村榮孝)의 대군외교체제론(大君外交體制論)과 함께 다나카의 연구에서 착상을 얻은 것이었다.[15]

왜구의 다민족성을 강조하는 다나카의 주장은 그 뒤 왜구의 민족 구성 문제를 둘러싸고 국제적인 논쟁을 불러일으켰다. 한국과 중국 학계의 비판은 주로 이 문제와 관련된 것이었는데, 그에 대해 일본 학계는 한중 학계의 '민족주의'를 초월적인 입장에서 비판하는 등, 논쟁은 생산적인 전개를 보이지 못했다. 그러나 일본 국내 학계의 상황은 달랐다. 바다의 시좌를 거쳐 탄생한 동아시아 통교권의 한 주체로서의 왜구상은 단지 왜구에 대한 평가를 넘어 도요토미 히데요시(豐臣秀吉) 정권, 더 나아가 근

12) 같은 책, 5쪽.

13) 田中健夫, 「倭寇と東アジア通交圈」, 朝尾直弘 외 편, 『日本の社會史 Ⅰ: 列島內外の交通と國家』, 岩波書店, 1987. 당시 일본의 학문 상황에서 다나카의 연구가 갖는 의미에 관해서는 윤성익, 「21세기 동아시아 국민국가 속에서의 倭寇像」, 『명청사연구』 23, 2005.

14) 田中健夫, 「對外關係史研究の課題: 中世の問題を中心に」, 『對外關係史研究のあゆみ』, 吉川弘文館, 2003, 31쪽.

15) 荒野泰典, 「近世國際關係論と私: 立教の二七年」(荒野泰典先生最終講義), 『史苑』 73권 1호, 2013, 53-54쪽.

세국가 전반에 대한 재평가로 이어졌다. 이를 이끈 것은 다나카의 연구를 계승한 차세대 연구자들이었는데, 아라노와 무라이 쇼스케(村井章介)는 그 대표 주자들이었다.

이 논문의 목적은 바다의 역사가 일본 대외관계사 연구에 가져온 변화를 통일정권론을 중심으로 살펴보는 데 있다. 따라서 이 글은 근세국가에 대한 실증적 연구가 아니라, 근세 대외관계사에 대한 사학사적 접근을 통해 역사상의 변화와 연속을 살피고, 거기서 나아가 동아시아 해역사의 현주소를 밝히려는 것이다. 이하에서는 먼저 바다의 역사가 초래한 왜구상의 변화에 대해 언급하고, 그것이 도요토미 정권에 대한 역사적 평가에 미친 영향을 개관한 뒤, 오늘날 일본 대외관계사 연구가 제시하는 근세 역사상과 그 문제점을 살펴볼 것이다.

2. 왜구론의 궤적

1) 다나카 다케오의 왜구 연구

근대 일본에서 왜구상의 변화가 국가의 대외정책과 궤를 같이해 온 점에 관해서는 이미 많은 연구가 있다.[16] 그에 따르면 왜구는 일본인의 해외 발전이나 민족성을 설명하는 좋은 소재로 이용되었는데, 다나카 다케오는 그러한 연구를 "국력 발전 시대를 배경으로 하여 국책 추진의 입장"[17]에서 이루어진 왜구 연구라고 정리했다. 왜구를 "해외 발전의 선

---

16) 윤성익, 「戰前·戰中期 日本에서의 倭寇像 構築」, 『한일관계사연구』 31, 2008; 김보한, 「근대 이후 일본의 '해양세력권'과 동아시아 해양 인식의 전개」, 『동북아역사논총』 26, 2009.

17) 田中健夫, 「倭寇の變質と日鮮貿易の展開」, 『中世海外交涉史の研究』, 東京大學出

구"[18]로 칭송하는 현상은 당시의 시대 상황을 고려하면 충분히 예상할 수 있는 일이었다. 16세기 왜구에서 중국인이 다수를 차지한 사실은 일본의 해외 발전을 이야기할 때 하나의 걸림돌이 됐지만, 그것도 "首魁로서 활약한"[19] 일본인의 주도적인 역할을 강조함으로써 해결할 수 있었다.

이러한 왜구 서사가 패전 이후 불가능해진 것은 당연한 일이었다. 일본의 과거를 비판적으로 회고하는 시대 분위기는 왜구를 역사 연구의 전면에서 퇴장시키기에 충분했기 때문이다. 이후 왜구 연구는 몇몇 연구자에 의해 단편적으로 거론될 뿐이었다. 전시 하 왜구의 본체가 일본인이었음을 강조하며 국민의 사기를 진작한 적이 있는 중국사 연구자 이시하라 미치히로(石原道博)는[20] 패전 후 이전의 견해를 뒤엎고 일본인의 수적 열세를 이유로 들어 일본의 수동성을 강조했다.[21] 한편 나카무라 히데타카는 왜구 발생의 배경으로 남북조 내란 시기 "무원리한 이해타산에 終始하고 이합집산을 반복하고 있던"[22] 서국 방면의 형세를 드는 등, "왜구를 일본 국내의 군사 및 정치 정세와는 전혀 관계없는, 오로지 무역이나 경제의 문제로만 귀결"[23]시킴으로써 왜구의 국지성과 경제적 동

版會, 1959, 1쪽.

18) 木宮泰彦, 『日本民族と海洋思想』, 刀江書院, 1942, 148쪽.

19) 같은 책, 100쪽. 이 점은 아키야마 겐조(秋山謙藏)도 마찬가지였다. 아키야마는 16세기 왜구에서 "일본이 지도한 支那人이 전체의 7할을 차지"한 사실에서 오히려 "역사를 관통하는 일본인의 강인한 활력과 지나인의 변함없는 국민성"을 발견했다. 秋山謙藏, 『歴史と現實』, 創元社, 1940, 177-178쪽.

20) 윤성익, 앞의 논문, 「戰前·戰中期 日本에서의 倭寇像 構築」.

21) 石原道博, 『倭寇』, 吉川弘文館, 1964.

22) 中村榮孝, 「十三·四世紀の東アジアと日本」, 『日鮮關係史の硏究』(上), 吉川弘文館, 1965, 52쪽.

23) 이영, 『황국사관과 고려 말 왜구: 일본 근대 정치의 학문 개입과 역사 인식』, 에피스테메, 2015, 37쪽. 나카무라의 왜구론에 관한 최근의 연구로 한윤희, 「조선 초 피로인 송환에 관한 한 연구: 나카무라 히데다카(中村榮孝)의 〈해구(海寇)에서 해상(海商,= 평화로운 통호자)으로의 전환〉설을 중심으로」, 『군사』 118,

기를 강조했다.

왜구의 수동성, 국지성, 경제적 동기 등을 강조하는 논의는, 역사적 평가의 측면에서 보면, 소극적인 점에서는 차이가 없었다. 다나카가 "중세 해적사 연구"에서 전후를 "低迷 모색의 기간" 또는 "정리 재출발의 시기"[24]로 자리매김하는 까닭이다. 이러한 상황에서 왜구 연구의 새로운 지평을 열어간 연구자가 바로 다나카였다. 그는 1961년에 발표한 『倭寇と勘合貿易』[25]에서 그때까지 각 연구자의 관심 영역이나 시대에 따라 파편화되어 있던 왜구 연구를 정리하고 체계화했다.[26]

먼저 다나카는 왜구가 "순수하게 일본인만의 행동을 가리키는 말이 아닐"[27] 가능성을 내비쳤다. 이것이 후일 '왜구=일본인·조선인 연합설'로 이어져, 삼도 왜구설과 함께, 한일 학계에서 큰 논쟁을 야기하게 되는 것은 잘 알려진 사실이다. 그리고 다나카는 14-15세기 왜구와 16세기 왜구를 구분했다. 이는 종래 13세기에서 16세기에 걸친 왜구를 한 묶음으로 논하는 학계 상황을 의식한 것이었다. 다나카는 왜구 활동을 이렇게 두 시기로 구분한 뒤, 14-15세기 왜구에서는 약탈을 위한 침구가 주를 이루었다고 말하며, 그 원인으로 삼도(三島)의 물리적 환경을 지목했다. 이런 주장이 왜구 발생의 국지성과 경제적 동기를 강조한 나카무라 히데타카의 견해를 이어받은 것임은 물론이다. 한편 16세기 왜구는 밀무역 혹은 상업적 성격이 강한 "동아시아의 변형적 무역 형태"의 하나로서,

---

2021.

24) 田中健夫, 「中世海賊史研究の動向」, 앞의 책, 『中世海外交渉史の研究』, 283쪽.

25) 田中健夫, 村井章介 편, 『增補 倭寇と勘合貿易』, ちくま學藝文庫, 2012. 원저(至文堂) 출간은 1961.

26) 다나카의 왜구론에 관해서는 이수열, 「왜구론의 행방: '바다의 역사'와 일본 중세 대외관계사」, 『해항도시문화교섭학』 21, 2019에서 이미 소개한 바 있기 때문에 여기에서는 행론 상 필요한 부분만을 간략하게 언급하기로 한다.

27) 田中健夫, 村井章介 편, 앞의 책, 『增補 倭寇と勘合貿易』, 21쪽.

거기에서 일본은 "근거지와 구성원을 제공"[28]하는 한정적인 역할을 수행했다고 말했다. 이런 평가가 이시하라 미치히로의 전후의 견해와 결을 같이하는 것임은 말할 필요도 없다.

왜구를 "찬란한 해외 발전"[29]의 역사와 결부시키는 것을 지양하는 다나카의 서술은 최대한 평가를 자제하며 선학의 업적을 수용하여 담담하게 왜구를 묘사할 뿐이었다. 그러나 바다의 시좌를 도입한 1982년의 작품 『倭寇: 海の歴史』에는 그 뒤의 왜구 연구의 전개를 생각할 때 간과할 수 없는 특징이 극명하게 드러나 있었다.

다나카는 먼저 14-15세기 왜구와 16세기 왜구의 연속성을 다시 한 번 부정하고 "일본인의 죄악사의 한 페이지"[30]인 전자와 중국인이 대부분을 차지했던 후자를 구분했다. 그런 뒤 14-15세기 왜구에 고려 천민 계급이 가담한 사실을 근거로, 진봉선 무역의 단절과 함께, 고려의 국내 정치 상황의 혼란을 왜구 발생의 주요한 한 원인으로 들었다. 한편 16세기 왜구 발생의 "온상"[31]으로 다나카가 지목한 것은 명의 해금정책이었다. 여기에 포르투갈 세력의 진출도 한 원인이었다고 했다. 이러한 사실을 통해 다나카가 말하고자 했던 것은 "왜구는 동아시아 여러 국가의 국내 사정을 모체로 하여 국제관계의 모순"[32] 속에서 발생한 다민족 해민집단의 일대 운동이라는 결론이었다. 왜구가 일국사의 문제가 아니라 동아시아사 혹은 세계사의 문제인 이유는 바로 여기에 있었다.

왜구를 국제질서의 변화 속에서 발생한 다민족 해민집단의 운동으로 파악하는 다나카는 이후 왜구를 동아시아 통교권의 한 주체로서 자리매

28) 같은 책, 210쪽.
29) 같은 책, 8쪽.
30) 田中健夫, 앞의 책, 『倭寇』, 24쪽.
31) 같은 책, 111쪽.
32) 같은 책, 3쪽.

김했다.

> 동아시아에는 명제국의 건국을 계기로 화이질서에 입각하는 새로운 통교권이 성립했다. 표면적으로는 **국왕통교의 시대**(강조는 원문, 이하도 마찬가지: 인용자)를 가져왔지만 국제교류의 실제는 국가·민족이나 주종관계에 제약받는 일이 적은 **자유의 민**이 담당하고 있었다. 자유의 민 안에는 왜구에서 전향한 사람이나 왜구에 의한 피로인도 많이 섞여 있었다.[33]

다나카는 그 뒤로도 전근대 동아시아 통교권을 고찰할 때 국경관념이 때때로 장애가 되는 점을 강조하며 "해양의 면 혹은 경계 영역의 면에서"[34] 자유의 민에 주목할 것을 주문했다.

2) 바다의 평화령

자유의 민으로서의 왜구는 방법론의 시대 속에서 탄생한 새로운 왜구상이었다. 다나카 스스로도 밝히고 있는 것처럼 바다의 역사는 1980년 전후의 학문 상황, 구체적으로 말하면 "국경의 재인식과 국경에 구애받지 않는 지역의 인식"[35] 위에서 도입된 방법론이었다. 당대 일본 학계에서는 아미노 요시히코(網野善彦) 등을 중심으로 지역, 바다, 공간, 비정주민 등의 시점을 통한 국가·국경 상대화 작업이 정력적으로 이루어지고 있었다. 다나카의 자유의 민이나 쓰카모토 마나부(塚本學)가 말하는 "왜구 세계"[36]는 모두 그러한 학계 상황을 의식하며 제창된 것이었다.

같은 시기 '지역'을 방법으로 해서 새로운 "동아시아 지역사"를 모색

33) 田中健夫, 앞의 논문, 「倭寇と東アジア通交圈」, 『日本の社會史 Ⅰ』, 179쪽.
34) 田中健夫, 「後記」, 『東アジア通交圈と國際認識』, 吉川弘文館, 1997, 275쪽.
35) 田中健夫, 앞의 논문, 「對外關係史硏究の課題」, 『對外關係史硏究のあゆみ』, 22쪽.
36) 塚本學, 「日本史は特異なのか」, 『歷史學硏究月報』 248, 1980.

하고 있던 무라이 쇼스케도 그런 연구자 가운데 한 사람이었다. 무라이가 볼 때 13세기 무렵부터 발생하기 시작해 15세기에 성숙기를 맞이하는 "환중국해 지역 (R_2)"의 인민, 즉 "서부 일본뿐 아니라 江南에서 山東반도, 조선반도 남부에 걸친 대륙연해부"에 분포하는 "해양민적 성격이 농후한 사람들"[37]은 국가의 지배에 포섭되지 않는 지역의 논리를 체현하는 존재들이었다. 무라이는 이 연해민들의 귀속의식을, 다나카가 제시한 고려 천민 계급의 왜구 가담 등의 사례를 통해 밝히려 했는데,[38] 이러한 작업이 후일 왜구 경계인설로 이어지는 것은 잘 알려진 사실이다. 동아시아 연해부에 분포하는 해양민을 매개로 새로운 동아시아 지역사를 구상하는 무라이에게 다나카가 제기한 왜구 다민족설이 "충격적인 견해"[39]로 받아들여진 것은 충분히 납득할 만하다.

그러나 지역과 국가의 상극을 논하고 '중세적 자립'을 좇으면 좇을수록 자유의 민으로서의 왜구상은 커다란 난관에 봉착하게 된다. 지역에 대한 왜구의 귀속의식과 그들이 자행한 폭력을 어떻게 정합적으로 설명할 것인가, 동일 지역의 다른 인민과 왜구의 반목과 충돌을 어떻게 볼 것인가, 국가 지배로부터의 자립이 그 뒤 침략전쟁으로 귀결한 이유는 무엇인가 등의 문제가 바로 그것들이다. 한마디로 이야기해서 왜구의 가능성에 대한 긍정적인 평가와 침략전쟁을 주도한 통일권력에 대한 부정적인 평가가 종합되지 않은 채 병존하고 있었던 것이다. 사실 이런 점에서는 전전의 연구가 논리적 정합성을 갖고 있었다. 왜구와 전국다이묘의 "해외 발전"을 논한 뒤 그러한 "지방적·사적 발전 형태를 공적·국가적 발전 형태로까지 승화시킨 인물이 도요토미 히데요시"[40]라는 기미야 야

---

37) 村井章介, 「中世日本列島の地域空間と國家」, 『アジアのなかの中世日本』, 校倉書房, 1988, 121-122쪽.

38) 같은 논문, 131쪽.

39) 村井章介, 「解說」, 田中健夫, 앞의 책, 『倭寇』, 257쪽.

스히코(木宮泰彥)의 설명은 역사관의 문제는 차치하더라도 논리적으로는 명쾌했다. 이에 비해 중세적 자립과 침략전쟁의 병존은 '밝은 중세'와 '어두운 근세'가 각기 따로 존재할 뿐이었다.

이러한 상황에서 후지키 히사시(藤木久志)가 1985년에 발표한 『豊臣平和令と戰國社會』[41]는 양자를 가교하는 돌파구가 되었다. 후지키는 서문에서 히데요시의 군사적 강압성이나 권력의 전제적 성격만을 강조하여 "밝은 중세 촌락의 무력함이나 土一揆의 패배를 아쉬워하고 근세 사회로의 역사의 暗轉"[42]을 이야기하는 학계 상황에 강한 의문을 표명했다. 실제로는 히데요시에 의해 멸망한 전국다이묘는 호조(北條) 씨 단 한 명에 불과했고, 그런 점에서 惣無事令은 "법에 의한 평화", 즉 "재판권 집행과 평화 침해의 회복을 위한 강제력"[43]이었다는 것이 후지키의 기본적인 생각이었다. 이러한 주장은 이전의 연구, 예를 들어 후지키가 소개하고 있는 것처럼 같은 대상을 국가적 폭력의 집중이나 공의(公儀)의 독점으로 보는 나가하라 게이지(永原慶二)[44]의 생각과는 거의 대극에 있는 평가였다.

도요토미 평화령이 바다의 역사에서 중요한 이유는 히데요시가 1588년에 발포한 해적정지령을 후지키가 '바다의 평화령'으로 자리매김했기 때문이다. 그가 생각하기에 해적정지령의 궁극적인 목적 내지 초점은 명일 간의 감합무역(勘合貿易) 부활을 위한 "자주적인 조건 정비"[45]에 있었다. 당시 중국 연안을 공격하던 '渡唐賊船'의 도항을 사전에 막아 감합

---

40) 木宮泰彥, 앞의 책, 『日本民族と海洋思想』, 153쪽.
41) 藤木久志, 『豊臣平和令と戰國社會』, 東京大學出版會, 1985.
42) 같은 책, ⅱ-ⅲ쪽.
43) 같은 책, ⅶ쪽.
44) 永原慶二, 『日本の中世國家』, 日本放送出版協會, 1980.
45) 藤木久志, 앞의 책, 『豊臣平和令と戰國社會』, 230쪽.

무역 재개를 위해 "불가결한 전제 조건"[46]이었던 왜구선의 규제를 실현하는 것이 히데요시의 목적이었고, 그런 점에서 해적정지령은 총무사령과 맥을 같이 하는 정책이라는 것이 후지키의 결론이었다. 도요토미 평화령은 그때까지의 권력관을 "180도 전환"[47]시킨 것으로서, 해적정지령에 대한 평가도 그것을 해외 무역 독점과 "정권 주도의 물류" 구축을 위한 "환경 정비"[48]로 인식하는 일반적인 이해와 크게 상충하는 것이었다. 그럼에도 불구하고 도요토미 평화령은 대외관계사 연구자들에 의해 적극적으로 수용되어 갔다. 아라노 야스노리는 다음과 같이 말했다.

> 일본을 둘러싼 '평화' 영역은 1588년(天正 16) 이후의 해적정지령을 중심으로 하는 통교 기반 구축에 의해 형성되었다. 해적정지령의 특징은 국내선·외국선에 대한 국내 해적 행위뿐만 아니라 왜구적 활동도 시야에 넣은 전국적인 금령인 점, 다이묘들에게는 해적의 追捕 책임과 권한만을 부여하고 처벌 권한은 도요토미 정권이 독점한 점, 일본에서의 자유로운 통교·무역의 기반을 조성함과 동시에 명과의 '감합' 부활도 시야에 넣고 있었던 점, 이 금령이 이국인들에게는 매매 자유의 보장으로 받아들여진 점 등이다. (중략) 여기서 '평화' 영역의 '설정'이 아니라 '형성'이라고 말하는 것은 통일정권의 이 정책이 단지 위로부터의 강제가 아니라 왜구적 상황 속에서 동중국해역의 통교·무역에 관한 여러 국가·인민들의 '평화'를 향한 希求에 근거를 둔 것이라고 생각하기 때문이다.[49]

동아시아 통교권의 한 주체로서의 왜구상, 여기에 평화로운 교역 질서

46) 같은 책, 229쪽.

47) 池上裕子, 「學術文庫版あとがき」, 『織豐政權と江戸幕府』(日本の歴史 15), 講談社學術文庫, 2009, 366쪽. 원저 출간은 2002.

48) 本多博之, 『天下統一とシルバーラッシュ: 銀と戰國の流通革命』, 吉川弘文館, 2015, 125쪽.

49) 荒野泰典, 「長崎口の形成」, 加藤榮一 외 편, 『幕藩制國家と異域·異國』, 校倉書房, 1989, 394-396쪽.

의 보호자로서의 통일정권론이 더해져 동아시아 지역사는 새로운 전개를 보이게 된다.

3. 동아시아해역 속의 도요토미 히데요시 정권

1) 왜구적 상황

다나카에 의해 새로운 왜구상이 출현하기 이전, 아라노 야스노리는 주로 17세기 이후의 역사를 전문으로 하는 연구자였다. 그의 데뷔 작품이라고 할 수 있는 『近世日本と東アジア』[50]에 수록된 논문들만 보아도, 그것들은 대군외교체제, 근세 중기의 밀무역 문제, 표류민 송환체제, 메이지 유신 시기의 일조외교체제 등을 논한 것으로, 대부분 17세기 이후를 대상으로 한 것이었다. 왜구 활동이 극에 달했던 16세기부터 히데요시 정권의 등장, 조선침략 등의 시기는 그의 대외관계사 연구에서 공백으로 남겨져 있었다. 이러한 상황은 다나카의 왜구 연구와 조우함으로써 크게 변화했다. 후일 아라노가 대학을 물러나면서 행한 기념강연에서도 이야기하고 있는 것처럼 "창견으로 가득 찬" 다나카의 작품 『倭寇』는 왜구 이미지를 "언어화하는 데 유력한 도움"을 주었을 뿐 아니라 "왜구가 수행한 역사적 역할을 확정"[51]하는 데도 결정적인 시사를 제공했다.

1987년의 한 논문에서 아라노는 16세기 중엽 이후 동아시아와 동남아시아에 걸친 통교망에서 발생한 일련의 변화 과정을 "왜구적 상황"[52]이라고 명명했다. 이 통교망에서는 마카오, 타이완, 필리핀을 거점으로 중

50) 荒野泰典, 『近世日本と東アジア』, 東京大學出版會, 1988.

51) 荒野泰典, 앞의 논문, 「近世國際關係論と私」, 『史苑』 73권 1호, 62쪽.

52) 荒野泰典, 「日本型華夷秩序の形成」, 朝尾直弘 외 편, 앞의 책. 『日本の社會史 Ⅰ』.

국인, 일본인, 포르투갈인, 스페인인이, 17세기가 되면 네덜란드인과 영국인도 가담하여 교역이 이루어지고 있었다. 당시 일본 규슈지역에 족생한 당인정(唐人町)이나 동남아시아 각지에 형성된 일본정(日本町)은 왜구적 상황이 낳은 '諸民族雜居' 현상의 하나였다. 사실 여기까지는 기존의 연구가 지적하는 바와 그리 큰 차이가 없는 내용이었다. 아라노의 독창성은 왜구적 상황 속에서 이루어지던 무역을 단순히 불법적인 밀무역으로 처리하지 않고, 그것을 "종래의 공적 무역을 대체하는"[53] 무역으로 평가한 점에 있었다. 다시 말해서 왜구 안에서 "구세력의 쇠퇴와 신세력의 대두"[54]를 읽은 점에 있었다.

이후 아라노는 구체제의 붕괴와 신질서의 기수(担い手)로서의 왜구의 대두를 기회가 있을 때마다 강조했다. 아라노는 왜구적 상황이라는 조어의 목적이 "소위 '쇄국'이나 '남만무역'이라고 하는 유럽중심의 담론을 상대화하고, 일본을 포함한 동아시아인들의 자생적이고 주체적인 활동을 기축으로 이 시기의 일본의 국제관계를 총체적으로 파악"[55]하는 데 있다고 강조했지만, 필자가 보기에, 왜구적 상황이 일본 대외관계사 연구에 가져온 가장 중요한 변화는 왜구를 중국 중심의 국제질서를 대체하는 신질서의 체현자로 자리매김한 데 있었다.

16세기 동아시아해역에서 시작된 '상업의 시대'로 말미암아 명을 중심으로 작동하고 있던 "국가 간 네트워크", 즉 "국가 연합에 의한 집단안전보장체제"[56]는 기능부전에 빠졌다. 이를 대신하여 등장한 것이 "국가를 매개로 하지 않는 민간 차원"의 통교망이었는데, 이 "네트워크를 대표하

53) 같은 논문, 188쪽.

54) 같은 논문, 195쪽.

55) 荒野泰典,「江戸幕府と東アジア」, 荒野泰典 편,『江戸幕府と東アジア』(日本の時代史 14). 吉川弘文館, 2003, 16쪽.

56) 荒野泰典, 앞의 책,『「鎖國」を見直す』, 78쪽.

는 존재가 왜구"[57]였다. 아라노는 이러한 동아시아 통교망에서의 교역 주체의 변화에서 "중국(명)의 압도적인 지위가 상대화되어가는 과정"[58]을 읽어냈던 것이다. 그가 다나카의 연구로부터 시사를 받았다고 이야기한 '왜구가 수행한 역사적 역할'이란 중국 중심의 국제질서가 쇠퇴해가는 과정 속에서 해금-조공체제와 길항하는 자유의 민에 의한 교역 활동을 의미하는 것이었다. 아라노는 "동아시아인들의 역사적 역량을 정당하게 평가"하려는 의도가 담긴 왜구적 상황이라는 개념이 중국이나 한국 학계에서는 "피해자 의식이 강해 잘 받아들여지지 않는" 점이 문제라고 이야기하면서도 왜구가 "민족이나 국가를 넘어선 사람들의 관계=연계로 구성된 사실이나 독자적인 풍속이나 언어를 갖고 있었다는 점이 밝혀지고"[59] 있다고 낙관적인 미래를 예상해보이기도 했다.

이러한 아라노의 발언이 무라이 쇼스케의 연구를 염두에 둔 것임은 말할 필요도 없다. 무라이는 이전 "16세기의 역사를 열도와 외부세계의 교통이 쇠퇴하는 시기라고 잘못된 관점으로 보고"[60] 있었는데, 1993년의 작품인 『中世倭人傳』[61]에서는 아라노의 왜구적 상황을 적극적으로 수용하여 그때까지와는 다른 역사상을 제시하고 있었다.[62] 무라이가 볼 때 이전 시기까지 기능하고 있던 일조·일중 간의, 그리고 류큐와 주변 국가들 사이의 통교가 16세기에 들어 일제히 퇴조하기 시작하는 것은

57) 荒野泰典, 앞의 논문, 「江戸幕府と東アジア」, 『江戸幕府と東アジア』, 17쪽.

58) 같은 논문, 17쪽.

59) 荒野泰典, 앞의 책, 『「鎖國」を見直す』, 82-83쪽.

60) 村井章介, 「あとがき」, 『世界史のなかの戰國日本』, ちくま學藝文庫, 2012, 280쪽. 원저 『海から見た戰國日本: 列島史から世界史へ』(筑摩書房) 출간은 1997.

61) 村井章介, 『中世倭人傳』, 岩波書店, 1993.

62) 무라이는 아라노와의 한 대담에서 자신이 왜구적 상황을 '근세=암흑사관'을 극복하는 개념으로 받아들인 사실을 밝히고 있다. 荒野泰典·村井章介, 「前近代の對外關係史研究をめぐって」, 歷史科學協議會 편, 『新しい中世史像の展開』, 山川出版社, 1994, 142-143쪽.

"중화제국 명의 쇠퇴에 따라 '책봉-감합-해금'을 일체화시킨 공적 통교 시스템이 붕괴"[63]한 결과였다.

> 그러나 그것은 교류 그 자체의 쇠퇴가 아니었다. 국가 간 관계를 축으로 하는 교류를 대신하여 비합법적인, 다민족적인, 때때로 폭력을 행사하는, 그리고 아마도 더욱 대규모의 교류가 등장했다. '후기 왜구'라는 말로 일괄되는 다양한 해상세력이야말로 그 교류의 담당자들과 다름이 없었다. (중략) 그들은 모두 밀무역으로 명의 해금체제를 공동화시켜 '환중국해 지역'의 일체성을 성숙시켜간 사람들이다. 밀무역이야말로 이 시기 교류의 중심적인 형태였다.[64]

다나카 다케오는 왜구를 "일본인의 대륙 발전사의 한 페이지"[65]로 보는 전전의 연구를 비판하며 새롭게 왜구 연구를 시작했다. 그렇게 해서 도달한 결론이 동아시아 통교권의 한 주체로서의 왜구였다. 하지만 교역자로서의 왜구론은 고토 히데호(後藤秀穗)의 商寇論[66]을 시작으로 쓰지 젠노스케(辻善之助)의 "일본 상인"[67], 아키야마 겐조(秋山謙藏)의 "사무역 상인단"[68], 그리고 모리 가쓰미(森克已)의 "무장 상인단"[69]에 이르기까지 이미 오랜 연구사적 전통이 있었다. 다나카의 새로운 점은 왜구를 바다의 역사와 접목시켜 국가에 포섭되지 않는 자유의 민으로 재탄생시

---

63) 村井章介, 앞의 책, 『中世倭人傳』, 199-200쪽.

64) 같은 책, 200쪽.

65) 田中健夫, 앞의 논문, 「中世海賊史研究の動向」, 『中世海外交涉史の研究』, 259쪽.

66) 김보한, 「일본 중세사의 '해양인식', 어떻게 볼 것인가」, 『일본역사연구』 40, 2014.

67) 辻善之助, 『日支文化の交流』, 創元社, 1938, 140쪽.

68) 秋山謙藏, 『日支交涉史研究』, 岩波書店, 1939, 595쪽.

69) 森克已, 『日宋貿易の研究』, 國立書院, 1948. 이영, 『왜구와 고려·일본 관계사』, 혜안, 2011, 181쪽.

킨 점에 있었는데, 그는 이 자유의 민이 발생하는 온상으로 명의 해금정책을 지목했다. 아라노와 무라이는 여기서 한 걸음 더 나아가서 왜구를 명 중심의 구체제에 도전하는 새로운 교역 질서의 구축자로까지 평가했던 것이다. 이로써 왜구는 더 이상 불법적인 반역자가 아니라 신질서의 기수가 되었던 것이다.

2) 통일정권과 동아시아

아라노가 해적정지령을 평가하여 평화를 갈망하는 동아시아해역의 통교자들의 염원을 담은 새로운 교역 질서의 제창이었다고 말한 점은 이미 소개했다. 그가 생각하기에 바다의 평화령은 "통일정권이 스스로의 정당성을 자인하는 국제적 기반"이자 "통일정권의 '화이질서'의 내실"[70]로서, 그 뒤로 계속되는 대명 감합 요구, 임진전쟁, 일명국교 회복 교섭 등의 전 외교 과정의 출발점에 있는 정책이었다. 여기서 해적정지령이 통일정권의 국제적 정당성의 기반이 되었다는 말은, 매우 일방적인 해석이지만, 다음 설명을 들으면 어느 정도 이해할 수 있다.

16세기 동아시아해역에서는 매우 불안정한 교역 시스템이 지속되고 있었다. 이 네트워크는 왜구 세력 내부의 부침과 국제 환경의 변화에 따라 격변하는 것이었기 때문이다. "예리한 정치 감각의 소유자"였던 히데요시는 문제의 근본적인 해결을 위해 해적정지령을 발포했는데, 그것은 정권의 국제적인 정당성을 확보함과 동시에 "왜구적 네트워크를 대신하는 국가 권력 상호의 연계에 의한 '감합'(공적 외교·무역)관계를 재구축하여 (중략) 동아시아지역에서도 지속가능한 평화를 실현"[71]하는 데 목

70) 荒野泰典, 앞의 논문, 「長崎口の形成」, 『幕藩制國家と異域·異國』, 395쪽.

71) 荒野泰典, 「唐人屋敷の設置はなぜ、一七世紀までずれこんだか: 近世日本國際關係論構築の一階梯として」, 弘末雅士 편, 『海と陸の織り成す世界史: 港市と內陸

적이 있었다.

그러면 해적정지령이 '일본형 화이질서'의 내실이란 말은 무엇을 의미하는가? 잘 알려진 것처럼 일본형 화이질서란 아라노가 제창한 개념으로, 17세기에 들어 "중화적 세계에서 자립"한 일본이 "자기(천황+쇼군)"[72]를 중심으로 주변 국가와 민족을 화이적으로 편성한 근세 일본의 국제관계를 말한다. 이에 대해서는 실체를 확인할 수 없는 까닭에 많은 비판이 있지만,[73] 여기서는 그 당부를 굳지 않고 단지 아라노가 일본형 화이질서를 중국으로부터의 정치적 자립으로 인식하고 그 기원을 왜구적 상황 속에서 찾고 있는 점만 확인하기로 한다.

아라노의 생각은 이랬다. 근세 일본이 "중화질서에서 이탈하여 동아시아의 소제국으로 자립하는 방향을 선택"[74]한 출발점에는 해금-조공체제에 도전하는 왜구적 상황이 있었다. 그러나 왜구 네트워크는 불안정한 교역 시스템이었다. 이에 도요토미 히데요시는 중화질서의 쇠퇴와 신질서의 대두라는 시대적 조류에 올라타는 형태로, 그리고 평화를 갈망하는 자유의 민의 요구를 내부에 포섭하면서, 다시금 동아시아해역에서 안정적이고 합법적인 국가 간 교역질서(=감합관계)를 회복하기 위해 해적정

社會』, 春風社, 2018, 127쪽.

72) 荒野泰典, 「海禁·華夷秩序體制の形成」, 荒野泰典 외 편, 『地球的世界の成立』(日本の對外關係 5), 吉川弘文館, 2013, 156쪽.

73) 일본형 화이질서에 대한 일본 학계의 비판으로는 山本博文, 『鎖國と海禁の時代』, 校倉書房, 1995 ; 池內敏, 『大君外交と「武威」: 近世日本の國際秩序と朝鮮』, 名古屋大學出版會, 2006 등이 대표적이다. 한국 학계의 경우 민덕기의 선구적인 연구 『前近代 동아시아 세계의 韓·日관계』, 경인문화사, 2007(원저는 『前近代東アジアのなかの韓日關係』, 早稲田大學出版部, 1994)를 시작으로 손승철, 『조선시대 한일관계사 연구: 교린관계의 허와 실』, 경인문화사, 2006 ; 신동규, 「近世 동아시아 속에서 日本의 '國際秩序'論 고찰: 世界觀 변화와 '日本型 華夷秩序'론을 중심으로」, 『전북사학』 35, 2009 등이 본격적인 비판을 가하고 있다.

74) 村井章介·荒野泰典, 「地球的世界の成立」, 같은 책, 5쪽.

지령을 발포했다. 아라노가 바다의 평화령을 근세 일본의 모든 외교 과정의 '내실'이라고 한 이유는 중국으로부터의 자립이 왜구적 상황에서 비롯되었고 그 완성을 일본형 화이질서의 성립에서 보았기 때문이다.

무라이 쇼스케는 히데요시가 개전 직후 밝힌, 저 유명한 명 정복 후의 마스터플랜에는 "동아시아에 전통적인 '중화'에 대한 존숭과 慕夏사상"[75]을 전혀 찾아볼 수 없다고 하며 다음과 같이 말했다.

> 무엇보다 주목할 점은 大唐·일본·고려·天竺 모두를 총람하는 히데요시 자신의 거처가 寧波로 예정되어 있는 사실이다. 이는 중국해 교역의 장악이야말로 제국 지배의 요체라고 생각하고 있었다는 점을 시사한다. 이러한 의미에서 히데요시는 저 왜구왕 王直의 피를 잇는 '왜구적 세력'의 통괄자이다. 그 출발점은 그가 1588년 '해적정지령'으로 중국해역에 '바다의 평화'의 수호자로서 임했을 때일 것이다.[76]

히데요시를 중화질서를 공동화시키는 왜구적 세력의 통괄자로 생각하는 무라이가 명청교대로 가는 길목에서 발생한 침략전쟁을 "다시 파악할 필요"를 제기하는 것은 당연한 일이었다. 상대의 입장에서 보면 "조선을 침략한 극악인"이라는 평가가 내려지는 것은 어쩔 수 없다 하더라도 "그것만으로 히데요시의 전쟁의 의미를 다 파악할 수는" 없었다. 그가 볼 때 히데요시의 전쟁은 "후금·청이 명을 멸망시킨 움직임과 공통되는 성격"[77]을 가진 것이었다. 이렇게 하여 무라이가 붙인 임진전쟁의 새 이름은 "16세기말의 '대동아전쟁'"[78]이었다.[79]

---

75) 村井章介, 앞의 책, 『中世倭人傳』, 219쪽.

76) 같은 책, 219-220쪽.

77) 이상, 村井章介, 「銀と鐵砲とキリスト教」, 『國境を超えて: 東アジア海域世界の中世』, 校倉書房, 1997, 146쪽.

78) 村井章介, 『分裂から天下統一へ』(シリーズ 日本中世史 4), 岩波書店, 2016.

4. 자립이라는 환상

1) 감합 문제

무라이와 아라노는 16세기 이래 동아시아해역에서 전개된 일련의 역사를 중화질서로부터의 일본의 자립 과정으로 파악했다. 그것을 매우 거칠게 정리하면 대략 다음과 같다. 기능부전에 빠진 해금-조공체제, 이에 대항하며 등장한 왜구 교역 네트워크, 왜구적 상황을 통괄하여 다시 안정적인 질서를 수립하려 한 히데요시의 해적정지령, 구체제의 쇠락과 신질서의 대두라는 시대 상황의 최종 국면에서 일어난 침략전쟁. 이러한 과정을 거치면서 왜구는 종전의 폭력적인 침구자에서 새로운 통교질서의 주체로 탈바꿈되었고, 히데요시에 관한 평가도 망상에 사로잡힌 침략자에서 "평화로운 통교 무역의 보호자·조직자"[80)]로 변모했다.

일본의 중세 말 근세 초의 대외관계사를 중국 중심의 질서로부터의 이탈 과정으로 그리는 두 사람의 생각은, 연구사적으로 보면, 나카무라 히데타카를 계승한 것이었다. 잘 알려진 것처럼 나카무라는 일본외교의 기본적 성격을 "전근대 동아시아 국제질서와 일본외교의 부정합의 전통"[81)]에서 찾았다. 이 전통은 결코 우연하게 출현한 것이 아니라 고대

79) 임진전쟁에 대한 무라이의 생각은 기시모토 미오(岸本美緒)가 「동아시아·동남아시아 전통사회의 형성」(홍성화 역, 『역사와 세계』 45, 2014)에서 말하는, 16세기 후반에서 17세기 전반에 걸쳐 성장한 '신흥 상업=군사집단'의 하나로서의 히데요시 정권 평가와 일맥상통하는 점이 있다. 그러나 "16세기부터 18세기에 걸친 동아시아·동남아시아의 역사 변동에서 공통된 리듬"(岸本美緒, 「まえがき」, 『明末清初中國と東アジア近世』, 岩波書店, 2021, vii쪽)을 발견하려는 기시모토의 공통성에 대한 관심과 히데요시 정권에서 중화질서로부터의 자립의 단초를 찾으려는 무라이나 아라노의 일본 특수성에 대한 관심은 서로 방향을 달리하고 있다.

80) 荒野泰典, 앞의 논문, 「日本型華夷秩序の形成」, 『日本の社會史 I』, 191쪽.

일본과 중국 중심의 국제질서 사이의 부정합에서 유래하는 것이었다. 중국을 대등국, 조선을 조공국으로 보는 고대 일본의 자주의식이 일본외교 속에 전통적으로 계승되었고, 대군외교는 공가외교에서 유래하는 그러한 전통의식을 "전제로 하여 창출된 특수한 체제"[82]라는 것이 나카무라의 생각이었다.

대군외교에 대한 아라노의 연구[83]는 나카무라의 주장을 거의 그대로 답습한 것이었다. 양인은 동아시아 국제질서로부터의 이탈을 지향한 대군외교체제가 "일본외교를 근대적 전환의 방향으로 결정"짓게 해, 근대 이후의 국제사회에서 일본이 "종래의 외교관계에 집착하지 않고 자주적 태도"[84] 취할 수 있게 했다고 생각하는 점에서도 견해를 같이 하고 있었다. 이 같은 근대주의적 발상에 "동아시아를 말하면서도 그 속에서 일본의 독자성, 특수성을 부각하려는 일국사적 욕망"[85]이 자리 잡고 있음은 물론이다.

그런데 일본외교의 기저에 동아시아 국제질서로부터의 이탈·자립을 상정하는 입장에서는 히데요시, 그리고 그 이후의 도쿠가와 이에야스(德川家康)가 중국에 감합을 요구한 사실은 자신들의 논지에 부정합을 초래하는 것이었다. 조공제도가 "상호관계를 빈틈없이 규정하는 강고한 틀로서가 아니라 상황에 따라 유연하게 운영"[86]되었다 하더라도, 감합은, 일

81) 中村榮孝, 「外交史上の德川政權: 大君外交體制の成立とその終末」, 『日鮮關係史の研究』(下), 吉川弘文館, 1969, 470쪽.

82) 같은 논문, 466쪽.

83) 荒野泰典, 「大君外交體制の確立」, 『講座 日本近世史 2』, 有斐閣, 1981. 荒野泰典, 앞의 책, 『近世日本と東アジア』에 수록.

84) 中村榮孝, 앞의 논문, 「外交史上の德川政權」, 『日鮮關係史の研究』(下), 555쪽.

85) 이효원, 「통신사 조공사론(朝貢使論)의 허구성에 대한 역사적 고찰」, 『역사와 현실』 116, 2020, 415쪽.

86) 차혜원, 「16세기, 명조의 南倭대책과 封·貢·市」, 『동양사학연구』 135, 2016, 87쪽.

반적으로 책봉, 즉 복속을 전제했기 때문이다. 나카무라가 무로마치 시기의 책봉을 공가외교의 전통과 모순되는 "일본외교 체제의 중대한 변혁"[87]으로 평가할 수밖에 없었던 것도 같은 이유에서였다.

비교적 젊은 세대에 속하는 연구자인 하시모토 유(橋本雄)가 요시미쓰(義満)의 국왕호는 "통교 명의"[88]에 불과했고, 책봉의 의의도 "일본 국내에서는 이해되지 않았고 또 그럴 필요도"[89] 없었다고 책봉의 역사적 의미를 왜소화하는 것도 나카무라가 이야기하는 일본 외교의 부정합의 전통과 책봉이라는 역사적 사실 사이의 간극을 메우기 위한 궁색한 시도 중의 하나였다. 한편 히데요시의 감합 요구에 관해서는 아무런 논증도 없이 "조공을 전제로 하는 '감합무역'을 히데요시가 요구할 리 없기 때문에 단지 '관선'이나 '상선'에 의한 교류를 상호 승인하자는 취지에 불과"[90]했다고 강변하는 연구도 존재할 정도였다. 그만큼 일본 대외관계사 연구에서 책봉과 감합 문제는 중국으로부터의 자립을 강조하면 할수록 커다란 딜레마로 다가왔던 것이다. 나카무라, 그리고 그를 계승한 무라이나 아라노도 사정은 마찬가지였다.

히데요시가 강화 조건으로 내걸었던 감합에 관해서는 한국 학계에서도 여러 연구가 있다. 이 분야에서 많은 연구를 발표한 김경태는 감합 요구를 "부차적인 조건"으로 보고 "히데요시의 조건이 명예라는 요소에 선택·집중되고 있었다"[91]고 말했다. 김문자는 최근의 책에서 히데요시의

---

87) 中村榮孝, 앞의 논문, 「外交史上の德川政權」, 『日鮮關係史の研究』(下), 474쪽.

88) 橋本雄, 「對明·對朝鮮貿易と室町幕府: 守護體制」, 荒野泰典 외 편, 『倭寇と「日本國王」』(日本の對外關係 4), 吉川弘文館, 2010, 115쪽. 무라이 쇼스케도 같은 생각을 표명했다. 村井章介, 「倭寇と「日本國王」」, 같은 책, 16쪽. 하시모토에 의하면 이 점을 먼저 "갈파"한 사람은 다나카 다케오였다.

89) 橋本雄, 같은 논문, 125쪽.

90) 池亨, 「外征と近世國家群の誕生」, 앞의 책, 『地球的世界の成立』, 67쪽.

91) 김경태, 「임진전쟁기 도요토미 히데요시(豊臣秀吉)의 강화조건 연구」, 『조선시대

주안점이 영토와 무역에 있었다고 말했다.[92] 일본 학계에서는 기타지마 만지(北島萬次)가 에도시대부터 현대에 이르기까지의 임진전쟁 연구사를 상세하게 정리하여 여러 연구자들의 다양한 논의를 소개했다.[93]

임진전쟁의 목적과 강화 조건이라는 거대한 주제에 참여할 능력이 없는 필자는, 이하에서, 근세 일본을 중화질서로부터의 자립으로 설명하는 대외관계사 연구자들이 자신들의 주장을 무너뜨릴 수 있는 책봉과 감합 문제를 어떻게 처리했는지에 한해서 살펴보기로 한다.

근대 일본에서 히데요시의 전쟁 목적이 감합무역 부활에 있었다고 주장한 연구자는 다나카 요시나리(田中義成), 쓰지 젠노스케, 가야하라 마사조(栢原昌三) 등이었다.[94] 이를 비판한 연구자는 이케우치 히로시(池內宏), 다보하시 기요시(田保橋潔) 등이었다.[95] 나카무라 히데타카는 이 중 후자의 진영에 속하는 사람이었다.

히데요시의 전쟁 목적이 감합무역 부활에 있었다는 학설에 대한 나카무라의 견해는 확고했다. 그러한 것은 "단지 想像說"[96]에 불과하고, 전쟁 목적은 "기본적으로 영토 확대"[97]에 있었다는 것이 그의 결론이었다. 그러나 명쾌한 결론에도 불구하고 거기에 대한 논증은 거의 찾아볼 수 없었다.

사학보』 68, 2014.

92) 김문자, 『임진전쟁과 도요토미 정권』, 경인문화사, 2021의 제1부 「전쟁 서막과 강화교섭」의 제4장 「히데요시의 책봉 문제와 강화교섭 파탄」.

93) 北島萬次, 「豐臣政權の朝鮮侵略に關する學說史的檢討」, 『豐臣政權の對外認識と朝鮮侵略』, 校倉書房, 1990.

94) 같은 논문, 34-35쪽. 이들의 구체적인 저작이나 그 내용에 관해서는 기타지마의 연구에 상세하기 때문에 여기서는 따로 언급하지 않기로 한다.

95) 같은 논문, 35-49쪽.

96) 中村榮孝, 「對外戰爭における豐臣秀吉の目的」, 『日鮮關係史の硏究』(中), 吉川弘文館, 1969, 282쪽.

97) 같은 논문, 241쪽.

> 히데요시는 일·명의 국제적 지위에 관해서는 종속관계를 맺으려 생각하지 않았다. 앞에서 말한 것처럼 그는 강화교섭을 명의 사죄로 받아들일 정도였다. 아마 감합에 관해서는, 그답게, 단지 公私 선박의 왕래와 관련된 증표라고 속단하여 무역 재개 요구를 할 생각이었지 않았을까?[98)]

이 또한 상상설에 지나지 않는 것이었다. 이런 설명은 무로마치 시기의 책봉과 견명선 파견이 그리 먼 과거의 일이 아니었음을 생각할 때 그대로 수용하기 어려운 것이지만, 그럼에도 불구하고 나카무라는 "히데요시는 그저 막연하게 아시카가 쇼군의 古例를 따라 (감합을: 인용자) 대명 조건으로 내걸었을 뿐"[99)]이라고 강변했다. 나카무라는 1971년의 한 책[100)]에서 다시 감합 문제를 거론했다. 여기서도 그는 히데요시의 목적이 "동아시아 통일 지배"[101)]에 있었다고 말하며, 강화안에 감합 조항이 들어간 이유로 "히데요시가 감합의 본질을 모르는 것을 이용"한 '小西·對馬 그룹'의 "책동"[102)]을 들었다. 감합 문제를 논하는 나카무라의 태도는 일본 학계에서의 그의 명성에 걸맞지 않는 것이었다. 상상에 불과하지만 나카무라는 감합 문제가 일본외교의 부정합의 전통과 충돌하는 사실을 잘 알고 있었을 것이다.[103)]

감합 문제에 대한 궁색한 설명은 후지키 히사시의 경우도 마찬가지였다. 히데요시가 생각하는 감합은 책봉을 전제르 하는 본래의 성격과는 달리 "관선·상선 왕래의 한 형식 정도의 것"으로, 그가 구상하는 무역은

---

98) 같은 논문, 284쪽.

99) 中村榮孝, 「豊臣秀吉の外征」, 같은 책, 178쪽.

100) 中村榮孝, 『朝鮮: 風土·民族·傳統』, 吉川弘文館, 1971.

101) 같은 책, 189쪽.

102) 같은 책, 193쪽.

103) 다나카 다케오는 『日鮮關係史の研究』(中)를 서평한 글에서 나카무라가 감합 부활설을 "논파한 점 등은 주목할 만하다"고 특별히 언급하고 있다. 田中健夫, 앞의 책, 『對外關係史研究のあゆみ』, 139쪽.

통일권력이 발급하는 독자적 감합에 의한 교역, "예를 들어 주인선무역과 같은 공적 교역"[104]이었다고, 후지키는 이렇다 할 논증도 없이 말했다. 히데요시가 요구한 감합 부활이 "복속 요구를 동반하지 않는 교역정책"[105]을 의미했다는 후지키의 주장도 한낱 상상설에 불과했다.

아라노는 후지키의 주장에 의거하는 형태로 히데요시가 명에 요구한 것은 "일관되게 감합이었지 복속이 아니었다"[106]고 강조했다. 이런 주장은 후일 점점 강화되어 가, 무라이 쇼스케와 함께 쓴 논문에서는, 강화교섭에서 제시된 감합은 "명황제와 일본국왕 사이의 군신관계를 전제로 하는 것이 아니었고, 명이 요구하도록 하여 일본이 응하는 형태"[107]가 고려되었다고 말했다. 명이 요구하고 일본이 응하는 형태의 감합관계가 구체적으로 무엇을 의미하는지 알 수 없지만 어쨌건 두 사람이 생각하는 감합은 "일중 간의 민간 차원의 무역의 체제적 보장을 의미하는 데 불과"한 것으로, 바로 이러한 점에서 무라이와 아라노는 "왜구적 상황을 평정한 통일정권의 명확한 자립의식"[108]을 확인할 수 있었다.

2) 역사와 역사가들

1596년 오사카성에서 행해진 책봉에 관해서는 여러 설이 있다. 책봉 그 자체에 격노한 히데요시가 봉책을 찢었다는 속설을 시작으로 명 측의 기록에 의거한, 五拜·三叩頭·山呼를 행한 히데요시까지,[109] 전혀 상반된

104) 藤木久志, 앞의 책, 『豊臣平和令と戰國社會』, 243쪽.
105) 같은 책, 239쪽.
106) 荒野泰典, 앞의 논문, 「日本型華夷秩序の形成」, 『日本の社會史 Ⅰ』, 214쪽.
107) 村井章介·荒野泰典, 앞의 논문, 「地球的世界の成立」, 『地球的世界の成立』, 18쪽.
108) 같은 논문, 30쪽.
109) 石原道博, 『文祿·慶長の役』, 塙書房, 1963, 109-112쪽..

이야기가 존재한다. 이 중 책봉을 거부했다는 설은 후세의 창작임에 틀림없다. 왜냐하면 히데요시가 자신이 책봉된다는 사실을 모른 채 책봉사를 받아들였다고는 생각할 수 없고, 또 당시의 책봉문이나 常服이 오늘날까지 전해지고 있기 때문이다.[110] 한편 히데요시가 황제를 향해 만세를 부르고 오배삼고두의 예를 행했다는 사실은 확인할 길이 없다. 그러나 분명한 점은 명의 사절이 책봉 의식을 무사히 치르고 사카이(堺)로 돌아간 뒤에 문제가 발생했고, 곧이어 전쟁이 재발했다는 사실이다. 이러한 사실에서 미루어볼 때 히데요시는 명의 책봉을 받았지만 그 뒤 강화 교섭에서 자신의 요구(그것이 영토든, 명예든, 감합이든)가 관철되지 않은 사실을 알고 재침을 지시했다고 보는 편이 가장 자연스러운 해석일 것이다.

중국사 연구자 나카지마 가쿠쇼(中島樂章)에 따르면 당시 명 조정에서는 일본에 관해 세 가지 방안을 두고 논의가 전개되었다고 한다. 封貢竝絶, 許封不許貢, 封貢竝許가 그것들이다.[111] 이 가운데 명이 선택한 것은 책봉은 하되 무역은 허락하지 않는 허봉불허공이었다.[112] 그러나 이는 감합무역 재개를 위해 책봉을 받아들인 히데요시의 입장에서는 수긍할 수 없는 조건이었을 것이다.

여기서 다시 역사가들로 이야기를 되돌리면, 나카무라 히데타카는 자

110) 많은 연구서가 이를 지적하고 있지만 여기서는 中野等, 『文祿·慶長の役』(戰爭の日本史 16), 吉川弘文館, 2008, 181쪽; 藤井讓治, 『戰國亂世から太平の世へ』(シリーズ日本近世史 1), 岩波書店, 2015, 103쪽; 김문자, 앞의 책, 『임진전쟁과 도요토미 정권』, 158-163쪽.

111) 中島樂章, 「封倭と通貢: 一五九四年の寧波開貢問題をめぐって」, 『東洋史研究』 66-2, 2007, 272쪽.

112) 차혜원은 당시 명 사회에서 일본 무역을 허가하자는 논의가 왜구의 주된 피해자였던 江南 출신 인맥의 거센 반발에 직면한 사실을 밝혔다. 차혜원, 앞의 논문, 「16세기, 명조의 南倭대책과 封·貢·市」.

신의 지론, 즉 '동아시아 국제질서와 일본외교의 부정합의 전통'과 대치되는 히데요시의 책봉과 감합 요구를 히데요시 개인의 무지와 고니시·대마 그룹의 책략 탓으로 돌렸다. 이 중 히데요시가 감합의 본질을 몰랐다는 설명은 감합무역 중단이나 그 뒤로도 이어진 지역 다이묘들의 비합법적인 견명선 파견이 모두 히데요시와 동시대에 일어난 일이었음을 감안하면 믿기 어려운 것이다. 히데요시는 다이묘들의 사적·다원적인 교역루트를 일원화하여 중국 무역을 독점하기 위해서라도 감합무역을 필요로 했다. 또 고니시·대마 그룹의 책략이라는 설명도, 대외관계사에서 중대한 사안의 결정을 중간자의 책임으로 전가하는 상투적인 방법으로서, 그것은 왜구 발생의 원인을 삼도의 자연적 환경 탓으로 돌리거나, 임진전쟁 후 조선과의 강화교섭에서 대마도의 역할을 실재 이상으로 강조하는 것과 구조를 같이하고 있다.

한편 후지키나 아라노 등은 책봉 사실에 관해서는 특별히 언급하지 않고 감합 내용을 달리 해석함으로써 통일정권의 자립의식을 강조했다. 그러나 그들이 주장하는 복속 없는 교역이란, 결국 근대적 의미의 무역에 가까운 것으로, 그것은 당시의 동아시아적인 상식과는 동떨어진 초역사적 내지 탈역사적 무역 형태에 지나지 않았다. 고대 율령국가 이래의 일본의 자립이라는 환상에 사로잡힌 쪽은 히데요시가 아니라 현대 역사가들이었던 것이다.

16세기 이래 동아시아해역에서 전개된 왜구와 통일권력 성립의 역사를 구체제의 해체와 신질서의 대두 과정으로 설명하는 역사상은 결국 중화질서로부터의 일본의 자립이라는 계기에서 출발하고 있었다. 오늘날 일본 대외관계사 연구자들이 제출하는 평가나 결론이 이전 시대의 연구와 별 다를 바가 없는 것이 되기 일쑤인 것도 바로 그런 이유에서였다. 무라이가 말하는 임진전쟁으로서의 '16세기말의 대동아전쟁'은 명명 자체가 갖는 고풍스러움이나 그로 인한 위화감은 차치하더라도, 히데요시의 전쟁 목적을 "중화에 대한 도전"과 "아시아제국 구상"[113]에 두는 생각은, 일찍이 이시하라 미치히로가 이야기한 "일본적 중화사상" 내지 "중국적 세계국가주의의 일본판"[114]의 실현, 더 거슬러 올라가면 경제적 목적설을 비판하고 동아시아 통일 지배를 주장한 나카무라 히데타카, 다보하시 기요시, 이케우치 히로시 등의 그것과 별반 다르지 않은 것이었다. 차이가 있다면 16세기 왜구가 수행한 역사적 역할에 대한 평가일 것이다. 이는 대군외교체제의 경우도 마찬가지였다. 대군외교체제를 고대 율령국가 이래의 조선멸시관과 중국에 대한 자립의식을 내용으로 하는 일본 중심의 국제질서로 평가하고, 그렇게 해서 성립한 일본형 화이질서 체제가 근대적 재편 과정을 거쳐 "일본 제국"[115]으로 귀결한다는 아라노의 주장도, 이미 언급한 것처럼, 나카무라의 역사인식을 거의 그대로 계승한 것이었다. 방법론의 시대 가운데서 아시아 속에서, 아시아와의 관계를 통해 근세 일본을 파악할 것을 선언하며 시작된 연구가 아시아와의 부정합과 그로 인한 근대 이후의 차이를 강조하는 "탈아적"[116] 결론에 도달하게 되는 것은 하나의 역설이자 필연이었다고 할 수 있다.

---

113) 村井章介, 「倭寇的狀況と世界史的日本の成立」, 村井章介·荒野泰典 편, 『對外交流史』(新 體系日本史 5), 山川出版社, 2021, 273쪽.

114) 石原道博, 앞의 책, 『文祿·慶長の役』, 60쪽.

115) 荒野泰典, 「近世的世界の成熟」, 荒野泰典 외 편, 『近世的世界の成熟』(日本の對外關係 6), 吉川弘文館, 2010, 5쪽.

116) 미야지마 히로시, 『일본의 역사관을 비판한다』, 창비, 2013.

제3장 편년 사료를 통해 본 조선시대 울릉도·독도

김태훈*

1. 머리말

울릉도와 독도는 512년(지증왕 13) 이사부가 于山國을 점령하면서 우리 역사 안으로 들어왔다. 이후 고려와 조선을 거쳐 현재까지, 변함없이 우리 영토로 이어져 내려왔다. 울릉도·독도는 한국 영토 가운데 육지에서 가장 멀리 떨어져 있고, 가장 험한 바닷길을 건너야 다다를 수 있는, 동해바다 끝에 있는 그야말로 絶海孤島이다. 그런데 지금 누군가에게 "우리 영토 하면 가장 먼저 떠오르는 한 곳을 얘기해보라"고 하면, 아마도 울릉도와 독도가 열 손가락 안에는 꼽히지 않을까. 물리적으로 가장 멀리 떨어져 있음에도 심리적으로는 그만큼 가깝게 느끼며, 그 존재를 명확히 인지하고 있다는 말일 테다.

하지만, 그 섬들이 변함없이 같은 곳에서 우리 영토로서 자리를 지키고 있는 것과는 별개로, 심리적 거리와 울릉도·독도의 존재감이 또 거기에 대한 접근이 늘 한결같았던 것은 아니다. 이는 그 범위를 조선시대로 한정해보아도 마찬가지이다. 정부에서 큰 관심을 가지고 공권력을 투입하여 관리에 나섰던 때가 있는가 하면, 사실상 방치했던 때도 없지 않다. 풍부한 자연 산물로 인해 백성들의 삶의 터전이 되었던 때도 있었고, 반

* 단국대학교 일본연구소 HK연구교수

대로 텅 비었던 시간도 많았다. 그리고 울릉도·독도 해역이 매우 위험했던 적이 있고, 비교적 안전한 바다였던 시기가 있었다.

본고의 목적은 그러한 조선시대 울릉도·독도의 변화상을 편년 사료를 통해 펼쳐보는 데 있다. 필자는 최근 3년간 경상북도 독도사료연구회의 일원으로 3권의 자료집 발간에 참여한 바 있다.[1] 그 가운데 『독도 관계 한국 사료 총서』 1(2019)을 활용하여 조선시대 울릉도·독도를 펼쳐보이고자 한다. 이 책은 『조선왕조실록』, 『비변사등록』, 『승정원일기』, 『일성록』 등 4종의 사료에서 울릉도·독도 관련 기사를 추출하여 역주·집성한 것이다. 이러한 편년 사료들은 지금까지 연구에서 주요 자료로 활용되어 온 것이기에, 해당 자료집이 새로운 자료 발굴 성과가 되지는 못한다. 다만 『승정원일기』와 『일성록』은 아직 국역이 이루어지지 않은 부분이 많은데, 관련 기록을 발췌해 번역한 만큼 연구자들에게 편의를 제공할 수 있게 된 것은 소소한 성과라 하겠다. 그리고 무엇보다 편년 사료 중 관련 기사를 통틀어 일람함으로써 확보할 수 있는 효용성은 연구에 도움을 준다. 일례로, 관련 기사의 분포를 시기별로 수치화·도표화하여 활용하는 것이 그러하다.

2장에서 제시하겠지만, 기록의 분포를 보면 울릉도·독도 관련 기사가 집중적으로 보이는 시기는 크게 세 시기이다. 태종·세종, 숙종~정조 그리고 고종 연간이다.[2] ①태종·세종 연간의 관련 기사들은 울릉도에 안무

---

1) 독도사료연구회, 『독도 관계 한국 사료 총서』 1~3, 경상북도, 2019~2021.

2) 『조선왕조실록』에서 발췌한 관련 기사의 분포를 보면, 성종 연간의 기록이 44건으로 가장 많다. 그런데 이는 거의가 三峯島 관련 기사이므로 대상에서 제외시킨다. 삼봉도가 울릉도로 추정되므로 자료집에는 관련 기사를 역주하여 수록하였다. 그러나 조선전기 삼봉도에 대한 탐색은 그 실체에 대한 접근을 이루어지지 못했고, 풍문으로만 떠도는 대상이었으므로, 이를 본고에서 다루는 것은 논지를 벗어나는 일이다. 세종대부터 풍문으로 전해졌던 蓼島, 三峯島에 대한 검토가 필요하다면 별도의 논고를 작성하는 것이 적절해보인다. 요도와 삼봉도

사와 순심경차관을 파견하여 주민을 쇄환하고 섬을 관리하는 내용을 담고 있다. ②숙종대~정조 연간은 안용복의 도일이 발단이 된 울릉도 쟁계와 그 후속 대책으로 추진된 수토의 시행, 울릉도에 대한 새로운 접근 시도와 관련한 내용이 주를 이룬다. ③고종대의 기록에서는, 시대적 추세에 대응하여 종래의 주민 쇄환 정책을 폐기하고 울릉도·독도를 일상적 통치 영역으로 포괄하여 적극적으로 경영하려는 움직임을 볼 수 있다.

위 세 시기 가운데 이 글에서 검토하려는 것은 ①태종·세종대 ②숙종~정조대 등 두 시기이다. 조선시대 울릉도·독도에 관한 통시적 연구는 단행본으로 출간된 송병기와 연구와[3] 손승철의 연구가[4] 대표적이다. 이 연구들은 섬에 대한 국가의 관리·경영에 중점을 두고 영토사적 견지에서 울릉도·독도를 검토하였다. 본고에서는 두 시기를 중심으로 편년 사료상 울릉도·독도 관련 기사의 내용 분석과 시기별 분포도를 활용하여 조선시대 울릉도·독도를 조명하고자 한다. 그리고 울릉도를 주변의 동향은 어떠했는지, 국가의 접근법은 어떠했는지, 어떠한 문제들이 발생했는지, 그 여파는 무엇이었는지 등에 관하여 새로운 견해를 도출하고자 한다. 관련 기록이 집중적으로 분포되어 있는 시기에 대한 검토뿐 아니라, 기록이 존재하지 않는 시기의 경우 기록의 부재가 지니는 의미를 구명하는 것 또한 주요 목표이다. 그리고 이를 통해 궁극적으로는, 조선전기(①기)의 울릉도·독도에 대한 접근이 육지와 섬의 차단으로 이어진 반면, 조선후기(②기)의 울릉도·독도에 대한 접근과 재인식이 섬을 통치 영역

에 관해서는, 서로 다른 방식으로 문제에 접근한 다음의 두 논문이 많은 의문을 해결해준다. 손승철, 「조선전기 요도와 삼봉도의 실체에 관한 연구」, 『한일관계사연구』 44, 2013 ; 정연식, 「15세기의 蓼島, 三峯島와 울릉도」, 『조선시대사학보』 92, 2020.

3) 송병기, 『鬱陵島와 獨島』, 단국대출판부, 1999.

4) 손승철, 「중·근세 조선인의 島嶼 경영과 경계인식 고찰」, 『한일관계사연구』 39, 2011.

안으로 끌어들이는 결말을 보게 되는 요인을 구명하고자 한다.

2장에서는 먼저 편년 사료에서 발췌한 울릉도·독도 관련 기사들의 시기별 분포를 제시하고, 기록이 집중되어 있는 시기에 대해 개관한다. 3장에서는 태종·세종 연간 왜구 대책에서 비롯된 울릉도 거민 쇄환이 전개되는 과정을 검토함으로써, 정책 방향을 규정하는 요인과 통치 전략을 살펴본다. 4장에서는 안용복과 박어둔의 피랍이 발단이 된 울릉도 쟁계를 계기로 울릉도·독도에 대한 접근 방식이 어떻게 변화하였으며, 18세기 편년 사료에 울릉도·독도는 어떠한 모습으로 기록되는지를 살펴본다.

2. 편년 사료상 울릉도·독도 관련 기록 분포

『조선왕조실록』 외에도 공신력 있고, 개별 기사에 따라서는 좀더 상세함을 자랑하는 『승정원일기』, 『일성록』이나 『비변사등록』이 있다. 다만, 조선후기뿐 아니라 조선전기의 역사가 기록된 유일한 편년 자료가 『조선왕조실록』이다.[5] 따라서 먼저, 『조선왕조실록』에서 발췌된 울릉도·독도 기사의 시기별 분포를 제시하고, 기록이 집중된 시기에 대해서 간략히 개관한다.

5) 조선전기에도 『승정원일기』와 『비변사등록』는 기록이 축적되었지만, 임진왜란으로 소실되어 현재는 조선후기의 것만 남아 있다.

〈표 1〉『조선왕조실록』 울릉도·독도 관련 기사의 시기별 분포

왕대(재위 기간) \ 구분	기사 건수	비 고
태 종(1400~1418)	7	- 1403년 무릉도 거주민 쇄환 - 1407년 대마도주가 왜인들의 무릉도 거주를 허락해주기를 청함 - 1416년 무릉도에 安撫使 파견
세 종(1418~1450)	27	- 1425년 안무사 파견, 무릉도 주민 쇄환 - 1437년 왜인의 무릉도 침탈을 미연에 방지하는 대책 강구 - 1430년부터 '蓼島' - 1438년 무릉도에 巡審敬差官 파견
세 조(1455~1468)	1	
성 종(1469~1494)	44	- 1470~1481년 三峯島 탐색과 토벌 논의, 함경도와 강원도 지역 邊民 단속
중 종(1506~1544)	2	
명 종(1545~1567)	1	
광해군(1608~1623)	1	- 1614년 왜인의 울릉도 왕래 금지를 대마도주에게 요청함
현 종(1659~1674)	1	
숙 종(1674~1720)	27	- 1693년 안용복의 피랍·송환, 1695년 안용복의 도일, 숙종대 '울릉도 쟁계'(1693~1699) 전개 - 1694년 울릉도 搜討 정례화
영 조(1724~1776)	12	
정 조(1776~1800)	6	
순 조(1800~1834)	1	
철 종(1849~1863)	1	
고 종(1863~1907)	24	- 1881·1882년 일본인들의 울릉도 출입과 벌목을 금지시킬 것을 일본 수차례 요구 - 1882년 島長 임명 - 1883년 東南開拓使 파견 - 1895년 울릉도 島監 임명 - 1900년 울릉도를 鬱島郡으로 개칭, 도감을 郡守로 개정
순 종(1907~1910)	1	
계	156	

〈표 1〉을 보면, 관련 기사가 집중적으로 분포되어 있는 몇몇 지점들이 눈에 띈다. 먼저 ①15세기로 특히 『세종실록』과 『성종실록』에 관련 기사가 압도적으로 많이 수록되어 있다. 다음으로 ②숙종 연간이다. 『숙종실록』에서 울릉도·독도 관련 첫 기사가 1693년(숙종 19)의 것이므로, 사실상 17세기 말에서 18세기 초에 이르는 숙종 재위 후반기의 기록이다. 마지막으로 ③고종대에 관련 기사가 다시 빈번하게 나타난다. 고종대 기록 중 가장 앞서는 것은 1881년(고종 18)의 기사로서, 대체로 개항 이후 울릉도·독도가 주목 받게 된 상황을 말해준다. 울릉도·독도 관련 기사가 집중되어 있는 위의 세 시기 각각의 특징은 다음과 같이 요약된다.

①15세기 : 울릉도·독도 거주민의 刷還, 유입 차단, 순시 등의 방법을 동원하여 관리하던 시기이다. 1403년(태종 3) 무릉도 거주민의 쇄환을 시작으로 태종대에 정책의 기본 방향이 정해진 이후 세종~성종 연간까지 그 기조가 유지되는 것으로 보인다. 섬의 명칭으로는 '武陵島'·'于山島' 등이 주로 사용되었다. 성종대에 관련 기사가 집중된 것은 1470~1481년(성종 2~성종 13) 기간에 함경도와 동해안 주민들 사이에서 동해의 새로운 섬 '三峯島'에 대한 풍문이 돌고 주민들의 이탈이 문제가 되자, 조정에서 삼봉도에 대한 탐색을 지시하고 급기야 토벌군 편성까지 논의했던 전말이 기록되었기 때문이다.

②숙종대 후반 : 현재 독도 영유권의 史的 근거로 가장 많이 제시되는 숙종대 울릉도 사건이 발생한 시기이다. 1693년(숙종 19) 안용복의 도일로 촉발된 울릉도 사건은 7년간 첨예하게 전개된 조선-일본 양국 간의 외교적 대립이었다. 『조선왕조실록』에서 한참 동안 뜸했던 울릉도·독도 관련 기사가 다시 출현하게 되었고, 조정에서는 1694년부터 울릉도에 대한 수토를 재개하고 정례화함으로써 동해안의 邊政을 재정비하는 모습을 보인다. 民의 거주를 차단하는 태종대 이래의 방침에는 변화가 없었지만, 인삼을 비롯한 울릉도·독도의 토산 자원 활용에 대한 관심이 높아

지고 해역에 대한 관리가 지속성을 보이는 등의 변화는 뚜렷하다.

③개항 이후 : 『고종실록』의 울릉도·독도 관련 첫 번째 기사는 1881년(고종 18) 5월 22일의 것으로 일본인들이 울릉도에서 벌목하는 행태를 일본 측에 항의하고 檢察使를 파견하여 관리를 강화했다는 내용이다.[6] 1883년 무렵부터는 울릉도에 民을 이주시키는 등 적극적인 개척을 추진하게 되는데 이는 국초 이래 지속했던 주민 쇄환의 폐기와 방향 전환을 의미하는 것이었다. 1882년과 1885년에 각각 島長, 島監을 두어 울릉도·독도 관리를 강화하고 행정력을 발휘하도록 한 것 역시 같은 맥락에서 이해되는 것이다. 또 1900년에는 울릉도를 鬱島郡으로 개칭하고 도감을 군수로 개정하는 데에 이르는데, 고종 연간의 울릉도·독도에 관한 관심 고조와 적극적 관리라는 추세의 전환을 보여준다고 하겠다.

다음으로, 편년사료 4종의 울릉도·독도 관련 기사의 시기별 분포를 살펴보자. 『조선왕조실록』을 비롯한 4종의 편년 사료에는 울릉도·독도 관계 기사가 총 362건 수록된 것으로 파악된다. 자료별 기사의 분포를 왕대 별로 정리하면 아래 표와 같다.[7]

6) 고종 연간의 울릉도·독도 관련하여 이보다 앞선 시기의 기사로 『일성록』에는 1868년(고종 5) 울릉도 수토에 관한 내용이 기록되어 있다.

7) 『독도 관계 한국 사료 총서』 1에 의거한 것으로, 사료에 수록된 관련 기사를 100% 추출했다고는 보기는 어려우므로 관련 기사의 누락 가능성은 존재한다. 다만, 시기별 추세를 보기에는 이것으로도 충분하다고 여겨진다.

〈표 2〉 조선시대 편년사료상 울릉도·독도 관련 기사의 시기별 분포

자료 / 왕대	조선왕조실록	승정원일기	비변사등록	일성록
태종	7			
세종	27			
세조	1			
성종	44			
중종	2			
명종	1			
광해군	1			
현종	1			
숙종	27	28	15	
영조	12	11	8	
정조	6	8	8	25
순조	1	3	2	8
헌종		2	1	7
철종	1	3	2	6
고종	24	34	3	29
순종	1	2		2
계	156	91	39	77

〈표 2〉를 보면, 『승정원일기』, 『비변사등록』, 『일성록』도 당연히, 『조선왕조실록』과 유사한 분포를 보여준다. 한 가지 특징은 『일성록』의 경우 정조 연간에 관련 기사가 상대적으로 많다는 점이다.

3. 태종~세종 연간 울릉도·독도 정책과 그 배경

『조선왕조실록』에 가장 처음 등장하는 울릉도·독도 관계 기록은 1403년(태종 3) 武陵島 거주민들을 육지로 쇄환했다는 기사이다.

> 江陵道의 武陵島에 살고 있는 주민을 육지로 나오도록 명하였으니, 監司의 보고에 따른 것이다.[8)]

무릉도는 울릉도이다.[9)] 그런데 당시 이 쇄환 명령이 온전히 이행되었다고 보기는 어렵다. 실효를 거두기 위해서는 쇄환된 주민들의 정착 지원이나, 이후 울릉도에 대한 체계적 관리 등 후속 대책이 마련되었어야 했다. 그러나 다음 기사를 보면, 어떠한 필요로 인해 쇄환을 명했지만, 후속 대책은 불완전했음을 알 수 있다.

> 강원도 관찰사가 보고하기를,
> "流山國島[10)] 사람 백가물 등 12명이 고성 어라진에 와서 정박하기를 요청하여 말하기를, '우리는 무릉도에서 나고 자랐는데, 그 섬 안에 가구가 11호이고, 남녀가 모두 60여 명인데, 지금은 유산국도로 옮겨 와 살고 있습니다. 이 섬은 동에서 서까지, 남에서 북까지가 모두 2息(1식=30리) 거리이고, 둘레가 8식 거리입니다. 소나 말, 논은 없지만, 콩 한 말만 심으면 20석 혹은 30석이 나고, 보리 1석을 심으면 50석이 넘게 납니다. 대나무는 큰 서까래만하고, 해산물과 과실나무가 모두 있습니다.' 하였습니다. 이 사람들이 도망갈까 염려되어, 우선 통주·고성·간성에 나누어 두었습니다."
> 하였다.[11)]

---

8) 『태종실록』 태종 3년 8월 11일(병진). 여기서 江陵道는 곧 강원도이다. 신라시대 溟州로, 1263년 강릉도 개칭했다. 조선 초에는 江原道 또는 原襄道, 原春道라고 부르다가 1423년 강원도로 확정했다.

9) 울릉도, 독도의 명칭 변화에 대해서는 유미림, 「울릉도·독도의 명칭 변천과 '독도' 인식의 연속성」, 『해양정책연구』 36-2, 2021 참조.

10) 손승철은 유산국도를 우산국으로 추정한 반면(앞의 논문(2013), 48쪽), 유미림은 진술한 섬의 크기로 볼 때 우산도로 보기는 어렵다고 분석하였다(앞의 논문, 31~32쪽). 아무래도 명칭의 유사성만으로 '유산국도=우산국'으로 보기는 어렵다고 여겨진다. 현재로서는 더 이상의 추론은 유보한다.

11) 『태종실록』 태종 12년 4월 15일(기사).

원래 울릉도에 살던 이들이, 아마도 쇄환 조치로 인해 유산국도라는 섬에 옮겨 살고 있었는데, 이제 그 섬에 대해서도 쇄환 조치가 취해졌다. 일단 쇄환된 이들은 다시 여러 지역에 나누어 머물게 된 상황이었다. 울릉도에 살던 이들이 다른 섬으로 옮겨가고, 그 섬에서도 쇄환되어 일단 육지로 나왔지만, "이 사람들이 도망갈까 염려되어"라는 문구에서 알 수 있듯, 마땅한 이주 대책이 부재했던 것이다.

『태종실록』을 통해 당시 울릉도에 거주하던 주민·가구 수를 짐작할 수 있는데, 먼저 위 인용문에 "가구가 11호이고, 남녀가 모두 60여 명"이라는 진술이 보인다. 호조참판 박습은 "옛날에 方之用이란 자가 15가구를 거느리고 들어가 살면서 때로는 假倭로서 도둑질을 하였다"라는, 강원감사 재직시 들었던 바를 진언하기도 하였다.[12] 그리고 1417년 2월 武陵等處安撫使로 임무를 마치고 복명한 김인우는 "戶數는 15가구이고, 남녀를 합치면 86명"이라고 보고하였다.[13] 채 100명이 되지 않는 주민이 거주했음을 알 수 있는데, 울릉도·독도 주민 쇄환에 대해 본격적으로 논의가 이루어지고 조치가 취해진 것은 1416년 삼척 사람 김인우를 안무사로 울릉도에 파견한 시점부터로 보인다.

그러면 태종대부터 울릉도·독도를 비롯한 남동해안 도서 지역의 주민

---

12) 『태종실록』 태종 16년 9월 2일(경인).

13) 『태종실록』 태종 17년 2월 5일(임술). "按撫使金麟雨還自于山島 獻土產大竹水牛皮生苧綿子檢樸木等物 且率居人三名以來 其島戶凡十五口 男女并八十六 麟雨之往還也 再逢颶風 僅得其生"
그런데 이 기사에서 '于山島'는 무릉도를 잘못 쓴 것으로 보인다. 『세종실록』에 "당초 강원도 평해 사람 김을지·이만·김울금 등이 일찍이 무릉도에 도망가서 살고 있던 것을 병신년(1416)에 국가에서 김인우를 보내 데리고 나왔다"(『세종실록』 세종 7년 8월 8일)라는 내용이 보이기 때문이다. 병신년은 김인우가 무릉도에 사는 사람들을 데리고 나온 사실이 있던 해이므로 『태종실록』에 기술된 '우산도'는 『세종실록』의 '무릉도'를 가리킨다.(독도사료연구회, 『독도 관계 한국 사료 총서』 1, 경상북도, 2019, 15쪽)

쇄환이 추진된 것은 무엇 때문일까. 김인우의 발언에서 그 이유가 분명하게 드러난다.

> 김인우가 아뢰기를,
> "무릉도가 멀리 바다 가운데 있어 사람이 서로 통하지 못하기 때문에 군역을 피하는 자들이 간혹 도망하여 들어갑니다. 만일 이 섬에 사는 사람들이 많아지면 결국에는 왜인들이 반드시 들어와 도둑질할 것이고, 이로 인해 강원도를 침략할 것입니다."
> 하였다. 임금이 옳게 여겨 김인우를 무릉등처안무사로 삼았다.[14]

즉, 울릉도와 같은 섬에도 주민이 늘고 생산물이 늘어나면 왜구의 침탈 대상이 된다는 것이다. 뿐만 아니라, 조세나 요역을 피하는 등의 목적으로 울릉도로 숨어드는 이들에 대한 지적이 계속되는 것으로 미루어 볼 때,[15] 울릉도·독도 주민들의 왜구化에 대한 우려도 있었던 것으로 추측된다.

왜구의 동해안 침탈은 고려 말 1352년부터 나타난다.[16] 고려 말 울릉도·독도에 대한 왜구 침탈에 대해서는 1379년(우왕 5) "倭가 무릉도에 들어와 보름이나 머물다가 돌아갔다"는 기록이 보인다.[17] 그리고 조선 초에는 1417년 "왜가 우산도와 무릉도를 노략질하였다"는 기록이 있다.[18] 여말선초 왜구의 울릉도·독도를 침탈했다는 기사는 2건에 불과하

---

14) 『태종실록』 태종 16년 9월 2일(경인).

15) 『태종실록』 태종 17년 2월 8일(을축) ; 『세종실록』 세종 1년 3월 29일(계유), 7년 8월 8일(갑술).

16) 고려 말~조선 초 왜구의 동해안, 울릉도·독도에 대한 침탈에 대해서는 다음 연구들에 자세하며, 본고에서도 이를 참조하여 서술한다. 손승철, 앞의 논문들(2011, 2013).

17) 『고려사』 권134, 「列傳」 47, 辛禑 5년 7월. "倭入武陵島留半月而去"

18) 『태종실록』 태종 17년 8월 6일(기축).

지만, 왜구의 동해안 지역 침탈이 빈번했던 만큼, 울릉도·독도에 대한 침탈도 실제로는 훨씬 많았을 것이다. 그리고 무엇보다 앞서 살펴본 바, 울릉도·독도에 주민이 거주하게 되면 왜구의 침탈 대상이 되고 주민과 왜구의 결탁도 우려되는 등, 울릉도가 왜구의 소굴 혹은 동해안 침탈을 위한 중간기착지가 될 가능성이 높아진다. 울릉도·독도 주민 쇄환은 이를 미연에 방지하기 위한 대책이었던 것이다. 태종대에는 1403년 기록상 최초의 쇄환 명령이 있었고, 1416년 안무사 파견을 계기로 울릉도·독도 주민에 대한 본격적인 쇄환 정책이 추진되었다.

1416년 대대적인 쇄환 이후에도 울릉도에 몰래 들어가 거주하는 이들이 생겼는데, 조정에서는 1425년(세종 7) 김인우를 于山武陵等處安撫使로 울릉도에 파견하여 섬 주민들을 쇄환하였다.[19] 태종대의 정책이 세종대에 그대로 계승되고 있는 모습이다. 한편, 1436년(세종 18) 울릉도에 주민을 정착시키고 수령을 두어 경영하자는 건의가 있었다.[20] 주민을 정착시켜 경영하자는 주장은 이미 태종대에도 조정에서 논의된 바 있었다.[21] 그런데 1436년의 경우 동해 연안의 사정에 누구보다 밝은 강원도 관찰사가 했다는 점에서 눈길을 끈다. 1403년 최초의 울릉도 주민 쇄환령이 강릉도관찰사의 계청에서 비롯되었다는 사실과 대조를 이루는데, 이는 시기적 변화상이 반영된 것으로 보인다. 그 변화상이란, 1419년 쓰시마 정벌로 인한 왜구 감소이다. 그리고 1428년(세종 10) 통신사 파견은, 사행 중에 수집된 정보와 외교적 성과를 활용하여, 쓰시마에 대한 통제를 강화하는 계기가 되었는데,[22] 그러한 변화들로 인해 동해와 동해의

19) 『세종실록』 세종 7년 8월 8일(갑술), 10월 20일(을유).

20) 『세종실록』 세종 18년 윤6월 20일(갑신).

21) 『태종실록』 태종 17년 2월 8일(을축).

22) 장준혁, 「朝鮮世宗期 1·2차 通信使와 對日政策의 기조」, 『역사와 실학』 69, 2019, 265~266쪽.

섬들은 조금은 안전해졌을 것으로 추측된다.

하지만, 울릉도에 주민을 정착시키고 적극적으로 경영하자는 강원도 관찰사 柳季聞의 계청은 받아들여지지 않았다. 현저히 감소했지만 여전히 존재하는 왜구의 침탈·노략질 가능성뿐만 아니라, 섬 주민과 왜구의 결탁에 대한 우려가 컸던 것으로 보인다. 다음 기사는 그러한 우려를 잘 드러낸다.

> 병조에서 강원도 감사의 관문에 의거하여 아뢰기를,
> "道에서 바치는 염초는 영동 연해의 각 관아에서 만들어왔기에 이로 인해 사람마다 그 기술을 전습했는데, 간사한 백성이나 주인을 배반한 종들이 무릉도나 대마도 등지로 도망가서 화약을 만드는 秘術을 왜인에게 가르치지나 않을까 염려되니, 이제부터는 연해의 각 관아에서 화약을 만들지 못하게 하소서."
> 하니, 그대로 따랐다.[23]

그리고 무엇보다 울릉도·독도의 적극적 경영을 주저하게 만든 요인은 험한 바닷길이었던 것으로 보인다. 태종대의 정책을 계승하여 세종이 1425년 안무사 김인우를 울릉도에 파견하였을 때, 울릉도로 향하던 배 두 척 가운데 한 척이 태풍에 난파되어 36명이 익사하고 10명이 일본으로 표류한 일이 있었다.[24] 세종은 이때 사망자를 위해 초혼제를 지내게 하고 부의를 내리는 등, 각별한 관심을 보였다.[25] 해상 사고에 대한 우려는 1436년 울릉도에 주민을 정착시키자는 유계문의 계청이 받아들여지지 않은 주요한 이유였다.[26] 그리고 험한 바닷길은 1625년 안무사 파견

23) 『세종실록』 세종 8년 12월 13일(임신).
24) 『세종실록』 세종 7년 10월 20일(을유), 12월 28일(계사).
25) 『세종실록』 세종 7년 11월 20일(을묘).
26) 『세종실록』 세종 19년 2월 8일(무진). "傳旨江原道監司柳季聞 去丙辰秋 卿啓 茂

이후 공권력의 울릉도 항해를 10여 년간 단절시켰던 듯하다.

유계문의 계청으로 세종은 다시 울릉도에 관심을 보이며, 백성의 거주는 불허하되 "매년 탐색하거나 토산물을 채취하거나 말 목장을 만드는" 등의 방법으로 관리해나감으로써 왜인들의 침탈을 차단하겠다는 뜻을 밝혔다.[27] 그러려면 우선 사람을 울릉도로 보내 살펴보아야 하는데, 안무사로 울릉도를 두 차례 왕래했던 김인우 이후로는 해로를 정확히 알고 임무를 수행할 만한 이를 찾기 어려웠던 모양이다. 연해 주민 가운데 지원자 모집을 통해 南薈와 曹敏을 茂陵島巡審敬差官으로 삼아 섬으로 숨어든 이들을 쇄환토록 하였다.[28] 남회와 조민은 울릉도 거주민 66명을 쇄환하여 복명하였다.[29] 유계문의 건의는 받아들여지지 않았지만, 이처럼 그것은 순심경차관의 파견으로 이어졌던 것이다. 그리고 10여년 만에 이루어진 공식적인 울릉도 순심과 주민 쇄환은 동해의 섬에 대한 주의를 환기시키는 계기가 된 것으로 보인다.

1425년과 1438년 사이, 그러니까 김인우의 안무사 활동과 남회·조민의 순심경차관 활동 사이에 해당하는 시기에 미지의 섬 '蓼島'가 출현하였다. 『세종실록』에 요도 관련 기사는 1429~1430년 기록에 6건이 수록되어 있다.[30] 그리고 요도에 관한 그 다음 기사는 1438년 순심경차관 남회와 조민이 복명한 직후 다시 요도가 등장한다. 이때 세종은, 수년 전 말로만 전해지고 닿지 못했던 요도에 관해, 다시 탐문할 것을 지시하였다.[31] 세종의 요도 찾기는 1445년까지 계속되는데 그 과정에서 세종은

陵島土地膏腴 禾穀所出 十倍陸地 且多所產 宜設縣置守 以爲嶺東之藩籬 即令大臣僉議 竝云 此島遠於陸地 風水甚惡 不宜蹈不測之患 以設郡縣 故姑寢其事"

27) 『세종실록』 세종 19년 2월 8일(무진).

28) 『세종실록』 세종 20년 4월 21일(갑술).

29) 『세종실록』 세종 20년 7월 15일(무술).

30) 『세종실록』 세종 11년 12월 27일(기해), 12년 1월 26일(정묘), 12년 4월 3일(계유), 12년 4월 4일(갑술), 12년 4월 6일(병자), 12년 10월 23일(경인).

새 땅에 대한 상당한 집착을 보였다.[32]

한편, 1438년 순심경차관 파견과 울릉도 거주민 쇄환은, 섬으로 숨어드는 이들에 대해 엄중한 처벌이 내려지는 계기가 된다는 점에서도 주목된다. 1438년 11월과 이듬해 2월, 울릉도에 숨어든 이들 가운데 주동자를 색출하여 처형하고, 從犯들은 함경도에 분치하는 일이 있었다.[33] 이전까지는 울릉도 거주자들을 쇄환하여 분치하는 정도였지만, 이때부터는 처벌하기 시작했던 것이다.[34] 요컨대, 강원도관찰사 유계문의 건의가 시발이 된 1438년 순심경차관의 파견은 요도라는 새 땅 찾기에 대한 열망을 증폭시키고, 동해의 섬으로 숨어드는 이들에 대해 강력한 처벌로 대응하는 계기가 되었다.

조선 초 울릉도·독도 주민의 쇄환은 왜구 대책의 일환으로 출발하였다고 할 수 있다. 기록으로 볼 때, 쇄환 정책이 본격화되어 어느 정도 성과를 거두게 되는 것은 1416(태종 16)년 안무사 김인우의 활동부터이며, 그러한 쇄환 정책은 세종대로 계승되는 모습을 보인다. 1425년(세종 7)에도 김인우가 안무사로 울릉도에 파견되어 20여 명을 쇄환하였다. 그런데 이때의 선박 난파 사고는 울릉도·독도 항해를 꺼리게 만들었던 주요인으로 보인다. 세종대의 경우, 1419년 쓰시마 정벌, 1428년 통신사 파견 등은 왜구의 현저한 감소와 왜인들에 대한 통제력 강화를 가져옴으로써,

31) 『세종실록』 세종 20년 7월 26일(무신).

32) 손승철, 앞의 논문(2013), 57~63쪽 참조. 한편, 1429~1430년의 기사가 6건인데 비해, 1438~1445년의 기사는 5건으로 훨씬 성글다. 그렇지만 그 내용을 보면 후자가 전자보다 열망과 집착이 두드러지는 것은 분명하다.

33) 『세종실록』 세종 20년 11월 25일(을사), 21년 2월 7일(병진).

34) 손승철, 앞의 논문(2013), 56쪽. 손승철은, 이때의 처벌로 인해 연해 주민들의 울릉도 입거가 어려워졌고 함경도에 분치된 이들에 의해 울릉도·독도에 대한 소문이 확산되어, 그것이 요도와 삼봉도의 수색 작업으로 이어졌다고 추론하면서, 상당히 중요한 사건으로 평가하였다.

동해와 동해의 섬들이 좀 더 안전하게 되는 긍정적인 변화가 있었다. 그러한 환경 변화는 울릉도·독도에 대한 적극적 경영 의지, 연해 백성들의 섬으로 이주 욕구를 자극하였을 것으로 추측된다. 그러나 험한 뱃길은 울릉도·독도에 대한 일상적인 통행을 어렵게 만들었고, 통치력이 정상적으로 미치지 못하는 영역에 民이 거주하는 것을 국가가 용인할 수는 없었다. 섬으로 숨어든 백성과 국가의 영토인 섬에 대한 국가의 통치·경영 전략은 按撫·刷還과 巡審이었다. 1438년 순심경차관 남회·조민의 쇄환 활동과 섬으로 숨어든 이들에 대한 강력한 처벌은 조선전기 울릉도·독도에 대한 정책 방향을 분명하게 보여준다.

4. 숙종대 울릉도 쟁계, 영·정조대의 울릉도·독도

편년 사료들에 임진왜란 이후 시기에 등장하는 울릉도·독도에 관한 기사는 1614년(광해군 6)의 기록이며,[35] 한참을 건너뛰어 1671년(현종 12)의 기사가 보인다.[36] 그리고는 일거에 많은 기록들이 집중되는데, 바로 숙종대 鬱陵島 爭界가 발생하는 1693년(숙종 19)부터이다.

임진왜란 이후 울릉도·독도에 관한 첫 번째 기록은 1614년 쓰시마 왜인들이 울릉도 入居를 허락해달라는 서계를 보내왔다는 내용이다.[37] 그런데 이는 태종 때의 기록과 유사하여 눈길을 끈다. 1407년(태종 7) 소사다시게(宗貞茂)가 쓰시마 사람들을 거느리고 武陵島에 들어가 살게 해달라고 요청한 기사가 그것이다.[38] 물론, 두 번 다 쓰시마의 요청은 받아

35) 『광해군일기』 광해군 6년 9월 2일(신해).

36) 『현종실록』 현종 12년 11월 12일(기미).

37) 『광해군일기』 광해군 6년 9월 2일(신해).

38) 『태종실록』 태종 7년 3월 6일(경오). 다른 사료들을 보면 이때의 일을 막부의

들여지지 않았다. 건국 초기인 태종대와 임진왜란 직후 광해군대, 조선이 온전히 체계를 갖추지 못한 시점에 쓰시마로서는 자신들의 요청이 성사될 여지가 있다고 여겼을 법하다. 200년의 시차에도 불구하고 쓰시마인들에게는 여전히 울릉도·독도 해역은 탐나는 지역이었음에 분명하다.

울릉도에 관심을 가지고 있었던 것은 쓰시마뿐만이 아니었다. 일본의 山陰 지방, 즉 동해에 면하고 있는 현재의 돗토리현(鳥取縣)·시마네현(島根縣)·야마구치현(山口縣) 지역 사람들은 일찍부터 무인도나 다름없던 울릉도에 출입하면서 어로 행위를 하였고, 인삼을 캐기도 하였다.[39]

1618년에는 울릉도에서 어로 행위를 하던 일본 어부들이 조선에 표착하는 사건이 있었고, 조선 조정의 일본 어민들의 울릉도 출어 금지 요구에도 불구하고 돗토리번(鳥取藩) 요나고(米子町)의 오오야(大谷), 무라카와(村川) 두 가문에서는 막부에 청원하여 1625년 소위 '竹島渡海免許'를 발급받기도 하였다. 오야·무라카와 가문은 이후 울릉도를 지속적으로 왕래하였고, 울릉도 해역의 이권을 배타적으로 확보하면서 특권상인으로서 지위를 확보할 수 있었다.

1637년(인조15, 寬永 14) 6월 울릉도 해역에 출어했다가 돌아가던 일본 요나고의 어민 30명이 울산 魴漁津에 표착한 일이 있었는데, 그들은 "13년 전에 막부로부터 竹島(울릉도) 출어를 허락받고 매년 왕래하며 물

지시로 쓰시마에서 '礒竹島'를 조사하려 했다는 내용으로 기록되어 있다. 『東萊府接倭狀啓謄錄可考事目錄抄册』, 甲寅(1614) 6월, "倭船三隻 稱以探問礒竹島 持路引出來 問島何在 則在我慶尙江原兩間云 似是蔚陵" ; 『邊例集要』 권17, 「鬱陵島」, "萬曆四十二年 六月 府使尹宗謙時 倭小船一隻 持書契 規外出來 問其緣由 則頭倭曰 以家康分付 探見礒竹島大小形止 而恐有漂風 路引成給 故持此書契出來云云 又問島何在 答云 介在於慶尙江原境 觀其語句 則疑是鬱陵島 緣由 啓"

39) 장순순, 「17세기 조일관계와 '鬱陵島 爭界'」, 『역사와 경계』 84, 2012, 42쪽. 이하 1692년까지 일본 어민들의 울릉도 해역 도해와 어로 행위에 대한 서술은 이 논문 42~47쪽에 의거하여 그 내용을 요약하였다.

고기를 잡고 기름을 취하였다"라고 진술하였다. 그런데 이때 조정에서는 일본 어민들을 송환 조치하였고, 별다른 외교적 문제는 발생하지 않았다.

1666년(현종 7, 寬文 14) 7월에도 1637년 사례처럼 울릉도 해역에서 조업을 마치고 귀국하던 일본 요나고 어민 22명이 조선 연안에 표착하였다. 그들은 "竹島에서 조업하였다"고 진술하였으나 조선으로부터 아무런 처벌도 받지 않고 송환되었다.

1692년(숙종 18) 3월에는 조·일 양국 어민들이 울릉도에서 마주친 일도 있었다. 당시 조선 어민 53명, 일본 어민 21명이 울릉도 해역에 출어했다가 조우하였는데, 이때 별다른 충돌은 없었다.

이처럼 17세기 울릉도·독도 해역에서는 일본 어민들의 도해와 조업이 지속되었고, 그로 인해 외교적 충돌이 일어날 가능성 상존하고 있었다. 그런데 조선시대 편년 사료에는 위 사건들에 대한 기록이 없다. 『조선왕조실록』은 물론이고, 다른 편년 사료에도 울릉도 쟁계 이전의 울릉도·독도에 관한 기록이 전무하다시피 한 이유는 무엇일까. 『비변사등록』과 『승정원일기』는 각각 1616년(광해군 8) 11월, 1623(인조 1) 3월 이후의 역사가 기록되어 있다. 그런데도 편년 사료에서 울릉도 쟁계 이전 울릉도·독도에 관한 『조선왕조실록』의 기사 2건이 전부인 것이다. 이에 대한 단서는 위에서 언급한 1692년 울릉도에서 있었던 조선과 일본 양국 어민들의 조우에서 찾을 수 있다.

이 사건은 기록상 조·일 양국 어민이 울릉도에서 만난 첫 장면이다. 이때 울릉도에 출어했던 일본인들은 돗토리번 요나고의 어민들이었다. 竹島渡海免許를 근거로 지속적으로 울릉도 근해로 출어해왔던 이들이다. 그들로서는 조선인들이 자신들의 어장을 침탈한 것으로 생각했지만, 21대 53의 수적 열세로 인해 제지하지 못하고 아무런 수확 없이 귀국했다.[40] 그리고는 이듬해 1693년 3월에 다시 울릉도에 출어한 오오야家 어민들이 안용복·박어둔이 포함된 42명의 조선 어민들과 마주쳤는데, 어장을 침탈당했다고 여긴 일본 어민들이 안용복과 박어둔을 납치해갔고 이것은 숙종대 울릉도 쟁계의 발단이 된다.

조선이나 일본 어민들의 어로 행위 여부와는 별개로, 양국 어민들의 조우와 충돌은 위 1692년 사건이 기록상으로는 처음이다. 또 울릉도가 조선 영토라는 사실과는 별개로, 문제를 제기하고 사단을 일으킨 것은 일본 측이다. 울릉도 쟁계 이전, 울릉도에 출어했다가 조선에 표착한 일본 어민들을 송환한 일들이 있었지만 조선 조정은 그것을 외교 쟁점화하지 않았었다. 조정에서는 일본 어민들의 울릉도 출어를 인지하고 있었지만, 별다른 문제가 발생하지 않는 이상 묵인해왔던 것이다. 요컨대, 편년 사료상 조선후기 기록에 울릉도 쟁계 이전의 울릉도·독도 기사가 전무하다시피 한 것은 일본 어민들의 울릉도 출어를 조선 조정이 묵인했고, 양국 어민들의 충돌이라든지 일본 어민들의 연안 침범 등 문제가 될 만한 사건이 없었기 때문이라고 볼 수 있다.

숙종대 울릉도 쟁계는 조·일 어민들 간의 충돌과 일본 측의 항의라는 외부 충격 요인에 의해 발생하고 전개되었다. 울릉도 쟁계의 발단과 조·일 간 외교전으로 확대되는 과정을 간략히 살펴봄으로써 이를 확인해보자.[41)]

울릉도 쟁계의 발단이 된 조선 어민들과 일본 어민들의 울릉도 조우, 안용복·박어둔의 피랍은 1693년 3월의 일이었고, 9월에 差倭 다치바나 마사시게(橘眞重)가 안용복과 박어둔을 조선으로 호송해 왔다. 이때 다치바나는 "조선 어민들이 本國(일본)의 竹島에 배를 타고 와서 말썽을

40) 田保橋潔, 「鬱陵島その發見と領有」, 『靑丘學報』 3, 1931, 15쪽.(장순순, 앞의 논문, 47쪽에서 재인용)

41) 여기서는 울릉도 쟁계가 조·일 간 외교전으로 확대되는 과정만 간략히 서술한다. 울릉도 쟁계의 전개 과정 전반에 대한 서술은 다음 연구들에 상세하다. 송병기, 앞의 책 ; 김태훈, 「숙종대 대일정책의 전개와 그 성과」, 『한국사론』 47, 2002 ; 장순순, 앞의 논문.

일으키는 일이 없도록 禁制를 보존하여, 두 나라 交誼에 틈이 발생하지 않게 해달라"는 내용의 쓰시마 도주 명의의 서계를 지니고 왔는데,[42] 거기에 대한 조선 조정의 대응과 이후 이어지는 쌍방 간의 충돌이 곧 울릉도 쟁계(1693~1699)의 전개이다.

사건 초기, 조선 조정은 이 사건이 영유권을 둘러싼 외교적 충돌로 이어질 것이라고는 생각하지 않았던 듯하다. 도주의 서계에서 보듯, 쓰시마에서는 일본 어민들의 영역을 조선인들이 침범한 것이라 인식하고 있었다. 조정에서는 쓰시마 측의 거센 항의를 예상했지만,[43] "봉행차왜(다치바나 마사시게)의 말이 자못 온순하여 별로 난처한 사단은 없다"는 동래부사의 보고에 안도하는 분위기였다.[44] 그리고는 쓰시마 측의 서계에 다음과 같은 답서를 전달하였다.

> 弊邦에서 어민을 금지 단속하여 外洋에 나가지 못하도록 했으니 비록 우리나라의 鬱陵島일지라도 또한 아득히 멀리 있는 이유로 마음대로 왕래하지 못하게 했는데, 하물며 그 밖의 섬이겠습니까? 지금 이 어선이 감히 貴境의 竹島에 들어가서 번거롭게 거느려 보내도록 하고, 멀리서 서신으로 알리게 되었으니, 이웃 나라와 교제하는 情誼는 실로 기쁘게 느끼는 바입니다. 바닷가 백성이 고기를 잡아서 생계로 삼으니 물에 떠내려가는 근심이 없을 수 없지마는, 국경을 넘어 깊이 들어가서 난잡하게 고기를 잡는 것은 법으로서도 마땅히 엄하게 징계하여야 할 것이므로, 지금 범인들을 형률에 의거하여 처벌하고 하고, 이후에는 연해 등지에 科條를 엄하게 제정하여 이를 신칙하도록 할 것입니다.[45]

---

42) 『竹島紀事本末』(김강일·윤유숙·하혜정 역, 『울릉도·독도 일본 사료집』 Ⅰ, 동북아역사재단, 2012, 158~160쪽).

43) 『승정원일기』 숙종 19년 10월 28일(무술). "(閔)黯曰 今番則必有爭詰之事 接慰官各別擇差 何如"

44) 『승정원일기』 숙종 19년 11월 13일(임자).

45) 『동문휘고(부편)』 권26, 「爭難」, '禮曹參判答書'(1693년 12월) ; 『竹島紀事本末』

위의 회답서계는 조정에서 이미 일본 측이 말하는 竹島가 울릉도라는 사실을 인지한 상태에서 작성된 것이었다.[46] 그러나 이후 쓰시마 측이 조선의 회답서계에서 '鬱陵'이라는 글자를 지우고 다시 회답서계를 써줄 것을 요청하면서 초점이 울릉도의 귀속 문제에 맞춰짐으로써, 본격적인 조·일 간 외교전으로 확대된다. 그리고 주지하다시피, 그 결말은 1699년(숙종 25) 울릉도 해역에 대한 조선의 영유권을 확인·확정이었다.

위에 인용된 회답서계는 당초 조선 조정에서는 사건이 확대되는 것을 바라지 않았고, 일본 어민들의 출어를 묵인해주던 그때까지의 관행을 유지하는 선에서 마무리하려 했기 때문에,[47] 애매모호하게 작성되어 문제의 소지를 남긴 것이었다. 사건 초기 조정에서 정작 중요하게 여겼던 것은 邊民의 단속이었고, 그래서 먼바다로 나가지 못하도록 한 금령을 어기고 울릉도에 출어했던 어민들의 처벌이 오히려 비중 있게 논의되었다.[48] 이후 갑술환국으로 정권이 교체되어 남구만이 대일정책상 주도권을 발휘하면서 강경책으로 선회하게 되지만,[49] '일본 어민들의 울릉도 출어에 대한 조선 조정의 묵인'이라는 현상 유지를 거부하고 사건이 격화되는 단초를 제공한 것은 분명 일본 측이다. 이처럼, 울릉도 쟁계는 정책이나 전략 변화에 의해서 시작된 것이 아니라, 외부 충격에 대한 대응에서 출발한 것이었다. 그리고 그 외부 충격은 조선의 울릉도 영유권 확인·확정이라는 결말로 이어졌을 뿐 아니라, 그간 잠재해 있던 많은 문제들을 수면 위로 끌어올렸다. 조선 조정은 수면 위로 떠오른 문제들을 재

(김강일·윤유숙·하혜정 역, 앞의 책, 160~161쪽).

46) 『숙종실록』 숙종 19년 11월 18일(정사)

47) 『숙종실록』 숙종 19년 11월 18일(정사). "來善黯俱以爲 倭人之徙入民戶 旣不能的知 此是三百年空棄之地 因此生釁失好 亦非計也 上從黯等言"

48) 『승정원일기』 숙종 19년 11월 13일(임자) ; 『비변사등록』 숙종 19년 11월 14일 ; 『承政院日記』 숙종 20년 3월 3일(신축) ; 『비변사등록』 숙종 20년 3월 4일.

49) 이에 관해서는, 김태훈, 앞의 논문 참조.

인식하면서 해결해나가려는 노력을 지속했고, 그러한 사실들은 편년 사료상 기사로 수록되었다. 울릉도 쟁계 이전, 17세기 내내 2건에 불과했던 울릉도·독도에 관한 기사는 경종 연간(1720~1724)을 제외하면 울릉도 쟁계 이후 모든 왕대의 편년 사료에 기록되었다.

조선전기 섬에 대한 관리는, 태종·세종 연간 울릉도 관련 기사에서 보듯이, 거주민의 육지 쇄환이 최우선되었다. 그리고 그 연장선에서 인구 유입 방지와 지속적 관리를 위해 섬을 牧場과 松田으로 활용하기도 하였다. 목장이 설치된 섬은 조선전기에는 131곳으로 추정되며, 조선후기에도 87개 섬이 여전히 목장으로 활용되었다.[50] 울릉도에 백성을 거주시키고 수령을 파견하는 것이 곤란하다고 판단한 세종이 말 목장 설치를 언급한 것도 그러한 맥락이었다.[51] 그러나 울릉도는 목장을 설치하여 운영하기에는 바닷길이 너무 멀고 험했다.

쇄환이나 목장·송전 운영 등으로 백성들의 섬 유입을 막는 정책 기조는 임진왜란을 계기로 사실상 폐기되었다. 전쟁통에 섬으로 피난한 주민들을 동원하여 둔전을 경영하면 군량을 확보할 수 있었기 때문이다. 그 결과 서남해의 섬에는 주민들이 합법적으로 거주할 수 있게 되었다. 병자호란 때도 상당수의 인구가 경기지역 섬을 피난처로 삼아 몰려들었다. 뿐만 아니라 17세기 말 정부에서는 서울에 몰려든 유민들을 고향으로 귀환시키지 않고, 경기 인근 지역의 섬에 보내 경작지를 개간하여 정착시키는 정책을 펼치기도 했다.[52]

이러한 시대적 분위기와 정책 변화 속에서 경상도 지역 어민들의 울릉도 출어도 증가했던 것으로 보인다.[53] 어로나 채삼, 벌목 등을 위해 울

50) 고동환, 「조선후기 島嶼政策과 元山島의 변화」, 『호서사학』 45, 2006, 31~32쪽.
51) 『세종실록』 세종 19년 2월 8일(무진).
52) 고동환, 앞의 논문, 33쪽.
53) 『승정원일기』 숙종 19년 11월 13일(임자). "得聞沿海守令之言 海畔漁氓 頻頻往

릉도에서 자행됐던 불법 행위에 관한 기사가 울릉도 쟁계 이후 기록에만 보이는 것은, 그 이전에 없던 일이 발생해서라고 보기는 어렵다. 그런데 그러한 민간의 동향과는 달리, 공권력에 의한 울릉도·독도 관리는 이루어지지 않고 있었다. 17세기 내내 조선과 일본 어민들이 울릉도를 왕래하고 있었고, 공권력에 의한 관리는 이루어지지 않았던 것이다.

울릉도 쟁계는 울릉도·독도 해역에서 공권력의 개입을 부활시켰다. 搜討制를 통해서이다. 울릉도 수토의 시작은 1694년 9월 장한상을 삼척첨사로 임명하여 울릉도를 조사하게 한 것에서부터이다.[54] 이때는 차왜 다치바나 마사시게가 회답서계에서 '鬱陵'을 삭제해주기를 요청하다 여의치 않자 쓰시마로 귀환하였다가, 회답서계 개찬을 정식으로 요청하는 쓰시마 도주의 서계를 가지고 입국한 즈음으로 사건이 격화되고 있던 시점이다.[55] 수토제는 당연히 일본 측의 울릉도 침탈에 대응하기 위한 방안이었다. 사실 남구만은 울릉도에 백성을 거주하게 하고 진을 설치할 것을 구상하였지만, 장한상의 울릉도 조사 보고를 듣고 1~2년 간격의 수토로 선회한 것이었다. 이후 조정의 논의를 거쳐 3년 1회의 수토가 제도화되었다.[56]

도식적으로 이해하자면, "울릉도 쟁계의 결과 영유권을 확인했고, 또 그것을 계기로 일본 어민들의 울릉도 접근을 차단하기 위해 수토제를 시행하였다"라고 그 의미를 적극적으로 평가할 수도 있다. 그러나 수토제는 매우 성글고 불완전한 대책으로서 한계도 분명하다. 3년에 1회의, 그것도 흉년이 들거나 해서 재원 조달이 힘들 경우 익년으로 미루는 일이

來於武陵島及他島 伐取大竹 且捕鰒魚云" ; 『숙종실록』 숙종 20년 11월 6일(경오). "近年嶺東嶺南 漁採之民 尋常往來於鬱陵島"

54) 『숙종실록』 숙종 20년 8월 14일(기유).

55) 『변례집요』 권1, 「別差倭」 갑술(1694) 윤5월 ; 『변례집요』 권17, 「鬱陵島」, 갑술 8월 ; 『숙종실록』 숙종 20년 8월 14일(기유).

56) 『승정원일기』 숙종 23 4월 13일(임술).

빈번한, 수토로 일본 어민들의 울릉도 출어를 차단한다는 것은 분명 그 실효성을 의심할 수 있는 부분이다. 수토에 왜학역관을 대동하도록 한 것이나,[57] 18세기 초에도 여전히 "울릉도에 왜의 왕래가 빈번하다"는 지적은[58] 그것이 합리적 의심이라는 방증이 된다. 그러나 이는 울릉도 수토가 시행된 당시의 시대상이나 수토제를 보완해나갔던 사실들에 대한 이해를 통해 균형적으로 인식해야 할 부분이다.

울릉도 수토는 울릉도 쟁계가 직접적인 원인이 되어 실시된 것이지만, 동시에 시대상의 반영이기도 했다. 즉, 三藩의 亂(1673~1681) 이후 고조된 해상 위협에 대한 위기의식, 그에 따른 海防 대책 강구의 결과물로서 일면도 지니고 있는 것이다. 청나라는 강희제의 대만 정벌이 마무리된 1684년을 기점으로 개방정책으로 선회하였다. 이후 1717년부터 10년 동안 이어진 南洋 도항 금지 조치가 이루어지기 전까지 활발하게 이루어진 사무역으로 인해 조선 연해에도 荒唐船이 출몰하는 경우가 잦아졌다.[59] 1703년에는 일본에서 군사가 움직인다는 소문이 돌아 긴장이 고조된 적도 있다.[60] 이러한 상황 변화 속에서, 울릉도 쟁계는 조정에서 울릉도를 재인식하는 계기가 되었고, 울릉도 수토가 이루어졌다. 이렇게 볼 때, 울릉도 수토는 海防이라는 큰 틀 속에서 동해 지역의 관방 대책의 일환으로서 의미를 지니는 것이었다.

---

57) 『승정원일기』 숙종 24년 4월 25일(기사) ; 『비변사등록』 영조 11년 1월 19일. 울릉도 수토의 추이에 대해서는 유미림, 「장한상의 울릉도 수토와 수토제의 추이에 관한 고찰」, 『한국정치외교사논총』 31, 2009 ; 신태훈, 「삼척영장과 울릉도 수토제」, 『이사부와 동해』 15, 2019 ; 신태훈, 「조선후기 월송만호와 울릉도 수토제」, 『한일관계사연구』 72, 2021 참조.

58) 『숙종실록』 숙종 40년 7월 22일(신유).

59) 남호현, 「18세기 조선의 위기의식과 海防 논의의 양상」, 『조선시대사학보』 87, 2018, 271쪽.

60) 『숙종실록』 숙종 29년 5월 16일(경신).

조선전기부터 울릉도에 주민을 정착시키고 수령을 파견하자거나 진을 설치하자는 논의는 끊임없이 제기되었다. 그러나 멀고 험한 바닷길은 그 어느 것도 실행에 옮기기 어렵게 만들었다. 그러한 여건하에서 태종·세종대의 안무사·순심경차관 파견이나 울릉도 쟁계 이후 수토제 시행이 이루어졌다. 육지에서 가까운 섬들에 대한 수토는 매달 3회로 규정된 경우가 많은데 비해, 1697년 제도화된 울릉도 수토가 3년 1회를 정식으로 했던 것은 그 어려움을 방증한다. 수토를 꺼려 회피한 관리가 처벌을 받는가 하면,[61] 세종 때처럼 숙종 때에도 임무를 수행하던 이들이 익사하는 안타까운 사고가 발생하기도 했다. 험한 바닷길로 인해 주민 정착과 수령 파견을 일상적인 통치 대신에 선택된 차선책으로서 수토제이지만, 그 또한 만만찮은 현실에 직면했던 것이다. 이외에도 소용되는 물자 부담 또한 큰 문제여서, 주로 흉년을 이유로 시행이 익년으로 연기되는 사례가 드물지 않게 보인다.

주목되는 것은 수토 인원들이 타고 가는 배에 관련된 것인데, 이는 경제적 부담과 관련된 문제이기도 하지만, 또 다른 한편으로는 17세기 동해의 海防을 짐작케 하는 일면이 있어 흥미롭다. 다음은 1697년 울릉도 수토를 제도화한 후 1698년 울릉도에 대한 첫 수토를 앞두고 조정 논의에서 나온 대화 내용이다.

> 판돈녕부사 서문중이 아뢰기를,
> "동해의 배는 모두 조운선이라 먼 바다를 왕래하기에는 어려운 상황입니다. 만약 개조하고자 한다면 문제가 적지 않으니, 경상도 각 포구의 兵船과 戰船을 정해 보내는 것이 좋을 듯합니다."
> 하니, 임금이 이르기를,
> "그대로 하라."

61) 『숙종실록』 숙종 21년 4월 13일(갑진).

하였다.[62]

동해의 포구에 조운선만 있을 뿐 전선이 배치되어 있지 않았던 상황을 알 수 있다. 조선전기에는 세종 연간에 강원도에 월송포·속초포·강포구·삼척포·수산포·연곡포 등 6개 포구에 수군만호 수어처를 설치하여 왜구의 침입에 대비하였고, 월송과 삼척포진에도 병선이 분치되었다. 6개 포진 가운데 조선후기에 명맥을 유지한 만호는 월송포가 유일하다.[63] 그러한 동해 지역 포진의 쇠퇴 속에서 17세기 말 시점에는 동해의 읍에서 울릉도까지 수토를 위해 타고 갈 만한 선박이 마땅찮은 상황이 된 것이다. 이는 역으로 생각하자면, 17세기 동해는 병선이 필요 없을 만큼 안전했다는 이야기가 된다. 왜구의 노략질이 기승을 부렸던 15세기의 바다와는 대조를 이룬다.

17세기 울릉도·독도 해역에는 조선과 일본 어민들의 접근이 이루어졌고, 이렇다 할 공권력의 개입이 부재하는 상황에서도 외교적인 갈등을 촉발하거나 내정에 위협이 될 만한 대내외적 요인이 없었다. 공권력의 부재로 인해 문제들이 수면 위로 떠오르지 않았다고도 할 수 있지만, 17세기 일본 어민들의 울릉도 침탈도 어로와 울릉도 토산물 채취 정도였지 개항기 이후의 점유·입거와 같은 심각한 수준의 영토 침탈은 없었다. 그 같이 안전하고 평화로운 17세기의 동해가, 울릉도 쟁계 이전까지 편년 사료상 울릉도·독도 관련 기록의 부재를 초래했던 것이다.

왜구 대책으로 시작된 조선전기 울릉도 거민 쇄환이 결국 육지와 섬의 단절로 이어졌다. 반면, 주변 여건이 달리진 17세기 말의 울릉도·독

62) 『승정원일기』 숙종 24년 3월 20일(을미). 이때 예정되었던 수토는 영동의 흉년으로 미루어져 이듬해 6월 월송만호 전회일에 의해 이루졌다.(『비변사등록』 숙종 25년 7월 15일)

63) 신태훈, 앞의 논문(2021), 47~57쪽.

도, 그 섬들을 둘러싼 제문제의 노정과 외부 충격은 울릉도·독도에 대한 재인식과 새로운 접근으로 이어졌다. 편년 사료에서 관련 기사가 막 재등장한 시기, 즉 울릉도 쟁계 초기에 국왕 숙종이 울릉도·독도에 대해 인지하고 판단하는 과정은 조선 조정의 대응과 그 궤를 같이 한다. 조정에서 회답서계를 발송한 즈음 숙종은 여러 경로를 통해 일본 측이 말하는 竹島가 鬱陵島임을 명확하게 인지한 것으로 보인다.[64] 그리고 차왜가 회답서계의 개찬을 요구해왔을 때, 『芝峯類說』과 『輿地圖』에서 울릉도 관련 기록을 직접 확인하면서 반박을 지시하게 된다.[65]

숙종의 울릉도에 대한 인식은 외교적 대응의 방향 전환 신호가 되었다면, 영조·정조 연간에는 울릉도 수토 정착되고 횟수를 거듭하면서,[66] 관련 정보가 축적되고 새로운 활용 방안이 모색되는 모습을 보인다. 1769년(영조 45) 울릉도 관련 문헌들을 광범위하게 수습하여 새로운 책을 만들고, 울릉도의 지형과 산물을 기록한 지도를 제작하였다.[67] 1793년(정조 17) 예조정랑 이복휴는 松島(독도)에 영토비를 세워 우산국을 정벌한 이사부의 일화를 세겨넣을 것을 건의하기도 하였다.[68] 이처럼 문헌 검토와 현황 파악을 통해 관련 정보를 축적해나가는 동시에, 18세기 말에는 울릉도에 대한 새로운 활용 방안이 제시되기도 하였는데, 대표적인 것이 울릉도 채삼이다. 1795년(정조 19) 논의되고 시행된 울릉도 채삼은, 수토할 때 채삼꾼을 데리고 가서 울릉도에서 인삼을 채취하여 그것을 대

64) 『승정원일기』 숙종 20년 1월 15일(계축). "上曰 昨見東萊府使狀啓 則所謂竹島 似是蔚陵島矣 來善曰 考見各人招辭 其中一人所到之島 又是別島矣 未知此島 果是 倭人所謂竹島乎 黯曰 渠之所屬之島 似是竹島矣"

65) 『승정원일기』 숙종 20년 윤5월 24일(경인).

66) 영조·정조 연간에 울릉도 수토는 10여 차례 있었다.

67) 『영조실록』 영조 45년 10월 14일(임술), 10월 16일(갑자) ; 『승정원일기』 영조 45년 10월 17일(을축).

68) 『승정원일기』 정조 17년 10월 1일(신유) ; 『일성록』 17년(1793) 10월 1일.

일무역에 활용하려는 시도였다.[69] 결국 울릉도 인삼의 품질이 좋지 않아 폐지되기는 했지만,[70] 18세기 이전에는 시도되지 않았던 이러한 접근 방식은 울릉도·독도가 일상적 통치의 영역으로 점차 진입하는 시대적 전환을 의미하는 것이었다.

울릉도·독도에 관한 정보가 축적되고 새로운 활용 방안이 모색되는 추세와 맞물려, 어로와 산물 채취를 통해 불법적으로 이익을 취하려는 민간의 움직임도 한층 더 조직화되고 활발해졌다. 서울에 사는 이가 사람을 고용해서 울릉도 대나무를 베어오게 하거나,[71] 울산 어민들이 울릉도에 잠입하여 어복과 香竹을 채취한 일,[72] 울릉도 인삼이 밀거래를 통해 일본으로 유통된 사건[73] 등의 기록이 18세기 말 집중적으로 보인다. 조정에서는 울릉도·독도를 둘러싼 이러한 사회 문제에 대해서 정기적인 수토와 禁令을 통해서 대처해나가면서, 앞서 언급한 채삼 논의·시도와 같이 새로운 활용 방안도 모색해나갔다.[74]

울릉도 쟁계 당시는 섬의 경제적 가치는 상승하고 海防의 중요성이 대두되고 있었다. 일본과의 외교전 끝에 영유권을 확정한 조선 조정으로서는, 울릉도에 주민을 정착시키고 設鎭하는 것이 가장 이상적인 방안이었을 것이다. 하지만, 18세기의 수준에서는 정기적인 수토를 통해 섬을

69) 『일성록』 정조 19년 6월 4일.

70) 『승정원일기』 정조 23년 3월 18일(병자).

71) 『일성록』 정조 11년 7월 16일, 7월 25일 ; 『비변사등록』 정조 11년 8월 29일.

72) 『비변사등록』 정조 11년 7월 24일.

73) 『승정원일기』 정조 11년 9월 30일(갑오).

74) 금령을 어긴 이들에 대한 처리에서도 조선전기와는 다른 모습을 보이는 점도 주목된다. 『세종실록』에는 犯禁人에 대해서 자세한 출신지역을 기재하지 않고, 무리를 이끄는 사람의 이름과 거주하는 범금인의 성별, 호구 수 정도만 기재하였다. 하지만 울릉도 수토제가 확립된 이후에는 범금인의 출신 지역 및 목적에 대해서도 자세하게 기재되어 있다는 것이 특징이다.(신태훈, 앞의 논문(2021), 63쪽) 이는 통치 방식의 진전이라고 볼 수 있다.

관리하고 섬의 새로운 활용을 모색하는 것까지가 허락되었다. 완전한 일상적 통치 영역으로 울릉도·독도를 포용하는 것은 개항기 이후 새로이 부과될 과제였다.

5. 맺음말

이상으로 편년 사료상 울릉도·독도 관련 기사가 가장 집중적으로 기록된 조선전기 태종·세종 연간, 조선후기 숙종~정조 연간의 울릉도·독도에 대해 검토하고, 두 시기 간 차별성에 대해 논하였다. 논지 전개를 위해 관련 기록을 역주·집성한 자료집을 활용하여 관련 기사의 시기별 분포를 제시하였다.

울릉도와 독도는 동쪽 먼바다에 위치한 섬이다. 우리 영토 가장 변방에 위치한 때문에, 대내적 통치 행위의 대상일 뿐만 아니라 외교적 충돌의 발원지가 되기도 했다. 그리고 울릉도·독도 해역은 외부와의 접점이자 경계선으로, 邊政 및 외교와 결부되면서 많은 이야기를 생산하였다. 그러한 특수성으로 인해 조선시대 편년 사료상 울릉도·독도 기사는 국가체제의 재정비가 추진되었던 시기, 전환기에 집중적으로 분포되어 있다. 본문에서 초점을 맞춰 검토한 두 시기 역시 체제정비기, 전환기로서 의미를 명확히 지니고 있다.

조선전기 태종·세종 연간의 안무사, 순심경차관의 파견과 주민 쇄환은 울릉도·독도에서 왜구의 약탈과 살상, 그리고 백성들이 왜구와 결탁하는 사태를 미연에 방지하는 정책상 성과를 거두었다. 하지만, 울릉도 해역이라는 공간은 차단되었고, 경계를 넘어설 수 없었던 연해 주민들은 요도와 삼봉도에 관한 풍문을 생산해냈다.

그에 반해 울릉도 쟁계 이후 17세기 말~18세기의 울릉도·독도에 대해서 조선 조정은 정기적으로 수토관을 파견하는 한편, 제한적이나마 채삼 등 활용 방안을 모색하면서 관심을 높여갔다. 그리고 울릉도·독도는 좀 더 가까운 공간이 되어갔다. 이제는 미지의 섬에 대한 풍문이 아니라, 울릉도에 관한 정보와 이야기가 쌓여갔다.

조선전기와 후기 울릉도·독도 해역이 그처럼 상이하게 다가온 배경에는 전국적으로 도서 지역에 대한 민간인의 왕래와 거주가 늘고, 생산의 공간으로 재인식되는 변화가 자리하고 있었다. 또 대외적 요인으로는 무엇보다 왜구가 횡행하던 15세기와는 달리 17세기 동해는 안전한 바다였다는 점을 들 수 있다.

태종·세종대와 숙종~정조대는 공통적으로, 외부 충격에 의해 울릉도·독도를 재인식하게 되고, 그에 대응하는 과정에서 영토의 관리·유지라는 내정상의 과제를 동시에 수행하는 모습을 보였다. 다만, 그 이후의 추이는 차단과 접근이라는 다른 양상으로 전개되었다. 숙종~정조 연간 울릉도·독도에 대한 재인식은, 조선전기와 달리, 그 섬들을 좀 더 가까운 공간으로 만들어갔다. 다만, 아직은 와전한 일상 통치 영역으로 울릉도·독도를 포용하지는 못했다. 그러한 과제는 개항기 이후 고종대로 이월되었는데, 그 시기 울릉도·독도에 관한 조망은 추후의 논고를 통해 시도하기로 한다.

제4장 1779년 年例送使 停止를 둘러싼 제 문제

심민정*

1. 머리말

조선시대 한일관계에서 가장 큰 충돌은 임진전쟁이었다. 이 충돌을 극복하고 양국이 평화적인 교린관계를 모색하고 정립해 나가는 과정에서 무엇보다 중요한 외교적 역할을 한 것은 양국의 사신이었다. 조선에서 일본으로 파견한 問慰行과 通信使, 반대로 일본에서 조선으로 渡海한 送使나 差倭 등의 사절은 전쟁으로 단절된 양국의 국교 회복은 물론이고, 국교가 회복된 이후에도 재차 같은 충돌을 반복하지 않기 위해 지속적인 교섭을 진행하였다. 그 교섭의 중심에 있었던 사신들 중에서 본 연구에서는 연례송사 도해 및 접대 停止 건에 대해 살펴보고자 한다.

연례송사란 1609년 己酉約條에 의해 외교·통상을 목적으로 하여 매년 1회씩 정기적으로 도항하던 일본 사절을 의미한다. 연례송사에 대한 기존 연구들은 연례송사의 범주에 포함되었던 兒名送使에 대한 연구[1])를

---

* 국립부경대 해양인문학연구소 인문학술연구교수

1) 유채연, 「17세기 전반 圖書制 재개과 운영 : 조일관계를 중심으로」, 『동북아문화연구』 75, 동북아시아문화학회, 2023 ; 「17세기 후반 조일관계와 右京圖書 교섭」, 『한일관계사연구』 73, 한일관계사학회, 2021 ; 「17세기 중반 조일관계의 전개와 彥滿圖書 교섭」, 『전북사학』 59, 전북사학회, 2020 ; 「조선시대 아명도서에 관한 고찰」, 『한일관계사연구』 62, 한일관계사학회, 2018.

비롯하여, 개념, 범주, 접대 등 전란 후 외교관계를 회복하는 시각에서 접근[2]이 이루어졌다. 하지만 본고에서는 연례송사 접대에 대한 기본적인 규례와 규정이 재정립되는 과정에서 적용상의 분쟁 발생 및 분쟁을 해결하기 위한 소통과 협의에 초점을 맞추었다.

매년 정례적으로 來朝하던 연례송사는 1678년 초량으로 왜관이 이전하게 되면서 접대 등에 인적·물적·경제적 부담을 느낀 조선이 이를 해소하기 위한 방편으로 일본 측에 제시했던 일시적인 연례송사 파견 停止 요청이 받아들여지면서 관례화되기 시작했다. 대개 첫째 왜관 수리 및 개축, 둘째 통신사행이 있을 경우 연례송사가 정지되었는데, 그 외에 양국에 특별한 사정이 발생했을 경우에도 연례송사가 정지된 사례가 있다.[3]

본고에서는 기타 사유로 인한 연례송사 정지 중에서 1779년 사례에 주목하였다. 기존과 다른 양상을 보이는데다가 여러 가지 다양한 문제들을 낳아 조선과 대마도 양측이 협의에 이르기 쉽지 않았던 사례이기 때문이다. 당시 어떤 분쟁을 발생시켰는지, 이 분쟁을 해결하기 위해 양측은 어떻게 소통하여 합의점을 찾게 되었는지, 그 결과는 어떠하였는지 다각도로 살펴보고 물리적 충돌을 피할 수 있었던 배경을 살펴본다. 이를 통해 조선과 일본이 조선후기 평화적 교린관계를 지향하고 유지하기

2) 홍성덕, 『十七世紀 朝·日 外交使行 硏究』, 전북대학교 박사학위논문, 1997 ; 「조선후기 한일외교체제와 대마도의 역할」, 『동북아역사논총』 41, 동북아역사재단, 2013 ; 심민정, 「조선후기 연례송사 겸대제 시행과 외교적 의미」, 『인문사회과학연구』 제24권 제3호, 부경대학교 인문사회과학연구소, 2023.

3) 연례송사가 정지된 사례에 대해서는, '심민정, 「조선후기 연례송사(年例送使) 정지 사례를 통해 본 대일교섭」, 『한국민족문화』 88, 부산대학교 한국민족문화연구소, 2024.', 통신사행으로 인한 연례송사 정지 건에 대해서는, '심민정, 「조선후기 통신사행으로 인한 연례송사 정지와 제 문제」, 『朝鮮通信使硏究』 37, 조선통신사학회, 2024.'에서 연구를 진행한 바 있다.

위해 지속적으로 노력했음을 확인하는 계기가 되기를 바란다.

2. 1779년 연례송사 정지의 배경

조선후기 일본사신의 왕래와 접대 관련 제 규정들을 정비하는 과정 중에 兼帶制의 시행은 매년 정례적으로 조선에 건너오는 年例送使 관련 규정들을 새롭게 정비하는 계기가 되었다. 겸대제가 시행되면서 正官이 승선하여 조선으로 건너오는 歲遣船, 受圖書船 등의 연례송사는 매년 9~8선으로 제한되었으며, 도래하는 달, 접대 규정 등이 갖추어졌다.

겸대제 시행으로 인해 조선은 일본사신에 대한 접대비용 등이 상당히 경감되었다. 하지만 겸대제 교섭 과정에서 새로이 발생하여 파견되기 시작한 差倭에 대한 접대가 증가하면서 실제 일본사신에 대한 전체적인 접대비용이 감소했다고 볼 수만은 없었다. 이 때문에 조선 내외에 특수한 상황이 발생하여 연례송사에 대한 접대비용을 마련하기 힘들어질 때에는 대마도와의 교섭과 요청을 통해 연례송사를 조선에 파견하는 것을 정지하였고, 이는 곧 규례가 되어갔다.

연례송사를 정지하는 것이 공식적으로 규례화되기 시작한 때는 왜관이 초량으로 이전할 무렵부터였다. 물론 연례송사의 왕래 규정 및 접대제도가 완비되기 전까지 이들은 상황에 따라 유동적으로 정지되기도 했다. 대표적으로 아무런 요청이 없다가 7년 만에 도래하여 한꺼번에 미수公木 등을 요구하였던 1626년 調興送使의 정지[4], 야가나와 잇켄[柳川一

4) 『邊例集要』 권8, 「公貿易」 丙寅年(1626) 6월 ; 『邊例集要』 권2, 「送使」 丙寅年(1626) 11월. 여기서 인용한 『邊例集要』 권2 「送使」는 국립중앙도서관 소장본으로, 민족문화추진회가 2000년 번역할 당시에 국사편찬위원회 정서본에 없던 것을 보충하여 집어넣은 것이다. 이후 인용본도 동일하다.

件]으로 인한 1635~1636년 2년 치 송사 정지[5], 그리고 1635~36년 동안의 2년 치 송사 겸대 교섭 기간 중 통신사가 파견되면서 사행이 돌아오기 전까지 1637년 송사가 정지[6]된 사례가 있었다.[7] 이처럼 비정기적·임시적으로 이루어지던 연례송사 정지는 초량으로 왜관이 이전하면서 조일 간에 변화된 외교 질서 하에서 관례화되었다. 즉 왜관을 이전하는 시기와 맞물려 조선은 대마도를 통해 외교적으로 조일 양국 간 관계를 재정비하는 과정을 겪게 된 것이다. 동시에 경제적으로는 왜관 이건에 소요된 비용에 대한 부담감, 왜관으로 왕래하는 일본 사신들에 대한 비용 경감 등의 의도도 원인 중 하나로 작용한 것으로 보인다.

한편, 연례송사 정지가 관례화되면서 대마도 입장에서는 오히려 경제적 부담을 걱정해야 하는 상황이 되기도 했다. 이는 임술(1682) 통신사행 후 1683년에 대마도 측에서 연례송사 겸대제를 원래대로 복구해 줄 것을 요청한 사례에서도 확인할 수 있다.

> 계해년(1683, 숙종9) 6월. 동래부사 소두산(蘇斗山) 때이다. "대마도에서 나온 두왜(頭倭)가 말하기를, '당초 세견선 17척 및 1·2·3특송선 등이 모두 송사(送使)로 나왔습니다. 그 후에 사객(使客)의 번다함을 피하기 위해 15척의 송사를 줄이기를 요청하여 겸대선(兼帶船)이라 이름하고, 그 서계를 다른 송사선에 붙여 보내면서 응당 지급해야 할 물건만을 지급하였습니다. 그런데 지금 대마도의 형세가 매우 절박하여 겸대선을 예전처럼 복구해 주신다면, 많은 가신(家臣)이 돌아가면서 어려움을 구제할 수 있을 것이므로, 감히 복구해 주기를 요청합니다.' 하였습니다. 이들 배를

---

5) 『柳川調興公事記錄』上, 갑술년(1634) 11월 8일 ; 11월 30일 ; 12월 1일 ; 12월 2일(김상준·윤유숙 역, 『근세한일관계 사료집 - 야나가와 시게오키 구지 기록[柳川調興公事記錄]』, 동북아역사재단, 2015, 60~63쪽).

6) 『변례집요』 권2, 「送使」, 정축(1637) 1월.

7) 연례송사 겸대제 교섭과 송사 정지 사례에 대해서는 '심민정, 「조선후기 통신사행으로 인한 연례송사 정지와 제 문제」, 『조선통신사연구』 37, 2024.06' 참조.

> 겸대하는 것은 일찍이 약속하여 오랫동안 준수해 왔으니, 준엄한 말로 엄히 배척하여 그 교활한 마음의 싹을 끊도록 하지 않을 수 없습니다."라고 장계하였다.
> 회계하기를, "세견선 15척의 송사를 보내는 일은 50년 동안 감히 발설하지 않은 바이거늘, 지금 갑자기 제기하니 진실로 교활하며 간사한 것입니다. 다시 역관들로 하여금 옛 약조를 들어 더욱 엄히 거절하도록 하십시오." 하였다.[8)]

이상과 같이 겸대제를 시행하기 전으로 복구해 달라는 대마도 측의 요구에 대해 조선은 허용하지 않았다. 겸대제가 시행된 지 이미 50년 정도가 경과한 점, 그리고 겸대제 시행례가 이미 규례화되었다는 점이 그 이유였다. 대마도의 입장에서는 겸대로 인해 연례송사 접대가 줄어들면서 예물이나 관련 의례 시행으로 인해 얻는 수익이 줄었으므로 경제적 손실이 부담으로 작용했던 것이다. 이처럼 대마도의 겸대제 폐지 요청을 받아들이지 않았던 조선은 오히려 대마도 측에 매년 파견되던 연례송사를 일시적으로 정지해 달라는 요청을 하는 데까지 이르렀다.

조선의 요청에 의해 연례송사가 정지되는 경우는 크게 3가지로 정리할 수 있다. 첫 번째는 왜관 건물의 노후화나 화재 발생 등으로 인해 왜관 수리나 큰 규모의 보수가 필요할 때이다. 그 시초는 1677년으로, 초량왜관 신축 및 이전 작업으로 인해 정상적인 외교업무 진행이 어려울 것을 고려하여 奉行倭가 직접 서한을 지참하여 송사 정지의 일을 동래부에

8) "癸亥六月. 府使蘇斗山時, 自馬島出送頭倭言, 當初歲船十七隻及一二三特送等, 並以送使出來矣. 厥後嫌其使客之煩多. 請減十五送使, 名之曰兼帶船, 以其書契, 付諸他送使, 只給其應給之物是如乎. 卽今島中形勢, 萬分切迫, 兼帶船, 如得復舊, 則許多家臣可以輪回周急, 故敢請復舊是如爲白臥乎所, 此等船兼帶, 曾有約束, 年久遵行, 不可不嚴辭峻斥, 以絶其狡心之萌事啓. 回啓. 歲遣十五船差遣送使事段, 此是五十年間所不敢發之言是白去乙, 今乃猝然提起, 誠極狡詐, 更令譯輩, 援據舊約, 嚴加防塞." (『邊例集要』卷2, 「送使」, 癸亥.)

알려온 것[9]이 시작이었다. 당시 동래부사 이하(李䪻)[10]는 왜관 건물 공사가 완전히 마무리되지 않아 사신을 맞이할 공간이 확보되지 않았다며 송사 파견을 일시적으로 정지할 것을 건의하자 대마도 측에서 이를 수용한 것이다. 이후 1700, 1723, 1749, 1773, 1802, 1832년에 왜관 건물 수리 등의 공사가 이루어질 때에는 연례5송사~9송사에 이르기까지 송사가 渡海하는 것이 정지되었다.[11] 이렇게 시작된 1677년 연례송사 정지 사례는 이후 발생하는 모든 송사 정지 시 관련 업무 및 접대의 기준 사례가 되었다.

두 번째는 통신사행이 있을 경우 조선에 부담이 과중되는 것을 덜기 위해 연례송사 파견을 정지한 것으로, 초량으로 왜관이 이전한 후 처음 파견되었던 1682년 임술통신사행 때부터 정례화되기 시작했다. 이 또한 조선 측의 요청에 의해 이루어진 것으로 당시 업무 과중 등을 이유로 폐단이 우려되자 조선 측 역관들이 봉행왜를 통하여 대마도주에게 요청하도록 하였다.[12]

한편 이상의 두 가지 경우와 달리 특별한 이유로 연례송사가 정지되기도 했다. 대부분은 기근 등의 자연재해가 발생하거나 差倭 등의 파견이 잦아 조선 측에서 접대비용을 감당하기 어려울 때 요청되었다. 이런

9) 『同文彙考』 2, 附編 卷之十五, 進獻 六, 馬島奉行等告停止歲船書.

10) 이하(李䪻). 조선왕조실록 번역본에서는 '䪻'를 '馥'으로 번역하여 '이복'으로 인명을 칭하였다. 일부 한자사전에서도 '䪻'는 '馥'의 이체자라고 하여 동일한 한자라고 기재한 곳도 있다. 하지만 『국조문과방목』 卷之十一(규장각한국학연구원[奎106])에서는 '이하(李䪻)'라고 음가를 표기하였으며, 1654년(효종 5)에 문과에 급제한 것으로 기록되어 있다. 또한 1855년 편찬된 『陽溪集』에도 시문의 저자를 '이하(李䪻)'로 표기하였으므로 본고에서도 이에 따른다.

11) 심민정, 「조선후기 연례송사 정지 사례를 통해 본 대일교섭」, 『한국민족문화』 88, 부산대학교 한국민족문화연구소, 2024, 78~79쪽.

12) 『통신사등록』 제3책, 壬戌(1682) 3월 초2일 ; 『春官志』 권3, 「通信使」 島倭請留及八送使停止.

특별한 사정으로 처음 연례송사가 정지된 것은 1647년이었다. 하지만 당시 기록이 완벽하게 남아있지 않았으므로 이후 접대부담 경감을 목적으로 정지된 송사는 모두 기록이 잘 남아있는 1752년을 선례로 삼았다. 동일한 이유로 1767년, 1779년, 1782년, 1815년에도 연례송사 정지를 요청하였는데, 실제로 정지된 것은 1779년, 1815년 송사였다. 그 내용을 개략적으로 도식화하면 다음 〈표 1〉과 같다.

〈표 1〉 비공식 사유로 연례송사 정지 요청 및 접수 사례

시기	내용	정지 여부	출전
丁亥 (1647)	· 1647년(丁亥) 세견선이 대부분 출래하지 않아 역관 홍희남 등이 '茶宴'의 폐해를 없애고자 하여 1648년 송사에 겸대하여 출래하도록 함. · 세견1, 2선은 이미 출래하여 겸대하지 못함.	○	·『典客司日記』 2, 영조29년 癸酉(1753) 4월 20일.
丁巳 (1677)	· 신왜관 조성으로 인해 연례송사 관련 업무를 주관할 수 없어 정지 요청함. · 1678년 연례송사가 나올 시기에 아직 왜관이 완성되지 않아 왜관 완성 후 나오는 것으로 연기함.	○	·『典客司日記』 2, 영조29년 癸酉(1753) 4월 20일 ·『변례집요』 권2, 「送使」 戊午(1678) 2월.
壬子 (1732)	· 조선에 기근으로 인해 연례9송사를 정지하는 것이 어떨지 대마도 측에서 건의하였으나 조선에서 전례가 없다고 하여 정지하지 않음.	×	·『分類紀事大綱』Ⅲ(對馬島宗家文書資料集 3), 「享保十七 壬子年 朝鮮飢饉ニ付九送使御停止被下間敷哉と國老卞同知內談申聞候事」, 壬子(1732) 3월 12일(음).
壬申 (1752)	· 연속적으로 별차왜가 도래하는데 1752년 1753년 송사가 한꺼번에 첩도하면 접대비용 등의 폐해가 예상되므로 훈도 등이 임의로 **5송사**(2월 이정암~8월 부특송) 정지 요청. · 왜관수리 및 통신사 때의 예에 의거하여 정지함.	○	·『邊例集要』 권6 「書契路引」 癸酉(1753) 3월 ; 4월 ·『전객사일기』 2, 영조29년(1753) 4월 20일 ; 5월 12일 ; 5월 17일 ·『分類紀事大綱』Ⅴ(對馬島宗家文書資料集 6), 「八送使御停止之事」 1753년 1월 6일(음) ; 「目錄」 萬曆三癸酉年正月十七日之日付 ; 「目錄」 萬曆三癸酉年正月八日之日付.
戊子	· 대마도 측에서 지난 해(1767) 송사가 도래	×	·『分類紀事大綱』Ⅶ(對馬島宗家文書資料

<table>
<tr><td>(1767)</td><td>하는 것이 지연되어 만약 1768년 송사 접대까지 겹치면 2년 치 송사 접대가 부담이 되므로 2월 이정암부터 5송사 정지를 요청함.
· 실제 정지되지는 않았으나 대마도에서 동래부에 문의한 기록 남김.</td><td></td><td>集 8), 「御送使御停止一件」 戊子(1768) 2월 26일 ; 4월 4일 ; 5월 7일 ; 5월 12일 ; 6월 29일 .....</td></tr>
<tr><td>己亥
(1778)</td><td>· 대마도의 '凶變'(대마도주의 사망) 및 1777년부터 대마도의 경제적 상황이 좋지 않아 1778년 연례송사 정지 요청.
· 정지 요청 접수되지 않고 1779년 송사정지로 이어짐</td><td>×</td><td rowspan="2">· 『分類紀事大綱』Ⅶ(對馬島宗家文書資料集 8), 別錄「御送使御停止一件 上·下」에 별도 기록</td></tr>
<tr><td>辛丑
(1779)</td><td>· 기해(1779)조 송사와 庚子(1780)조 송사가 한꺼번에 첩도할 경우 발생.
· 기해(1779)조 송사는 壬申(1752) 예에 따라 정지함. → 이 과정에서 圖書 변경 문제 등 발생</td><td>○</td></tr>
<tr><td>乙亥
-丙子
(1815
-1816)</td><td>· 館宇 監董에 폐해가 있고, 조선에 거듭 흉년이 들어 1815년 세견4선부터 1816년 연례송사 정지.
· 2월 세견4선~1816년 송사</td><td>○</td><td>· 『변례집요』 권16, 「譯官」 丙子(1816) 正月
· 『同文彙考』 4, 「附編續」 進獻三 島主告停止歲船書 ; 禮曹參議答書.</td></tr>
</table>

※ 『변례집요』, 『비변사등록』, 『조선왕조실록』, 『각사등록』, 『전객사일기』, 『승정원일기』, 『同文彙考』, 『분류기사대강』을 참조함.

※ 심민정, 「조선후기 연례송사(年例送使) 정지 사례를 통해 본 대일교섭」, 『한국민족문화』 88, 2024, 90~91쪽, 〈표 4〉를 수정·보완하여 작성함.

〈표 1〉에 제시된 바에 의하면 매년 정례적으로 來渡하는 것으로 규정되었던 연례송사는 출래 시기를 지키지 않는 경우가 종종 발생했던 것으로 보인다. 송사 중 세견1·2·3선은 1월, 세견4선과 이정암송사는 2월, 1특송사는 3월, 만송원송사·평언만송사는 6월, 부특송사는 8월에 출래하는 것이 규정이었다.[13] 하지만 1647, 1752, 1767, 1778년 연례송사는 제 시기에 출래하지 않아 이듬해 파견되어야할 연례송사와 겹치게 되는 상황을 야기하였다. 이렇게 중첩하여 사신이 파견되는 것을 疊到라고 한다.

13) 『증정교린지』 권1, 「年例送使」 ; 「兼帶」.

1752년 송사 정지의 경우도, 1752년 및 1753년 송사가 한꺼번에 疊到할 경우 접대비용 마련 등의 폐해를 우려하여 훈도 등의 건의에 의해 임의로 정지된 사례이다.

앞서 언급한 바와 같이 연례송사는 매년 초 봄부터 시기에 맞추어 차례대로 출래하는 것이 항규인데, 해당 해인 1752년 11월까지 세견1·2·3선 외에 다른 송사선이 오지 않았던 것이다.[14] 여기에 만약 해가 바뀌어 1753년 송사 도해 시기까지 겹치면 접대비용을 마련하기 어려운 상황이었다. 특히 이 시기에는 대마도주 환도를 고지하는 차왜[對馬島主還島告知差倭], 물러난 관백의 부고를 알리는 대차왜[退休關白告訃大差倭], 관백의 부고를 알리는 대차왜[關白身死告訃大差倭] 및 신관백의 승습을 알리는 대차왜[新關白承襲告慶大差倭] 등의 내도도 예정되어 있어 접대를 위한 인력과 물력 등이 감당하기 힘들 정도로 소요될 것이 뻔했다. 이에 조선 측 역관은 奉行倭에게 송사 정지를 요청하였고, 이에 대해 송사 정지 요청을 허가한다며 대마도 측이 보내온 서계를 훈도 등이 捧上하지 않고 정지처리를 하였다. 그 결과 1752년 조 송사 중 아직 도해하지 않은 송사로, 2월에 도래하는 이정암부터 8월에 건너오는 부특송에 이르기까지 5송사가 정지되었다. 조선에서는 전에 없던 사례였으므로 차후로는 이 일을 예로 삼지 않도록 하였으며,[15] 통신사행과 왜관 감동 때의 송사 정지례에 따라 정지하는 것으로 결론을 내렸다.[16]

이처럼 1752년 사례를 전례로 삼지 않도록 하였음에도 불구하고 1767년, 1779년에도 동일한 첩도의 상황이 발생하였다. 모두 직전 해의 송사가 건너오지 않은 상황에서 이듬해 송사와 중복되어 내도할 경우 접대비

14) 『典客司日記』 2, 영조29년 癸酉(1753) 4월 12일.

15) 『典客司日記』 2, 영조29년 癸酉(1753) 5월 11일 ; 5월 17일.

16) 『변례집요』 권6, 「書契路引」 癸酉(1753) 3월, 4월 ; 『변례집요』 권2, 「送使」 계유(1753) 3월 ; 『典客司日記』 2, 영조29년 癸酉(1753) 4월 12일.

용 등이 문제가 되었다. 1767년의 경우는 전례로 삼지 말도록 한 1752년의 예에 비추어 실제 송사 정지로까지 이어지지는 않았다. 하지만 1779년(己亥)의 경우는 1752년 연례송사 정지 사례를 기준으로 삼아 정지가 이루어졌다. 이 시기에는 전후와 비교하였을 때 다양한 문제가 발생한 시기이기도 하다. 특히 당시 대마도에서는 '凶變'[17]을 원인으로 연례송사 정지를 직접 요청하였는데, 다양한 분쟁거리와 지리한 논의과정이 있었던 탓에 『分類紀事大綱』에서는 이 시기 연례송사 정지 건을 別錄으로 기록[18]하고 있을 정도이다.

1779년 연례송사는 한동안 경제적 상황이 좋지 않았던 대마도 측이 1779년 치의 송사를 파견하지 않다가 1780년 송사와 첩도할 상황에 놓이게 되면서 정지된 경우이다. 1779년 송사는 전례대로 순조롭게 규례에 따라 정지되는 듯했으나 정지요청 및 겸대 서계가 오가는 과정에서 여러 문제가 발생하였다. 우선 대마도 측이 먼저 연례송사 정지를 요청한 것이 전례에 부합되는지 여부, 1779년 송사와 1780년 연례송사의 첩도 시 어느 송사를 정지할 것인가의 문제, 1779년 연례8송사 전체를 정지할 것인가 아니면 일부만 정지할 것인가 하는 문제가 송사 정지 결정 전에 논의되었다. 그리고 송사의 정지가 결정된 후에는 대마도주 교체로 인해 圖書가 개찬되면서 전후 서계의 도서가 뒤바뀐 상황으로 인해 접대를 할지 여부가 논란이 되었다. 이 문제들이 어떤 결정에 도달하게 되는지 그 세부 내용을 교섭 과정과 함께 다음 장에서 차례로 들여다보겠다.

---

17) '凶變'은 조선에서는 변란, 왕실 및 사대부 가문의 '凶禮' 등 다양한 상황을 의미하지만, 대마도에서는 도주나 관백의 사망을 '凶變'으로 지칭하는 경우가 대부분이다.(『分類紀事大綱 Ⅴ』(1752, 1753,1757), 『分類紀事大綱 Ⅶ』(1775, 1778))

18) 국사편찬위원회, 『分類紀事大綱 Ⅶ』(대마도종가문서자료집8), 「別錄」 御送使停止一件 上, 下, 2021.

3. 대마도의 연례송사 정지 요청

1779년(己亥) 연례송사 정지는 1775년 전임 대마도주의 사망[凶變]과 1776년부터 조일 양측의 정세 급변 및 기근이나 재해, 조선과의 무역량 급감 등의 다양한 이유와 대마도 측에서 이어져온 송사 정지 요청과 연장선상에 있다. 1776년 3월, 구 대마도주 宗義蕃이 사망하자(1775. 8.) 告訃差倭로 橘暢信이 파견되었다.[19] 게다가 같은 해에 조선에서는 영조가 승하하여 11월에는 吊慰差倭로 平太年이, 정조가 즉위하자 12월에는 陳賀差倭로 藤如泰가 연이어 조선으로 건너왔다.[20] 1777년에는 에도로 갔던 대마도주가 還島하여[21] 조선에서는 1778년 정월 問慰行을 보내어 현 대마도주의 환도와 함께 구 대마도주의 죽음을 문위[22]하였다. 이후 대마도주의 圖書 개찬을 요청하는 차왜, 대마도주의 승습을 축하하는 차왜의 내조가 예상되는 등 연이은 별차왜 파견 및 문위행의 渡海로 양국에 고심이 깊어졌다.

조선은 차왜의 접대 및 문위행의 예물 마련 등에 부담을 느끼게 되었다. 당시 조선 측에서 비용 마련에 힘들어했던 사정은 행호조판서 鄭弘淳의 건의에서도 잘 드러난다.

> 입시하였을 때 행호조판서 鄭弘淳이 아뢰기를,
> "연례적으로 江界 지방의 別卜定 인삼은 본래 8送使에게 禮單의 용도로

19) 당시 고부차왜는 돌아가던 중 長木浦에 漂流했는데, 거제부에서 바로 糧米를 대주지 않아 거제부사 李章漢은 파직되었다(『정조실록』 1년(1777) 9월 19일 신사: 『비변사등록』 정조 1년(1777) 9월 22일 (음): 『典客司日記』 5, 正祖 1年 丁酉 (1777) 9월 12일.).

20) 『변례집요』 권1, 「別差倭」 병신(1776) 3월 ; 11월 ; 12월.

21) 『변례집요』 권6, 「書契路引」 丁酉 (1777) 9월.

22) 『변례집요』 권18, 「渡海」 戊戌 (1778) 1월.

> 쓰였고, 쓰고 남은 것들은 매년 비축하여 別差倭와 漂差倭에게 지급되어 왔습니다. (그런데) 작년 이후 별차왜에게 지급한 것이 80여 근에 이르게 되면서, 전해오던 저축 분이 모두 쓰여 남은 것이 없습니다. 현재 對馬島主의 弔慰 예단으로 쓸 인삼 16근은 일이 매우 시급하니, 연례의 單蔘(예단 명목으로 거둔 인삼) 중 아직 지급하지 않은 것에서 잠시 가져다 사용하겠습니다. 지금 16근에 대한 대용품과 앞으로 무시로 파견되어 올 일본 사신들에게 쓰일 것들은 미리 준비해 두지 않을 수 없으니, 體蔘(잔뿌리를 없앤 인삼) 20근을 별복정에서 가져다 쓰고, 그 값은 관서의 小米로 구획하겠습니다.… [23]

위 내용에 의하면, 앞서 제시한 것처럼 1776년부터 별차왜에게 소요된 예단 인삼이 상당히 많은 양에 달해 잔여분이 없다고 하고 있다. 그간 조선과 대마도에 발생한 여러 외교 현안들로 인해 평소에 비해 차왜의 파견이 잦았음을 알 수 있는 대목이다. 게다가 당시 조선 내에서의 상황도 좋지만은 않았다. 1777년 7월 正祖 시해 미수 사건인 丁酉逆變이 발생하였고, 그해 여름부터 심한 가뭄[24]과 뒤이어 발생한 재해 및 진휼 기록[25]도 여러 건 확인할 수 있다.

하지만 이렇게 복잡한 사정은 비단 조선에만 국한된 것은 아니었다. 대마도에서도 1770년부터 조선과의 교역이 축소되고 단절되면서 1775년까지 매년 막부로부터 은 300貫目을 하사받아 온데다가 1775년 이후에는 추가적인 보조요구 운동까지 벌일 정도로 경제 상황이 악화되어 있었다.[26] 이 때문에 1778년 송사 정지 요청의 경우, 사례는 1752년과 유사

---

23) 『비변사등록』 정조 1년(1777) 10월 5일(음).

24) 『일성록』 정조1년(1777) 5월 15일.

25) 『정조실록』 정조1년(1777) 10월 20일 壬子 : 정조1년(1777) 12월 10일 壬寅: 정조2년(1778) 5월 5일 甲子.

26) 윤유숙, 「18세기 쓰시마 간사재판의 교섭 검토」, 『한일관계사연구』 66, 2019, 292~294쪽.

하였지만, 정지를 요청한 주체는 달랐다. 즉 1752년에는 조선 측이 먼저 요청했던 것과는 달리 1778년 송사 정지는 대마도 측에서 먼저 요청[27] 하였다. 당시 대마도에서의 사정도 조선만큼이나 상당히 좋지 않았음을 추측할 수 있는 대목이다. 1778년 초에 이루어진 송사 정지 요청은 결국 대마도 측의 입장이 조속히 전달되지 못한데다가 조선 측 역관들과의 의논이 분분한 상황에서 접수되지 못했고, 이후 1779년, 1780년 송사가 한꺼번에 疊送되어 접대해야할 위기에 이르러서야 연례송사 정지가 결정되기에 이르렀다.

한편 연례송사가 도래하는 달은 정해져 있었고 이를 지키는 것이 당연했지만, 정해진 달을 지키지 못하는 경우도 종종 발생했음은 앞서 확인한 바 있다. 이럴 경우에는 조선 측과 내도하는 달을 의논하는 것이 상례였지만 논의 없이 갑자기 도래하는 경우도 있었다. 1753년의 경우도 이에 해당하였다. 반면에 사전에 논의하여 도래하는 달을 미룬 경우는 1678년의 사례[28]가 있다. 이런 사례에 비추어 우선 조선 측에서는 대마도의 연례송사 정지 요청을 받아들일 것인지에 대한 논의에 들어갔다.

첫 번째로 통신사행이나 왜관 감동 등의 공식적인 이유 외에 비공식

---

27) 『分類紀事大綱 Ⅶ』(대마도종가문서자료집8), 「分類紀事大綱別錄」 御送使停止一件 上, 安永7戊戌(1778) 1월 23일(음).

28) 무오년(1678, 숙종4) 2월. "금년의 송사(送使)가 나오는 것이 만약 왜인들이 새로운 왜관으로 이사해 들어가기 전에 있게 된다면, 낡은 왜관을 고치는 폐단을 다 말할 수 없을 것입니다. 그런 까닭에 새로운 왜관이 모두 완성되기를 기다린 후에 내보내라고 역관들로 하여금 관수왜에게 타일러 대마도에 전하게 하였더니, 관수왜의 말 가운데에, '연두송사(年頭送使)는 모두 반드시 왜관을 옮기고 난 후에 나오도록 하겠습니다.' 하였습니다."라고 장계하였다. - 회하는 없었다. - "[戊午]二月, 今年送使出來, 若在於倭人未及移接新舘之前, 則舊舘修緝之弊, 有不可勝言, 故待新舘畢役後出送事, 使譯輩開諭於舘守倭, 轉通馬島爲白有如乎. 舘守倭言內, 年頭送使, 幷以必令移舘後出來是如云云事啓. 無回下."(『邊例集要』 권2, 「送使」, 戊午)

적인 이유로 연례송사가 정지되는 사례에 해당하는가가 먼저 논의되었다. 〈표 1〉에 제시된 것처럼 1732년(壬子)에 조선에 기근 발생 등으로 힘든 상황에서 연례송사가 파견된다면 접대에 부담이 될 것이라 여긴 대마도가 조선에 송사 정지를 건의한 사례가 있었다. 이때 조선에서는 전례가 없었던 상황이라고 하여 송사 정지를 진행하지 않았다.[29] 하지만 1778년 송사 정지 요청 상황과는 다소 차이가 있었다. 당시에는 기근이나 재해 문제도 있었지만 여러 건의 별차왜가 한꺼번에 건너오는 상황과도 겹쳐 있었으므로 접대의 부담이라는 측면에서는 오히려 1752년 사례와 더 유사했다. 대마도주 환도차왜, 도주승습 및 관백승습 고경차왜가 전후로 파견[30]된 것도 상당히 비슷한 모습이었다. 이 때문에 대마도에서도 임신 조(1752) 선례에 비추어 송사 정지를 요청[31]해 온 상황이었다. 하지만 조선에서는 이것을 '格外의 요청'이라 인식[32]하였다. 1752년 송사 정지를 허락하였을 때 분명 '차후로는 이것을 일례로 삼지 않도록 한다.'고 약속[33]한 바가 있었기 때문이다. 하지만 대마도의 적극적인 요청과 거듭된 논의 끝에 조선은 1752년의 전례를 인정[34]하여 정지하는 요건에 해당한다는 결정을 내렸다.

하지만 또 다른 문제도 있었다. 이제껏 조선의 요청에 의해 연례송사

---

29) 『分類紀事大綱 Ⅲ』(대마도종가문서자료집3), 「享保十七 壬子年 朝鮮飢饉ニ付九送使御停止被下間敷哉と國老卞同知內談申聞候事」, 壬子(1732) 3월 12일(음).

30) 『典客司日記』 2, 영조29년 癸酉(1753) 4월 20일.

31) 『分類紀事大綱 Ⅶ』(대마도종가문서자료집8), 「分類紀事大綱別錄」 御送使停止一件 上, 安永7戊戌(1778) 1월 23일(음).

32) 『변례집요』 권6, 「書契路引」 辛丑(1781) 1월 : 『정조실록』 정조5년(1781) 2월 4일 丁未.

33) 『分類紀事大綱 Ⅴ』(대마도종가문서자료집6), 「八送使停止之事」, 寶曆3癸酉(1778) 1월 6일(음) : 『典客司日記』 2, 영조29년 癸酉(1753) 1월 17일.

34) 『변례집요』 권6, 「書契路引」 辛丑(1781) 1월 : 『정조실록』 정조5년(1781) 2월 5일 戊申: 『비변사등록』 정조5년(1781) 2월 6일(음).

정지가 진행되었던 것과 달리 이번에는 대마도에서 요청을 한 상황이었다. 대마도 측에서도 자신들이 먼저 송사 정지를 요청하는 것에 대해 조심스러운 감이 있었다. 즉 대마도가 선례로 삼은 1752년의 경우 조선 측이 송사 정지의 뜻을 간청하였지만 이번에는 대마도에 사정이 생겼으므로 대마도가 간청하기에 이르렀다[35]는 상황을 피력하였다. 그전에 비해 이례적인 상황임은 틀림없었다. 이에 대해 조선은 대마도의 행태가 '지극히 무엄하다', '변신의 도리에서는 법을 지켜야한다'는 거부의 의견도 있었지만, 종국에는 대마도의 상황이 조잔하게 되었다는 것을 인식하고 대마도의 요청을 받아들이게 되었다.

이 과정에서 조선은 기존의 규정을 무시하고 새로운 사례를 만들어내는 것은 합당치 못하다고 인식하였다. 즉 접대비용의 문제에만 국한하지 말고 외교관계에서 기존에 만들어진 규약 준수가 우선적으로 중시되어야 한다는 입장이었던 것이다. 이 때문에 양측이 협의하는 과정에서 수많은 전례를 제시하여 논의의 대상으로 삼았고, 전례들이 당시 상황에 부합하는지도 세세하게 확인하였다. 결과 양측이 합의한 후 전례를 수용하여 대마도의 요청은 허락하면서도, 당시 대마도의 요청을 그대로 수용하여 연례송사의 정지 서계를 접수했던 동래부사 尹師國은 법률에 비추어 勘處하는[36] 조치를 취하였다. 새로운 사례를 만들어낸 동래부사에게 처분을 내리는 것으로 국내적으로는 기존 규정의 준수를 강조한 셈이었다.

35) 『分類紀事大綱 Ⅶ』(대마도종가문서자료집8), 「分類紀事大綱別錄」 御送使停止一件 上, 安永7戊戌(1778) 1월 23일(음).

36) 『정조실록』 정조5년(1781) 2월 5일 戊申.

4. 정지할 연례송사의 범위

연례송사를 정지하는 일이 확정된 후 1779년과 1780년 송사 중 어떤 송사를 정지시킬지 선택해야 했다. 조선은 1752년(壬申)을 전례로 삼아 1779년 송사를 정지하기로 결정[37]하였다. 1752년의 경우 그해 11월까지 송사선이 한 척도 오지 않다가 12월에 가서야 세견1·2·3선만 출래했다. 매년 송사는 해당 봄 초부터 차례대로 출래하는 것이 항규인데 11월까지 한 번도 오지 않았던 것이다. 이에 당시 훈도 玄泰翼 등이 館守에게 그 연유를 탐문하였더니, 舊島主가 사망한데다가 新島主가 에도에서 환도하는 일 등이 겹쳐 여력이 없었던 탓이라 하였다. 이럴 경우 두해분의 송사가 한꺼번에 건너와서 접대비용을 마련하기 어려운 상황이 생기므로 뒷 시기의 송사가 앞 시기의 송사를 兼帶하는 것이 전례[38]였다.

조선에서는 우선 초량으로 왜관이 이전하기 전의 선례들을 상고하여 1647년 연례송사가 정지된 사례를 확인하였다. 1648년(戊子) 7월 동래부사 閔應協의 장계등록에 의하면, 1647년(丁亥) 세견선이 대다수 출래하지 않았으므로 역관 洪喜男 등이 茶宴[39]의 폐단을 없애고자 하여 1648년 송사 행차에 겸대하도록 한 적[40]이 있었다. 또한 초량왜관을 조성할 당시 1676년(丙辰) 동래부사 이하(李馥)가 한 푼이라도 폐해를 덜고자

---

37) 『변례집요』 권6, 「書契路引」 辛丑(1781) 1월.

38) 『典客司日記』 2, 영조29년 癸酉(1753) 4월 20일.

39) 茶禮라 하지 않고 茶宴이라 한 이유는 茶禮儀와 상선연·하선연 등의 宴享儀를 모두 포함하기 때문이라고 생각된다. 각 개별 송사마다 7~8회의 다례와 연향이 베풀어지는데, 이를 겸대하게 되면 접대 부담이 절반이나 줄어들게 된다.

40) 무자년(1648, 인조26) 9월. 동래 부사 민응협(閔應協) 때이다. 세견선을 겸대(兼帶)하여 나왔다고 하였는데, 장계등록이 썩어 문드러져 겸대에 관한 조항이 자세하지 않았다. "順治五年戊子九月, 府使閔 應協 時, 歲遣船兼帶出來云, 而狀錄腐破, 兼帶一款未詳." (『邊例集要』 권2, 「送使」, 戊子)

하여 이듬해(1677) 출래할 송사의 정지를 건의한 일도 있었다. 1677년 연례9송사 정지 당시 줄어든 접대비용을 계산해보니 쌀로 환산했을 때 535석에 달하였으며, 동래부와 부산진에서 별도로 드는 물품과 비용도 현저히 줄어들게 되었다. 조선은 당시 이를 큰 성과로 여기고 이후 통신사행이나 왜관 관우 수리 등의 일이 있어 연례송사를 정지하게 될 때에는 모두 1647년과 1677년의 예에 따르도록[41] 하였다. 즉 두 해분의 송사가 한꺼번에 疊到하는 상황이 발생하였을 때, 1647년의 예에 따라 앞 시기의 송사를 정지하여 뒷 시기 송사가 서계 제출 및 접대를 겸하도록 한 것이다. 또한 통신사행이나 관우 수리 등으로 인해 실제 연례송사가 정지될 경우에는 1677년 예에 따라 접대 세부 사항을 결정하도록 하였다. 이에 따라 1779년 송사는 정지되어 1780년 송사가 접대를 겸대하는 것으로 결정하였다.

1677년 예에 따르면 연례송사가 정지될 때에는 원래 송사가 파견되었을 때 조선에서 지급하던 잡물 등은 代官이 계산하여 받아갔으며[42], 이때 연향에 소용되는 물품은 아예 지급하지 않았다.[43] 원래 송사가 파견되면 연향잡물과 5일잡물을 비롯하여 체류 시 필요한 땔나무와 숯 등도 지급하였는데, 우선 송사가 체재하지 않으므로 연향에 소요되는 품목은 완전 줄어든 셈이다. 하지만 5일잡물은 계산하여 대관에게 입급하였고, 땔나무와 숯도 절반을 입급해야 했다.[44] 송사가 정지된다고 해서 사신 접대비용이 완전히 소멸되지는 않았던 것이다. 그렇지만 조선 측은 연례

41) 『典客司日記』 2, 영조29년 癸酉(1753) 4월 20일.

42) 『변례집요』 要1, 「年例送使船數人數」 館中有色目往來交遞倭.

43) 『변례집요』 권7, 「宴禮進上」 丁巳(1677) 3월. '因館宇新創, 丁巳條九送使停止不出來, 故宴需雜物, 減不給事'

44) 『숙종실록』 숙종23년 丁丑(1697) 9월 5일. '九送使內, 只出送第一船, 五日雜物, 雖入給代官, 宴需 減除, 柴炭折半入給' ; 『통신사등록』 제3책, 壬戌(1682) 3월 초2일.

송사에게 지급되는 물품의 감급으로 왜관 수리를 비롯하여 사신 접대에 들어가는 비용의 지출이 폐해 제거에 일정부분 기여하는 측면이 있다고 생각하였다.

이처럼 조선이 송사 접대비용 전부를 소멸시키지 않은 점은 조일관계에서 자국의 이익만 생각하지는 않았음을 알 수 있는 대목이다. 대마도의 입장에서도 연례송사가 정지된다는 것은 별차왜의 파견이나 조선에서 보낸 문위행의 접대 등으로 한꺼번에 발생하게 될 폐단을 덜어주는 측면이 강했다. 별차왜의 파견이나 문위행 접대 과정에서 대마도는 자체적으로 감당해야 하는 접대비용, 예단의 마련, 인력·물력 동원 등은 상당한 부담이었다. 이런 상황에서 매년 8~9차례 파견하는 연례송사의 예물 마련이나 사행 구성원 동원은 감당하기 힘들었을 것이다. 그런데 연례송사가 정지되면 인력·물력 동원을 하지 않아도 되고, 5일잡물과 절반이지만 땔나무와 숯도 지급받을 수 있었으므로 일정부분 혜택이라 생각한 측면도 있을 것이다. 이처럼 연례송사가 정지되는 기간 동안 대마도 측에 소요되었던 비용을 모두 감액하지 않고 일정 부분이나마 지급해준 것은 조선과 대마도가 소통과 협의를 통해 양측이 감수해야할 부분을 서로 인정해 준 결과라 할 수 있다.

한편 송사 첩도 시 겸대할 대상을 선정하는 것 외에 연례8송사 모두를 정지할 것인지도 논의의 대상이 되었다. 처음 대마도에서 송사 정지를 요청할 당시에는 1년 치 8송사를 모두 정지할 것을 요청했으며[45], 동래부사도 이를 수용하여 연례8송사 정지를 조정에 건의하였다.[46] 이에 대해 조정에서는 이제껏 송사가 정지된 사례는 있지만 부분적으로 정지하지 않고 1년 치 송사가 모두 정지된 경우는 없다며 재논의에 들어갔다.

45) 『分類紀事大綱 Ⅶ』(대마도종가문서자료집8), 「分類紀事大綱別錄」 御送使停止一件 上, 安永7戊戌(1778) 8월 15일(음) : 9월 9일(음) : 11월 11일.

46) 『정조실록』 정조5년(1781) 2월 4일 丁未.

앞의 〈표 1〉에서처럼 송사정지 요청이 있었을 때 1752년의 경우 세견 1·2·3선이 이미 내도한 상황이었으므로 그 이후 파견되는 이정암송사부터 세견4선, 1특송사, 만송원송사, 부특송사에 이르기까지 5송사가 정지되었다. 1767년의 경우도 정지 요청 단계에서 5송사의 정지를 요청한 바 있다. 이 때문에 조선 측에서도 1752년의 전례를 들어 5송사만 정지하는 것으로 서계를 수정할 것을 대마도에 요청하였다.[47] 즉 통신사행이나 왜관 監董의 경우는 송사 정지의 규약이 있고 연례9송사나 8송사 등 1년치 송사를 모두 정지하지만, 1779년의 경우 특별히 정해진 규약이 없고 전례로 삼을 만한 것은 1752년 사례가 유일하니 이 예에 따라 5송사만 정지하는 것이 아니면 정지 서계를 허락할 수 없다고 한 것이다. 1781년 3월부터 기해년(1779)분 8송사, 혹은 5송사 접대여부를 둘러싸고 양측에서 지속된 논의[48]는 4월 중순에 이르러서야 종지부를 찍었다. 1779년 조 세견1·2·3선을 제외하고 그 이후 파견되는 이정암송사 이하 5송사만 정지하는 것으로 결정[49]하였다.

5. 선후가 바뀐 서계의 圖書

1780년(庚子) 조 제1선 송사가 출래하면서 1779년(己亥) 조 5송사(세견4선·이정암·만송원·1특송·부특송사)를 정지한다는 내용을 담은 서계를 함께 지참하여[順付] 왔다. 여기에는 사망한 舊島主인 宗義暢의 圖書

---

47) 『典客司日記』 6, 정조5년 辛丑(1781) 2월 4일.

48) 『分類紀事大綱 Ⅶ』(대마도종가문서자료집8), 「分類紀事大綱別錄」 御送使停止一件 上, 安永10辛丑(1781) 3월 1일(음) : 3월 12일 : 3월 26일.

49) 『分類紀事大綱 Ⅶ』(대마도종가문서자료집8), 「分類紀事大綱別錄」 御送使停止一件 上, 安永10辛丑(1781) 4월 17일(음).

가 찍혀 있었다. 그런데 이보다 앞서 정지되지 않고 건너왔었던 1779년(己亥) 세견1선이 지참했던 서계에는 新島主인 宗義功의 도서가 찍혀 있었다.[50] 전후의 도서가 바뀌어 찍힌 것이다. 이것은 양측이 연례5송사 정지 결정을 완료하기 전에 대마도 측에서 미리 서계를 작성하여 구도주의 도서를 찍어놓았다는 것을 의미한다. 즉 1778년에 대마도에 연례송사를 정지하는 일로 문의가 오가는 당시에 대마도 측은 연례5송사에 대한 정지 요청이 받아들여질 것이라고 확신하고 기존의 도서를 찍은 서계를 남겨놓았던 듯하다.

조선 측은 이러한 일을 벌인 대마도 측에 무엄하다는 표현을 하며 격분하였다. 당시 접대 의례를 받고 있던 1780년 세견1선도 상황이 심각하게 되었음을 인지하고는 進獻이 끝나기도 전인데 스스로 접대하는 料를 받는 것을 거부하고 구 도주의 도서가 찍힌 서계를 가지고 돌아갔다.[51] 세견선이 돌아가고 난 뒤 조선 조정은 우선 이 일에 대해 대마도 측의 잘못된 서계를 제대로 확인하지 않고 엄히 물리치지 않은 동래부사 趙英鎭을 從重推考하였다.[52]

하지만 5송사 정지의 일을 해결하지 않고 계속 내버려둘 수도 없었다. 이에 조선 측은 기존에 구 도주 사망을 고지한 후 새로운 圖書가 발급되기 전까지 연례송사가 출래했을 때 지참한 서계에 어떤 도서를 찍었는지, 혹은 아예 도서를 찍지 않았는지 등의 도서 改着 사례를 상고하였다. 아래의 〈표 2〉는 연례송사 출래 시 도서가 改撰되었는지 여부, 서계에 개찬되기 전후의 도서 중 어떤 도서를 찍었는지, 혹은 차후 개찬된 도서를 고쳐서 찍었는지[改着] 여부를 표시한 것이다.

---

50) 『변례집요』 권6, 「書契路引」 辛丑(1781) 5월, 6월 : 『비변사등록』 정조5년(1781) 7월 10일 : 『정조실록』 정조5년(1781) 7월 9일.

51) 『변례집요』 권6, 「書契路引」 辛丑(1781) 6월.

52) 『비변사등록』 정조5년(1781) 7월 10일.

〈표 2〉 조일 간 서계에 개찬 도서 사용 여부

시기	신도주 도서개찬 여부	구·신도주 도서	협의 결과/ 허가 내용
1653 만송원송사	해당없음	도서를 찍지 않음	퇴각 후 도서 개착 요청
1657 도주 사망고지 路引	개찬 전	사망한 구도주의 도서	접수함
1658 연례송사 파견	개찬 전	신도주도서 받기 전 신도주 아명도서	일단 접대 허락함
1693 세견1,2,3선	개찬 전	신도주도서 받기(1693년 12월) 전 구도주 도서	일단 접대 허락함
1694 도주 사망고지 路引	개찬 전	사망한 구도주의 도서	접수함
1695 세견1,2,3선	개찬 전	사망한 구도주 도서	접대만 허락함
1695 1특송선	**개찬 후**	**구도주 도서**	**신도주가 에도로 갔는데 그 전에 신도서 사용 허가를 받지 못함. 서계는 접수함.**
1702 세견1,2,3선	개찬 전	구도주 도서	접수함
1703 이정암송사	**개찬 후**	**신도서를 받았으나 구도서를 찍고 내도함.**	**신도서를 받기 전에 출선하였으므로 접수함.**
1718 도주 사망고지 路引	개찬 전	사망한 도주의 도서	접수함
1730 도주 사망고지 路引	개찬 전	사망한 도주의 도서	접수함
1733 고경차왜	개찬 전	구도주의 도서-신도주의 아명도서	구도주의 도서를 찍도록 함

※『변례집요』 권6「書契路引」;「圖書賞職」 참조.

〈표 2〉에 의하면, 송사가 지참하는 서계에는 구·신 누구든 도주의 도서를 찍는 것이 정해진 규정이었음을 알 수 있다. 1653년 만송원송사가 이르렀을 때 도서가 찍히지 않은 서계를 지참하였는데, 조선은 이를 접수하지 않고 물린 후 다시 도서 개착을 요구한 것에서 이를 확인할 수 있다.[53)]

53) 『변례집요』 권6, 「書契路引」 1653년(癸巳) 정월.

그렇다면 대마도주가 새로 승습한 후 신도주의 도서가 개찬되지 않은 상황에서는 어떤 도서를 찍어야 했을까? 1658년 연례송사 파견 시에는 신도주의 아명도서가 찍히기도 했으나 대부분은 구도주의 도서가 찍힌 서계가 전달되었다. 이 두 사례 모두 일단 조선이 서계를 접수하고 접대를 허락하였다. 하지만 1733년 고경차왜가 이르렀을 때에는 구 도주의 도서를 찍는 것으로 방침을 확정하였다. 즉 당시 신도주의 도서가 없는 상황이었는데, 신도주의 아명도서가 있다할지라도 구 도주의 도서를 찍은 서계를 지참하도록 한 것이다. 이미 도주직을 승습한 후에는 아명도서를 그대로 사용하는 것이 불가하다는 취지에서였다.[54)]

이러한 방침을 전제로 하여 1780년에 조선으로 건너온 세견1선송사가 지참한 서계에 찍혀있던 구도주의 도서는 이미 반납된 상황이었으므로 새로 개찬된 신도주의 도서를 찍도록 하였다. 거듭된 논의 끝에 조선은 대마도 측에 결정 사항을 전달하였다. 新島主의 도서를 찍은 서계로 바꾸어서 서계를 제출하면 접대를 허락하기로 한 것이다. 그 결과 新島主의 도서를 개착한 1779년 조 연례5송사 정지 서계는 1780년 조로 도해

---

54) 계축년(1733, 영조9) 2월. "관수왜가 말하기를, '이번 고경차왜(告慶差倭)의 서계에 구도주의 도서를 찍을지 미일도서(彌一圖書)를 찍을지 미리 아뢰어 정하기 바랍니다.'하였습니다. 미일(彌一)은 비록 아명도서(兒名圖書)가 있지만 이미 승습하여 도주가 되었으므로 구도주의 도서를 찍는 것은 부당한 전례를 따르는 것이 될 듯하고, 평미일(平彌一)의 아명도서를 도주가 된 후에도 그대로 찍는 것도 전례가 없는 규정이므로, 묘당으로 하여금 속히 품처하여 분부하게 해 주십시오."라고 장계하였다. 회계하기를, "이미 승습한 후에는 아명도서를 그대로 사용하는 것이 불가하므로 구도주의 도서를 그대로 사용하라는 뜻으로 분부하십시오." 하였다. "癸丑二月。舘守倭言。今此告慶差倭書契中。着以舊島主啚書是乙喩。着以彌一啚書是乙喩。預先稟定云云。彌一雖有兒名啚書。旣爲承襲島主。仍着舊島主啚書。似遵不當之前例是白遣。平彌一兒名啚書仍着爲島主之後。則此開無前之規。令廟堂急速稟處分付事啓。回啓。旣已承襲之後。則不可以此行用。以舊島主啚書。仍用之意分付"。(『邊例集要』 권2, 「啚書賞職」, 癸丑(1733))

한 만송원송사 편에 다시 지참하여[順付] 제출 및 접수하는 것으로 마무리되었다.

6. 맺음말

본 연구는 17세기 말에서 18세기에 이르는 기간 동안 조선과 일본 양국이 평화적 교린관계 유지를 위해 충돌을 최소화하고 소통해왔던 노력을 '연례송사 정지 사례'를 통해 확인해 보았다. 연례송사의 정지가 관례화 된 사례는 크게 통신사행 파견과 왜관 수리로 인한 경우로 이분할 수 있다. 하지만 그 외에 양국에 '凶變' 등으로 인한 잦은 별차왜의 도래, 기근 등의 자연재해로 인해 연례송사 접대에 부담이 가중된 특별한 상황에서 송사 정지가 이루어진 경우도 있었다. 특히 1753년 송사는 이런 특수 사정으로 연례송사가 정지될 때 선례로 자리매김했다.

이 외에 1779년 연례송사 정지는 전후 다른 송사 정지와 비교해 보았을 때 더욱 특별한 상황들을 야기하였다. 전례 없이 연례송사 정지라는 결정에 도달하기까지 상당히 오랜 기간이 소요된 것이다. 이처럼 오랜 기간 조선과 대마도 양측이 논의를 거듭한 이유가 무엇인가에 대해 본 연구에서는 다음과 같은 충돌 지점을 확인할 수 있었다.

첫째, 1779년 연례송사의 정지가 기존의 사례에 비추어 요건을 충족하는가 하는 점이다. 특히 대마도 측에서 이전 사례로 제시한 1753년의 경우, 5송사를 정지하였는데 조선에서는 전에 없던 사례였으므로 통신사행과 왜관 감동 때의 송사 정지례에 따라 정지하였고, 차후로는 이 일을 예로 삼지 않도록 하였다. 게다가 이제껏 조선의 요청에 의해 연례송사 정지가 진행되었던 것과 달리 이번에는 대마도에서 요청을 한 상황이었다. 이에 대해 조선은 대마도의 행태를 비판하면서도 대마도의 상황이 조잔하게 되었다는 것을 인식하고 종국에는 그 요청을 받아들였다.

두 번째, 연례송사를 정지하는 일이 확정된 후 1779년과 1780년 송사 중 어떤 송사를 정지시킬지 하는 문제였다. 이전의 사례들을 상고해 보았을 때, 모두 1647년과 1677년의 예에 따르게 한 선례가 있었다. 즉 두 해분의 송사가 한꺼번에 疊到할 경우 1647년의 예에 따라 앞 시기의 송사를 정지하여 뒷 시기 송사가 접대를 겸대하도록 하고, 통신사행이나 관우 수리 등으로 인해 연례송사가 정지될 경우 1677년 예에 따라 접대 세부 사항을 결정하도록 한 것이다. 이에 따라 1779년 송사는 정지되어 1780년 송사가 접대를 겸대하는 것으로 결정되었다. 또한 연례8송사 전체를 정지하지 않고, 세견1·2·3선 이후의 연례5송사만 정지하는 것으로 협의하였다.

세 번째는 새로이 발생한 圖書 改着 문제이다. 1779년의 5송사를 정지한다는 내용을 담은 서계를 지참하고 1780년 세견1송사선이 도착하였는데, 여기에는 사망한 舊島主의 圖書가 찍혀 있었다. 그런데 이보다 앞서 건너온 1779년 세견1선이 지참했던 서계에는 新島主의 도서가 찍혀 있었으므로 전후가 바뀐 것이었다. 조선은 이런 사태에 대해 격분하기는 했지만 5송사 정지의 일을 더 이상 오랫동안 내버려둘 수 없어, 이전의 도서 改着 사례를 상고하여 新島主의 도서를 찍은 서계로 바꾸고 접대를 허락하기로 결정하였다.

이상의 사건들을 대하는 조선은 한편으로는 외교 서계의 접수 등을 제대로 처리하지 못한 동래부사 등을 추고하는 것으로 기존 규례 및 규정의 준칙을 강력히 요구하면서도 이러한 상황이 무력적인 충돌로 격화되지 않도록 소통하고 협의하는 모습을 보이고 있다. 즉 일본사신 파견을 둘러싸고 양국이 대립하면서도 기준을 마련하고, 규약을 준수하려는 노력, 지리한 듯 보이지만 끊임없는 교섭과 소통으로 큰 충돌 없이 제 문제를 해결하려는 노력이 확인된 것이다. 본고에서는 17세기 말부터 18세기 조일관계를 '교린체제 안정기'로 상정할 수 있는 근거 중 일례로 1779년 사례를 다루었지만 더 다양한 방면에서 이런 노력을 재평가할 필요가 있다고 생각한다.

제2부

재난과 근세 한일 교류

제5장 일본 표착 조선인의 마찰과 수습을 통해서 본 조일 교린의 실태*

이 훈**

1. 머리말

조선시대 해안가에 살았던 사람들은 어로·상매·여행 등 여러 가지 이유로 바다를 항해하다가 중국·일본·베트남 등지에 표착하였다. 조선인이 가장 많이 표착하였던 곳은 동해 쪽을 바라보는 일본 연안이었으며, 연중 대륙에서 동쪽으로 불어오는 바람 때문이었다. 임진왜란 이후부터 19세기 중엽까지 일본에 표착했다가 송환되어 온 사례는 1,000건을 웃돌며, 사고 당사자인 조선인의 숫자는 1만 명에 가까웠다. 이 숫자는 일본인으로 조선에 표착한 사고의 10배에 달한다. 조선인의 경우 1년 평균 4건에 가까운 표착 사고를 당한 셈으로, 비록 사고이기는 하지만 일본 땅을 밟은 횟수로만 본다면 외교사절인 통신사가 일본을 방문한 횟수(12번)와는 비교도 되지 않을 만큼 많았다. 단적인 예로 임란 이후 조선이 일본측(대마번)에게 발급한 서계(외교문서) 9,400여점이 국사편찬위원회에 소장되어 있는데, 그 가운데 1/4에 해당하는 2,300여점이 표류민 송환과 관련된 것이다.)[1] 이 숫자만 보더라도, 조일 양국관계에 있어서 표류

---

* 본 논문은 『해양유산』 5호(2023.12)에 발표된 것을 재수록한 것이다.
** 한림대학교 국제문제연구소, 연구교수

민의 송환이란 통신사외교에 못지않게 큰 비중을 차지하고 있었다고 할 수 있다.

일본에 표착한 조선인의 경우, 기록으로 확인이 가능한 시기(1628~1888), 전라도 주민의 일본 표착은 약 360건 정도, 경상도 주민의 경우는 이를 웃돌아 송환 사례가 500건이 넘었으며, 송환된 사람도 4,500명이나 되었다.[2] 그리고 1640년대 중반 이후 에도 바쿠후(江戶幕府)의 송환 시스템이 정비됨에 따라, 조선인들은 일본의 어디에 표착하건 일단 나가사키(長崎)에서 조사를 받은 후 대마번(對馬藩)[3]의 호송 하에 5개월~1년 만에 조선으로 귀국할 수 있었다.

그런데 표착지에서 나가사키로 옮겨져 막부측(長崎奉行所)의 조사를 받은 후라 하더라도 대마번에서 호송 사자가 결정되어 조선인 표류민들을 맞으러 올 때까지는 상당 기간이 소요되었다. 또한 항해하기 좋은 순풍을 기다리는 등의 문제도 있었다. 이에 조선인 표류민들이 표착지에서 나가사키로 이송될 때까지, 그리고 나가사키에 장기 체류하는 동안에는 일본인들과 의사소통 수단의 유무, 체류 중 지급물의 다과, 상대에 대한 정보의 유무 등, 여러 가지 요인으로 일본인들과 마찰을 빚기도 하였으며, 외교 문제화된 경우 귀국 후 처벌을 받기도 하였다.

표류민 송환을 대조선 통교 업무의 하나로 수행해온 대마번의 경우, 표류 조선인에 대해서는 일종의 선입견을 가지고 있었다. 신분상으로는 양반도 아닌 '천한 것들'이라는 인식, 또 지역적으로는 경상도(울산, 김해 등지) 주민들처럼 일본 표착이 빈번하게 발생하는 곳에서는 잦은 표

1) 국사편찬위원회 소장 서계(9,442점) 가운데, 표류민 송환과 관련된 서계 2,300점이란 일본 표착 조선인' 및 '조선 표착 일본인'의 송환에 관한 것이 모두 포함된 숫자이다(『대마도종가관계문서 書契目錄集』Ⅳ, 1991~1994, 국사편찬위원회 참조).

2) 이훈, 2000,『조선후기 표류민과 한일관계』(국학자료원) 참조.

3) 번정(藩政)기구를 의미할 때는 '대마번'으로, 지역적 공간을 의미할 때는 '대마도'로 쓰기로 한다.

착으로 획득한 일본 정보가 오히려 문제를 일으킬 수 있다는 생각을 가지고 있었다. 그러나 이러한 인식에도 불구하고 조선 표류민의 송환에 대해서는 조일 교린국간의 '성신'이라는 외교적 명분, 나아가서는 대마번의 특혜를 유지할 수 있는 중요한 계기로 여기고 있었다. 그런 만큼 조선인 표류민의 송환과정에서 발생한 마찰·사고 등에 대해서는 이를 조선에 어떻게 알려야 할지가 고민이었다고 할 수 있으며, 대마번 특유의 교섭술을 발휘하였다.

이에 본 논문에서는 조선인 표류민의 송환사고·마찰에 대한 대마번의 인식 및 수습 행태가 가장 잘 반영되어 있는 2 사례(1717, 1795)를 소개함으로써 조일 교린관계의 실태에 대해서 살펴보고자 한다.

2. 일본 표착 조선인의 마찰 사례

일본에 표착한 조선인이 본국으로 귀국할 때까지, 표착지 및 나가사키(長崎), 대마번 등, 전반적으로 표류민을 송환하는 과정에서 발생한 소요 내지 마찰 등을 한마디로 '송환 사고'라 정의할 경우, 일본측 기록에는 '不敬·不届·不埒·放肆·放埒·非法·不法·法外·自由' 등이라는 문언으로 남아 있다.[4] 이러한 표현은 당시 일본의 송환체제로는 감당하기 힘든 방종한 행위로 인식하고 있었음을 의미하며, 다음의 〈표 1〉을 보면 1704년(숙종 30) 이후부터 1847년(헌종 13)까지 약 20건이 확인된다.[5] 그러나

4) 근세 일본어에서의 '自由'란 통제에서 벗어난 일탈 행위, 즉 방종한 행위를 일컫는 뜻으로 '不敬·不届(후토도키)·不埒(후라치)·放肆·放埒(호라치)·非法·不法·法外'도 동일한 의미로 사용되었다.

5) 송환사고에 관한 조선측 자료는 극히 드물기 때문에 본 발표에서는 주로 일본측 자료에 의존하였다. 그 이유로는 대마번이 일본에서 발생한 마찰 내지는 송

표착지에서의 이러한 소요나 송환과정에서의 마찰·사고가 모두 조일 간의 정식 외교현안으로 비화되지는 않았다. 표착 장소와 시기, 송환 사고에 대한 수습 행태가 사례마다 조금씩 다르므로 이들을 일괄해서 설명하기에는 어려움이 있으며, 대마번의 수습 행태에 따라 조선에서는 소요가 있었던 것조차 모르는 경우도 있었기 때문이다.

〈표〉 송환사고 일람

	서력	출신지	일본 내 표착지	사고 원인 (조선인)	사고 원인 (일본측)	대마번의 수습	조선의 조치
1	1704	나주	肥前	실종			
2	1705	무안	薩摩	길에서 술주정 및 행패			
3	1717	김해 등지	河馬島	표착지 및 각 浦陳에서의 薄待를 막부(長崎奉行所)에 직소		'不屈·放肆' 조선인의 처벌 요구	표류민을 처벌하겠다는 예조참의 답서
4	1765	영일		표선의 漕捨			
5	1766	(1순 표류민)	대마도	승선 재촉 표선의 수리 요구		'不敬' 양역(兩譯)에게 경고	
6	1767	경주	대마도	대마번의 지시에 따르지 않고 출선		'不埒' 조선인 표류민에 대해 송환시 밧줄(繩)로 묶는 조치를 취하고, 해변가 어민을 단속해주도록 동래부에 경고	동래부사가 밧줄의 사용을 삼가주도록 요청
7	1770			승선 재촉 표선에 대한 대마번의 해선(解船) 요구를 거부		'不埒·非法' 조선인 표류민에게 繩·手錠 사용할 의사를 양역을	동래부사의 사과서한, 표류민을 귀국 후

환 사고가 조일간의 외교문제로 확대되는 것을 막기 위하여, 사전에 동래부 역관과의 사적 교섭을 통하여 원만히 무마시켜 버리는 경우가 많았기 때문이다. 따라서 동래부사나 조정에서는 송환사고가 발생했던 것 조차 모르는 경우가 많았으며, 또 있다고 하더라도 사고로 인식하지도 않았다. 그 결과 소요 사례에 관한 사료는 조선측 기록보다는 자연히 이의 수습에 노력한 대마번측에 많이 남게 되었기 때문이다.

						통해 동래부에 경고	杖罪에 처함.
8	1773			귀국 재촉 대마번청에 직소		'放埒' 조선인 표류민에게 繩 사용할 의사를 양역을 통해 동래부에 경고	동래부사의 사과 증문
9	1776	울산	대마도 (唐舟志)	귀국 재촉 대마번청에 직소		'不埒' 조선인 표류민에게 繩 사용할 것을 경고, 해변가 어민에 대한 경계령(觸書) 요구	동래부사가 표류민에게 繩 사용을 허락
10	1779	강화도	대마도 (泉浦)	소요 사태			
11	1784		長州 (湯玉浦)	난폭행위 무력 충돌 절도		'放肆' 조선인 표류민에게 繩 및 탈것(籠) 사용	예조참의 답서
12	1795	함경도 덕원	長州 (湯玉浦)	의사불통	조선인 표류민을 바다로 내쫓음(漕捨)	조선인 표류민에게 漕捨 사실을 동래부에 보고하지 않도록 당부, 막부에서 九州 및 中國 지방에 구제에 관한 觸書(令) 내림	예조참의의 감사 답서
13	1802			나가사키(長崎)에 표선의 수리를 요구		'不埒' 표선을 해선하여 송환	
14	1804			조선인 표류민의 亂心			
15	1806		五島	표류민의 자유행동 및 몸싸움		'放肆'	
16	1815	울산	대마도 (귀국 도중)	호송 도중 육지에 올라가 음주 및 배회		'放埒'	
17	1818		筑前	표선의 解船을 나가사키에 오구		'不埒'	문위역관 일행이 대마번에 사과
18	1822		長州	나가사키에서 대마번 역인과 충돌		'放肆'	
19	1824	울산	石見	시중 배회 무력 충돌 등			
20	1847		長州			'亂法'	

※『分類紀事大綱』 및 선행연구(池内敏, 木部和昭)를 참고.

3. 1717년 조선 표민의 나가사키 직소(直訴)와 대마번의 대응

위의 〈표〉에 제시된 송환사고 가운데서 대마번의 입장 내지는 수습 행태, 그리고 조선에 대한 대응을 가장 잘 보여줄 수 있는 사례로는 1717년 조선 표류민들이 직접 막부측에 항의한 사건을 들 수 있다. 대마번은 이 사건의 조선 전달 과정에서 항의 원인이라 할 수 있는 조선인 표류민들의 식량 부족에 대한 호소보다는 막부 직소라는 절차를 부각시켰는데, 이는 17세기 말 조선의 교섭 태도 변화와 무관하지 않았다고 생각된다.

사건의 경위는 다음과 같다.

일명 '나가사키 직소(長崎直訴)'라고도 불리우는 이 사건의 발단은 일본의 가바시마(河馬島)에 표착한 경상도 김해 표류민들이 표착지 및 나가사키에서의 접대가 아주 소홀했음을 진정하는 각서를 대마번 역인(長崎聞役)[6]의 만류에도 불구하고 막부(長崎奉行所)에 직접 제출한 것에서 비롯되었다. 1717년 2월 22일(조선력과 동일) 조선 표민이 '大上官'(長崎奉行) 앞으로 낸 진정서에 따르면, 김해 표류민 7명을 비롯하여 치쿠젠(筑前) 및 분고(豊後)에 표착한 전라도의 안락현(13명)·고달도(10명)·강진(22명)·장흥(18명)의 표류민 70명이 나가사키 봉행소에 항의한 것으로 되어 있다. 진정서는「各船漂流等願情」이라는 제목으로 이두가 섞인 한문으로 작성되었는데, 내용은 원래 일본 체류 중 표류민 1명에게 1일 동안 지급해야 할 의복과 곡식은 飯이 3번, 酒가 3번이라야 하는데도, 나가사키에서 지급하는 것은 겨우 米 3合과 滅魚 3首 뿐이므로 굶주림과 추위에 떨고 있으며, 표착지 및 나가사키에서 의복을 지급하는 것도 기준에 못미치고 있다. 그러므로 표류민 1명에게 주는 쌀을 1 홉(合)만 증가해

6) '나가사키 기키야쿠'(長崎聞役)란, 대마번의 나가사키 출장소의 책임자를 의미함.

주도록 진정한 것이었다.[7)]

원래 조선인 표류민은 일본 내의 여러 표착지로부터 나가사키로 호송되어 온 후에는 봉행소에서 표류 경위 및 종교(キリシタン 여부)의 조사를 받기 위해 나가사키에 있는 대마번 사무소(築町의 長崎屋敷, 현재 長崎市 銅座)에 얼마동안 체류하게 되어 있다. 조선인 표류민들이 제출한 각서에는, 막부가 이들에게 지급해야 했던 것은 흑미 7合 5勺(백미 6합 남짓)과 酒 2合 5勺이라는 전례가 있었음에도 불구하고 실제로는 이의 1/2에도 못미친다는 것이었다.[8)] 이는 대마번도 시인하고 있었다. 대마번의 번유(藩儒) 아메노모리 호슈(雨森芳洲)는 표류민에 대한 나가사키에서의 지급이 너무나 형편없어 표류민이 식량 부족으로 곤란을 겪고 있다는 사실을 대마번이 (막부에) 내밀히 알렸으나 해결이 되지 않아 직소한 것으로 이해하고 있었다.[9)] 이에 조선인 표류민은 표착지에서 나가사키로 이송되어 오는 동안은 물론, 나가사키에서 조차 그들에 대한 접응이 기준에 미치지 못했음을 나가사키 봉행소에 항의했던 것인데, 대마번은 이를 '방종한 행동'(不届·放肆)이라 하여 문제삼았던 것이다.

그렇다면 우선 대마번은 조선 표민의 직소 사건을 어떻게 인식했을까?

조선 표민이 대마번측(長崎聞役)의 만류에도 불구하고 나가사키 부교쇼(長崎奉行所)에 직접 항의 문서를 전달했다는 것은, 대마번의 입장에서 볼 경우 대조선 통교 창구인 대마번을 건너뛰고 막부를 직접 상대하겠다는 것이나 마찬가지였다. 혹시라도 막부가 이 표민 직소건을 곧바로 받아들여, 대마번에는 확인 내지는 문의도 하지 않고 막부 주도 하에 어

---

7)『分類紀事大綱』23, 「享保二丁酉年漂民共長崎御奉行所江直訴出候事」의 「丁酉二月貳十二日 願情覺書」(국사편찬위원회 소장 대마도종가문서 기록류 No. 4508, 이하 '국편'으로 약칭함).

8) '黑米 7合 5勺'은 '백미 6합'으로 환산하였다.

9) 雨森東五郎의「覺」(국편 소장 대마도종가문서 고문서 No.8760).

떤 조치를 선제적으로 취했을 경우, 내용에 따라서는 대마번의 통교 업무에 대한 막부의 책임 추궁이 있을 수 있었다. 나아가 대마번의 대조선 통교 업무상 이를 조선에 알릴 경우, 곧바로 조일 간의 외교현안으로 비화될 수도 있었다. 이에 조선 표민이 나가사키 봉행소에 소장을 제출한 날(1717.2.22), 나가사키의 대마번 역인(長崎聞役) 히라타 고에몬(平田幸右衛門)은 곧바로 구니모토(國元)의 가로(杉村采女·杉村三郎左衛門·大浦忠左衛門·樋口佐左衛門)에게 사건의 정황 보고와 함께, 향후 이러한 사태의 재발 방지를 위해 조선에도 알릴 필요가 있음을 보고하였다.[10] 나가사키 기키야쿠의 보고에서 눈에 뜨이는 것은 이번 조선 표민의 직소가 우발적인 것이 아니었다는 것이다. 상습적으로 일본에 표착하여 나가사키나 표착지에서의 접응 수준을 잘 알고 있는 울산 표민들이 중심이 되어 송환을 대기하고 있던 다른 지역 표민들을 설득하여 모두 49명이 봉행소까지 뛰쳐나간 집단 시위로서, 봉행소에 청원서를 제출한 후 숙소로 돌아갈 때에는 의기양양하여 길거리에서 난장판을 벌였으나 워낙 숫자가 많아 저지할 수가 없었다는 것이다.[11]

이에 대마번은 의견수렴을 위해 번사들로 하여금 의견을 개진토록 하였다.

앞서 아메노모리 호슈(雨森芳洲)의 의견에 이어 주목할만한 것은 대마번의 번유(藩儒)인 마츠우라 기에몬(松浦儀右衛門)의 의견이다. 대마번 가로에게 제출한 의견서(覺)에는, 막부에서 표민 송환에 대해 모종의 조치를 직접 취하기 이전에 신속하게 에도(江戶)의 막부 관련자와 접촉하여 설득함으로써 기왕에 대마번이 독점해오던 표민 호송을 비롯한 통교

10) 『平田幸右衛門方より來狀之寫·松浦儀右衛門差出候存寄之覺書』(국편 소장 대마도종가문서 기록류, No.3716).

11) 『平田幸右衛門方より來狀之寫·松浦儀右衛門差出候存寄之覺書』(국편 소장 대마도종가문서 기록류, No.3716).

절차에 변화가 생기게 해서는 안된다는 것이었다. 다음은 마츠우라의 논리이다.

a) 조선인에 대해 살펴보자면, 조정의 여러 관인을 비롯해 동래[부사][12]까지 지금은 일본에 대한 대처가 매우 능란(功者)하게 되었습니다. 이에 매사에 저쪽[조선]에서 권위를 내세워, [사안에 따라] 조정과 동래간에 대처할 것을 조정하면서 무리하게 밀어붙이게 되었습니다. 또는 그때그때 사안에 따라, 혹은 따르고 혹은 따르지 않음으로써, 조종하는 수단을 가지고 취급하여, 결국은 대마번(御國)[13]에서 손을 쓸 수 없게 되도록 하는 계책입니다. 이에 대마번에서도 그 점을 잘 파악하여, 어떤 일이든지 이곳의 대응책을 세워 놓되, 되도록이면 이쪽에서 [먼저] 손을 쓰지 않도록 하고, 저쪽의 변화를 살펴가며, 혹은 따르거나 혹은 멀리하는 수단을 사용해 왔습니다. 한편으로는 막부(公儀)를 뒷배경으로 삼아, 매사에 그 간극을 잘 살펴가며 응대해 왔습니다. 무엇보다 가장 중요한 것은 일이 커지기 전에 사소한 문제가 생겼을 때에 막아서, 앞으로 폐단이 생기지 않도록 하시는 것이 조선을 대하는 좋은 대책일 것입니다.
(중략)

b) 또한 조선과의 통교업무는 우리 번[대마번]이 선조 때부터 통교 취급업무를 지시받았으므로, 저쪽[조선] 관련 일은 어떤 일이든지 우리 번이 아뢰어 왔습니다. 그런데 이번처럼 우리 번이 나가사키(長崎)에 둔 부하[長崎聞役]가 말하는 것도 받아들이지 않고, 하인 주제에 봉행소(奉行所)에 직소(直訴)를 하게 된 것은 우선 막부를 어렵게 생각하지 않은 것으로, 괘씸하기 짝이 없는 일입니다. 나라의 체면(國體)까지 엄중하게 여기지 않는다는 것으로 삼가 그렇게 되어서는 안 되는 일입니다. 그 다음으로는 우리 대마번이 통교 취급업무를 맡고 있는 명

12) 인용 사료 가운데, 내용상 발표자의 보완 설명이 필요한 경우, [ ]하여 표시하였다. 예시: 동래[부사]

13) 번역문 가운데, 인용사료 속의 문언을 그대로 제시할 필요가 있는 경우, ( )하여 표시하였다. 예시: 대마번(御國)

분도 없습니다. 이와 같이 [대마번의] 통교 취급 업무를 뛰어 넘어 [長崎奉行所에] 직소하게 된 상황이 점점 늘어나게 된다면, 나중에는 우리 번의 [통교 관련] 현안을 우리 번이 조선에 전달할 때에도, 대마번의 주장을 매우 우습게 여겨 허용하기 어렵게 되어서는 반드시 [통교 관련] 업무에 지장을 초래할 것으로 삼가 생각합니다.

c) 이후 만약에 이번처럼 [나가사키] 봉행소에 직소(直訴)하는 일이 있는 경우에는, 봉행소에서 대마번에 알려준 이후에 직소한 내용을 [막부에] 보고하도록, [막부에서] 봉행소에 지시하시도록 해야 할 것이라고 생각합니다. 조선 관련 일은 [대마번이] 담당한 일이므로, 위와 같은 내용을 은밀히 청원한다는 취지로 아무쪼록 그렇게 되도록 청원을 드려야 할 일이라고 생각합니다.[14)]

---

14) 『平田幸右衛門方より來狀之寫·松浦儀右衛門差出候存寄之覺書』(국편 소장 대마도종가문서 기록류, No.3716).

원문은 다음과 같다.

a) 朝鮮人儀、朝廷諸役を始東萊ニ至まで、只今ニハ日本向キ様子巧者ニ罷成候ニ付、何事も彼方ニ權威を取、朝廷と東萊との間を以相隔、理不盡ニ推付候様ニいたし、又者其時其事ニより、或は從イ、或ハ不從様ニ仕リ、操縱之手段を以取扱イ、畢竟御國より御手を出シ不被得候様ニ致成シ申計策ニ御座候ヘハ、御國ニも其所を御存被成、何事ニよらず、此方之御處置を御堅メ被置、成たけ之儀ハ隨分此方より手を御出不被成候様ニ被成候而、彼方之變化を御窺、或付キ、或離レ候手段を御用イ、扨　公儀を後ロ立ニ御取被成、諸事其間を以御あいしらい被遊候而、第一事之未然より其漸微を御防キ被成、後來之弊端出來不仕候様ニ可被遊義、朝鮮御取扱イ之良策ニ而可有御座候。

(중략)

b)且又朝鮮御用之儀者私先祖より御通交之御取扱被仰付置候故、彼筋之義ハ何事ニよらす、私より申上來リ候處ニ、此度之ごとく私長崎表ニ召置候家來申聞セ候處をも承引不仕、下人之分際と仕、御奉行所へ直訴仕候様ニ御座候而ハ、第一、公儀をも憚不奉存候處、不屆至極之儀ニ候故、御國體迄も不嚴重様ニ相見候段、乍恐甚不可然義ニ而、次ニ者私御通交之當役奉畏罷有候詮も無之、ケ様ニ當役を差越、直訴仕候様ニ御座候風義、段〻と增長仕候様ニ御座候而ハ、後〻者御用筋之義、私より彼國へ申達候節も、私申分を甚輕之、許容も難仕様ニなど罷成候而者、畢竟御用筋之支ニも罷成義と乍恐奉存候。

c)已來、若も此度のごとく御奉行所へ直訴仕候義有之節ハ、御奉行所より私へ

a)에는, 조선의 대일본 통교 태도에 대한 대마번의 위기의식이 잘 반영되어 있다고 할 수 있다. 즉 18세기 초쯤에는 이미 조선의 중앙 조정에서부터 동래부사에 이르기까지 일본에 대한 대처가 매우 능란해져서, 소위 '통교의 달인'이 되어서 조선이 주도권을 쥐고 사안에 따라 조정과 동래부 간에 대처할 것을 수위 조정해가면서 밀어붙이고 있다는 것이다. 여태까지는 대마번이 사안에 따라 막부의 무위(武威)를 뒷 배경으로 삼아 잘 대응해 왔지만, 임란 직후처럼 막부의 무위(武威)를 내세워 위협하거나 밀어부칠 수는 없는 상황이라는 것을 상기시키고 있다.

b)에서 주목할 것은, 조선 표류민들이 대마번을 건너뛰고 나가사키 봉행소에 직접 항의하는 직소(直訴) 행위를 방치할 경우, 대마번이 막부로부터 부여받은 대조선 통교의 명분 상실로 이어질 것을 걱정하고 있는 대목이다. 통교 재개 이래 대마번주 소(宗)씨 가문이 막부로부터 부여받은 가역(家役)이란, 조선과의 모든 현안을 대마번이라는 창구로 일원화하여 막부에 전달하는 것으로, 소위 대조선 통교의 독점을 의미하는 것이었다. 그런데 조선 표류민들의 막부 직소와 같은 행위를 방치한다는 것은 바로 이러한 통교 절차의 변경을 초래할 수 있는 것으로, 고착될 경우 기왕에 획득한 중개자로서 대조선 통교 명분의 상실 내지는 기득권 상실로도 이어질 수 있다는 우려였다.

따라서 c)에서는 결론적으로, 이미 조선인 표류민들이 막부측(나가사키 봉행소)에 직소를 했다고 하더라도, 봉행소에서 직소 내용을 대마번에 미리 알려주어, 대마번으로 하여금 막부에 보고할 수 있도록 통교 절차를 되돌려 놓아야 한다는 것이다.

이처럼 의견서의 내용을 보면, 조선 표류민이 직소한 식량 부족에 대

被申届候已後、直訴之筋御聞届有之候様ニ、御奉行役所へ被仰付被下候様ニ有御座度御儀と奉存候。朝鮮筋之義者御當役之義ニ御座候故、右之趣御內所御願被成候との趣を以何分ニモ可然様ニ御願被仰上度御事と奉存候。

한 언급은 일절 없다. 그 대신 직소 건으로 인한 대조선 통교에 있어서 대마번의 기득권 손실에 대한 우려가 훨씬 큰 비중을 차지했다고 할 수 있다.

그런데 대조선 교섭에서 대마번이 느끼는 이러한 위기의식은 1717년 조선 표민들의 나가사키 직소가 처음은 아니었다. 17세기 말 울릉도쟁계(1693~1699, 일본에서는 '竹嶋一件') 당시에도 조선의 교섭 태도 변화와 통교 절차의 위기에 직면한 적이 있다. 울릉도쟁계를 둘러싼 조일간의 교섭은 완전히 마무리될 때까지 7년이나 걸렸다. 그러나 교섭 결과가 대마번이 처음 조선에 요구했던 것과는 전혀 달라졌기 때문에 충격을 받았던 것 같다.[15] 이에 대마번의 입장에서는 과거와는 다른 대조선 대응책이 필요하게 되었는데, 대응책이란 비록 울릉도쟁계로부터 20년이나 지났지만 사건의 전말에 맞는 내용 조사를 바탕으로 관련 기록을 작성해 두는 일이었다. 대마번의 지시에 따라 작성된 결과물이 바로『竹嶋紀事』(1726)라는 기록으로, 울릉도쟁계 당시 대마번이 조선을 어떻게 인식하고 있었는지를 엿볼 수 있다.

a) 당시 저쪽〔조선〕의 수단(전략)은 '일도이명'이라고 하는 것을 먼저 〔대마번〕 사자의 입에서 나오게 하겠다는 생각이었습니다. 정말로 깜짝 놀랄만한 일이었습니다. 하지만 〔이쪽은〕 그러한 마음가짐이 없이 오로지 역관을 꾸짖기만 하는 태도를 취하면서 일을 처리하려는 생각으로 보였습니다. 대체적으로 사람들은 조선인을 둔하고 겁이 많다고만 생각하고 있지만, 〔결코〕 그렇지 않습니다. 사태의 변화에 따라 대처하는 것이 상당히 정통하며, 상황에 대한 결단도 빠릅니다. 훗날의 우환을 생각하는 것도 사려깊다(深謀遠慮)는 것을 '죽도일건'의 경과를

15) 울릉도쟁계 교섭 당시, 대마번은 조선측 서계에 울릉도를 '日本竹嶋'로 명문화하려는 의도가 있었으나, 조선의 강경대응으로 결국은 '朝鮮鬱陵島'로 기재되게 된 것을 일컫는다.

통해 대강 알 수 있을 것입니다.[16)]

b) 사람들이 하는 말을 생각해 보건대, '죽도일건'은 처음부터 끝까지 막부의 명령을 말씀으로 삼아 교섭에 임하였다. 처음에는 일본의 죽도라고 하여 저 나라의 배가 오는 것을 금지했다가, 결국에는 저 나라[조선]에서는 가깝고 우리나라[일본]에서는 멀다고 하여 우리나라 사람들이 가서 고기잡이 하는 것을 금지하게 되었다. 또한 저 나라 사람들이 겸손하고 순한 말로 이것에 대응했을 때는 '울릉(鬱陵)'이라는 문구를 삭제해줄 것을 요구했다가, 저 나라 사람들이 강하고 위협적인 말로 이것을 거절할 때는 감히 그 잃는 바를 말하지 못하였다. 그 결과 결국에는 [일본이 조선의] '경계를 함부로 침범했다(侵涉犯越)'는 명분을 받아들임으로써 〔이쪽의 입장을〕 스스로 분명하게 밝히지 못했다. ①그 땅을 우리 소유로 하기 위해 욕심을 부렸다가는 진정 성신의 도리를 잃게 되는 것이나 마찬가지였기 때문이다.[17)]

a)에서 주목할 것은, 울릉도쟁계 당시 조선의 교섭태도 변화를 지적한 부분으로 과거와 달리 사안에 따라 강약 조절은 물론, 결단의 속도 조절도 가능한, 소위 '능란해진' 조선의 교섭태도를 지적하고 있다. b)에서도 조선측 외교문서인 서계에 '울릉도'를 조선 땅으로 못박게 되어 당초 대마번이 의도했던 바를 관철시키지 못한 이유를 조선의 능란해진 대일본 교섭 태도 변화로 지적하고 있다. 또 b)-①을 보면, 만약 조선의 이러한 교섭태도 변화를 인정하지 않고 대마번이 욕심을 내서 무리하게 밀어부침으로써 당시 조일관계에서 추구하던 외교이념 내지는 명분인 '성신'이 훼손될 경우, 궁극적으로는 그간 대조선 업무를 독점해오던 대마번으로서는 어떤 손실을 감수해야 할지 모른다는 심각성을 번에 호소하고 있다.

16) 『竹嶋紀事』권1, 1694년(갑술, 元祿 7) 8월 9일 綱. 서문은 마츠우라 기에몬(松浦儀右衛門) 작성.

17) 『竹嶋紀事』권5, 후기(1726, 享保 11) 11월, 발문은 편자인 고시 츠네에몬(越常右衛門) 작성.

물론 위의 a)와 b)는『竹嶋紀事』(1726)의 편자(고시 츠네에몬, 越常右衛門)의 인식이라고 볼 수 있다. 그러나『竹嶋紀事』의 편찬 당시 이 기록물의 감수 및 서문을 작성한 사람은, 앞서 1717년의 나가사키 직소 사건에 대해 대마번에 의견서(覺)를 제출했던 번사(藩儒) 마츠우라 기에몬(松浦儀右衛門)으로, 그 역시 과거와 달리 능란해진 조선의 교섭 태도를 번(藩)의 가로들에게 호소했던 것으로 볼 때, 17세기 말~18세기 초의 대마번사들 간에 조선의 교섭태도 변화에 대한 위기의식은 어느 정도 공유되고 있었다고 할 수 있다.

이렇게 볼 때, 울릉도쟁계를 겪으면서 대마번이 조선의 강경해진 교섭태도를 위기로 인식한 것은 분명하다고 할 수 있는데, 단순한 인식으로 그치지는 않았다. 울릉도쟁계 당시 대마번을 곤혹스럽게 했던 사안이 하나 더 있었다. 바로 안용복의 2차 일본 도해(1696)가 통교 절차라는 면에서 대마번을 위태롭게 만든 측면이 있었다. 돗토리번(鳥取藩) 기록에 따르면, 1696년 6월 안용복의 2차 일본 도해시, 돗토리번의 조사과정에서 안용복은 도해 목적을 일본에 직접 소송을 하기 위한 것으로 진술했다. 이에 돗토리번(에도번저의 聞役, 吉田平馬)도 안용복의 2차 도해 사실 자체에 대해서는 일단 막부 로쥬(大久保加賀守)에게 보고한 것으로 되어 있다. 소송 내용이 확실치는 않지만, 이때 대마번이 우려했던 것은, 돗토리번이 안용복 일행의 소송 문건을 정식으로 접수하여 이를 곧바로 막부에 보고(轉啓, 轉報)하는 것이었다. 그럴 경우 이것은 바로 대마번을 제치고 돗토리번을 통해 막부에 '직소'하는 것이나 마찬가지였다. 대마번의 입장에서 이를 방치할 경우 그동안 독점해왔던 대조선 통교 절차와 루트에 모종의 변화가 생기는 것으로 긴장하지 않을 수 없는 상황이었다. 이에 대마번(宗刑部大輔, 宗義眞)은 돗토리번의 소장 접수를 막기 위해, 1696년 7월 조선국과의 통교는 대마번 이외에는 취급하지 않는다는 것이 막부의 대원칙이라는 것을 막부 로쥬(阿部豊後守, 大久保加賀守)에게 구상서를 올려 호소하였다. 그 결과, 돗토리번의 보고 직후(5월) 안용복 일행을 나가사키로 보내려 했던 것과는 달리, 8월에는 조선인을 바로 돌려보내도록 하라는 막부 봉서가 발급됨에 따라 안용복을 나가사키로 보내지 않고 돗토리에서 곧바로 강원도 양양으로 귀국시켰던 것이다.[18) 막부의 이 조치로 대마번은 대조선통교 독점이라는 기득권을 지킬 수 있었다.

1717년 조선 표민의 나가사키 직소 사건은 17세기 말 울릉도쟁계가 마무리된 지 20년 정도가 지난 시기였지만, 통교 절차라는 관점에서 본다면 안용복의 돗토리번 직소를 연상시키는 사건이기도 했다. 게다가 공교롭게도 나가사키 직소 사건의 수습과 직접 관련된 대마번 가로들이나 해결 방안을 제안한 번사들은 그들 자신이 바로 울릉도쟁계 교섭 당시의 당사자이기도 하였다. 예를 들면, '나가사키 직소 사건' 당시 번사들에게 의견을 구했던 구니모토(國元) 가로 4명 가운데 2명이 울릉도쟁계 당시 대막부 교섭 및 번정을 주도했던 사람들이었다. 구니모토 가로 스기무라 우네메(杉村采女)는 울릉도쟁계 당시 조선에 사자로 파견되어 조선의 교섭상황을 직접 목격하는 한편, 대응책으로 왜관측에 안용복의 도해 이전 조선인의 울릉도(竹嶋) 도해 사례를 조사하도록 지시하기도 하였다.

그리고 오우라 츄자에몬(大浦忠左衛門)은 번의 지시에 따라 1696년 안용복의 제2차 도일 때부터 1699년 울릉도쟁계 교섭의 마무리 단계까지 대막부 교섭에 임했던 에도 가로(江戶家老)였다. 특히 안용복 일행의 오키(隱岐) 도착(5월) 사실이 돗토리 번청의 조사(6.2)와 에도번저(江戶藩邸)를 거쳐 막부 로쥬(大久保加賀守)에게 보고(6.13)되었다는 사실이 대마번에 전달(6.23)된 이후, 로쥬(阿部豊後守, 大久保加賀守)를 상대로 대막부 교섭에 힘썼던 인물이다. 오우라 츄자에몬(大浦忠左衛門)이 안용

18) 『御用人日記』元祿 9년(1696) 6월 22일 및 8월 6일(日本鳥取縣立博物館).

복의 2차 도해와 관련하여 막부에 호소했던 내용이란, 주로 통교절차의 훼손에 집중되어 있었다. 물론 대마번의 은퇴 번주인 宗義眞(宗刑部大輔)의 뜻을 반영한 것이지만, 소송 내용을 불문하고 막부가 돗토리번을 통한 안용복의 직소(直訴)를 들어줄 경우 대마번이 중개하는 대조선통교의 원칙이 훼손되는 것이니, 이나바(因幡)에서 곧바로 귀국을 지시해줄 것을 요청했다.[19] 통교절차라는 점에서 직소의 방치가 대마번을 얼마나 위태롭게 할 수 있는 것인지를 잘 알고 있었기에, 오우라는 막부 설득을 위해 다음과 같은 논리를 구사하였다. 즉 안용복의 직소 내용을 막부가 받아들일 경우 사안에 따라서는 막부가 조선에 회답하기 어려운 일이 있을 수도 있다. 그렇게 되면 막부의 입장만 곤란해 질 수도 있음을 들어, 안용복 일행의 소송 내용에 대한 언급은 피한 채, 미천한 어민의 직소란 막부를 업신여기는 무례한 처사라는 점을 부각시킨 것이다.[20]

조선인 표류민의 나가사키 직소가 발생한 1717년이라면, 안용복의 직소(1696)로부터 상당한 시간이 지났지만, 대마번의 당사자들 가운데는 울릉도쟁계 교섭 당시, 조선의 강경해진, 또는 능란해진 태도 변화 때문에 자신들의 요구를 관철시키지 못했던 경험을 아직도 생생히 기억하고 있는 시기였다. 만약 조선인 표류민들이'식량 부족'으로 막부에 직소하게 된 이유를 그대로 조선에 전달할 경우, 울릉도쟁계 이후 강경해진(또는 능란해진) 조선의 교섭 태도 변화로 볼 때 과연 어떻게 대응해올지에 대해 위기의식을 느꼈을 것으로 생각된다. 우선은 조선 표류민 박대에 대해 조선 정부가 격노(激怒)할 것으로 예측하여, 일본측이 조선 연해 주

19) 『因幡國江朝鮮人致渡海候付豊後守様へ御伺被成候次第幷御返答之趣其外始終之覺書』宗次郎內 大浦忠左衛門의 覺(1696.7.24.)(국편 소장 대마도종가문서 기록류, No.3645).

20) 『因幡國江朝鮮人致渡海候付豊後守様へ御伺被成候次第幷御返答之趣其外始終之覺書』宗次郎內 大浦忠左衛門의 覺(1696.7. 24)(국편 소장 대마도종가문서 기록류, No.3645).

민의 단속을 요청한다 해도 신칙(申飭)을 내려줄 리가 없으며, 오히려 조선에 표착한 일본인이 박대를 당할 수 있음을 우려하였다. 이에 대마번으로서는 식량 부족은 언급하지 않은 채 직소 자체를 '방종한 행동'(不届·放肆)이라 하여 문제삼았던 것이다.[21] 한편 표류민 송환 업무의 실무자라 할 수 있는 대마번 역인(長崎聞役, 平田幸右衛門)은 조선 표민들의 직소와 같은 방종한 행동이 일어나게 된 배경으로 조선인들이 일본 사정을 너무 잘 알고 있기 때문이라고 지적하고 있다. 이번 나가사키 직소의 경우 경상도 울산 주민이 주도했는데, 울산은 일본 표착이 상습적으로 발생하는 지역으로, 나가사키에서의 표류민 접응 수준이 조상 대대로 소문으로 전해져 잘 알고 있기 때문에, 나가사키로 이송되어 송환을 기다리고 있는 주변 지역의 표착민들을 선동하여 방종한 행동을 한 것으로 인식하고 있었다.[22] 마츠우라 기에몬은 신분상으로 양반도 아닌 '천한 것들'(下々) 주제에 막부를 어렵게 여기지 않은 것을 괘씸하게 여기고 있었는데,[23] 이렇게 소송 내용보다는 직소라는 절차 자체를 부각시킨 것은 안용복 2차 도일 당시 대마번정을 주도했던 사람들의 대조선 대응 논리와도 같은 맥락이라고 할 수 있다.

그렇다면 1717년(숙종 43)의 나가사키 직소 사건에 대해 대마번사들의 의견을 수렴한 이후 대마번이 취한 구체적인 조치는 어떠했을까? 대마번으로서는 우선 막부가 어떤 조치를 선제적으로 취하기 전에 대마번의 입장을 미리 정리한 다음, 표류민 취급 및 조선에 대해 취해야 할 입장을 준비하는 것이었다. 아메노모리 호슈(雨森芳洲)는 일본의 표류민에

21) 覺(발급자 미상)(국편 소장 대마도종가문서 고문서 No,5010).

22) 『平田幸右衛門方より來狀之寫·松浦儀右衛門差出候存寄之覺書』(국편 소장 대마도종가문서 기록류, No.3716).

23) 『平田幸右衛門方より來狀之寫·松浦儀右衛門差出候存寄之覺書』(국편 소장 대마도종가문서 기록류, No.3716).

대한 접응 부족이 교린·성신의 길에 어긋남을 시인하면서도, 표류민의 직소는 분수를 모르는 행위이므로 죄를 엄히 따져야 할 것이지만 원만히 해결하는 것이 좋으므로 질책 수준에서 해결하도록 의견을 개진한 바 있다.[24] 나아가 조선인 표류민을 송환해줄 경우 조선에서 받는 접대와 예물 등도 대마번으로서는 상당한 수입이 되기 때문에, 조선과의 원만한 해결을 위해 직소 절차에 한해 문제삼을 것을 제안했던 것이다.[25] 대마번도 기본적으로는 이 선에서 조치를 취하고 있다.

그리하여 먼저 조선 표류민에 대해서는 6월 22일자로 다음과 같은 각서를 내려, 표류민의 잘못이 어디에 있는지를 지적하였다. 대마번은 표류민들이 대마번을 거치지 않고 직접 막부에 진정하고 있는데, 이는 막부를 두려워하지 않은데 잘못이 있으며, 나가사키 체류시에 市中('町内')을 마음대로 배회한 점을 잘못으로 지적하였다. 그리고 나가사키에서의 표류민 접응에는 정식(定式)이 있으므로 반드시 대마번을 통해서 요구할 것을 주지시키고, 나가사키에서 대마도까지 호송하는 동안 대마번의 지시를 따르지 않고 제멋대로 행동한 점을 표류민의 잘못으로 지적하였다.[26]

이에 대마번은 번사(松浦儀右衛門)의 의견에 따라 막부의 지시가 별도로 떨어지기 전에 조기 수습 쪽으로 방향을 정한 한편, 1717년 6월에는 표류민들의 직소가 잘못되었음을 양역(兩譯, 訓導 및 別差)을 통해 예조가 아닌 동래부사에게 주지시키고, 앞으로 다시는 이러한 일이 일어

24) 雨森東五郎의「覺」(6월 2일)(국편 소장 대마도종가문서 고문서 No.8760).

25) 覺(발급자 미상)(국편 소장 대마도종가문서 고문서 No.5010).

26) 『分類紀事大綱』23,「享保二丁酉年漂民共長崎御奉行所江直訴ニ出候事」6월 22일 申諭覺書.
조선과 일본은 曆法체계가 달랐으므로 날짜가 다른 경우가 있다. 조선력과 일본력의 차이를 확인할 수 있을 때는 양국의 날짜를 명기하되, 같은 경우나 확인이 불가능한 경우에는 인용 사료의 날짜를 인용하였다. 曆의 대조는『三正綜覽』(舊日本內務省地理局, 1932)을 참고하였다.

나지 않도록 동래부로 하여금 해변가의 어민을 대상으로 분부(觸書)를 내려 줄 것을 요구하였다.27) 이어서 8월에는 예조 및 동래부 앞으로 서계를 보내 왔다.

> 日本國對馬州太守拾遺平義方 奉書
> 朝鮮國禮曹大人 閣下
> 剝棗伏惟興居珍相, 膽依曷極, 玆稟貴國慶尙道漂民一船七名, 全羅道漂民三船四十五名, 向在長崎放肆, 行徑聞之驚駭, 顧蠢氓所爲, 未必深究, 雖然交隣之誼以無弊爲要, 因悉事由于萊府, 曲加聽察, 務申嚴飭, 則至幸馳呈전?札用俤, 此意萬祈體諒, 肅此不備.
> 享保二年丁酉八月 日28)

위는 대마번 사자(淺井喜內)가 예조참의 앞으로 가져온 대마번주의 서계이다. 상대가 예조참의인 만큼, 경상도 표민을 중심으로 한 조선 표민 52명이 나가사키 봉행소에 직소한 것을 '徑聞'으로 표현하는 등, 함축적으로 작성되었다. 그러나 사고의 직접적 원인인 '식량부족'에 대한 구체적 언급 없이, 미천한 백성(蠢氓)의 '방종한 행위'(放肆)였음을 지적한 한편, 조일 양국의 교린 유지를 위해 처벌을 요청하는 내용으로 되어 있다. 위 서계의 말미에도 있듯이 자세한 요구사항은 동래부사 앞으로 보내는 서계에 기재되어 있었는데, 표착지에서의 접응 규정은 정해진 규칙이 없어 표착지에서 임의로 지급한다는 것을 비롯하여, 그럼에도 표민들이 난출하여 봉행소에 식량 부족을 '고소'함으로써 '소요'사태를 일으킨 것에 대해 예방 차원에서 연해 지방에 엄칙을 세워주도록, 그리고 이를 조정에 계문(啓聞, 전달)해서 선처해 줄 것을 구체적으로 요구해 왔다.29)

---

27) 『分類紀事大綱』23, 「享保二丁酉年漂民共長崎御奉行所江直訴ニ出候事」7월 20일.
28) 『兩國往復書謄』57, 「告漂民在長崎放肆之書」(日本國會圖書館, デジタルコルレクション).

요컨대, 최종적으로 1717년 직소 사건의 대조선 통보 시 대마번이 역점을 두었던 것은 조선인 표류민들이 제기한 식량 부족에 대한 진위 여부가 아니라, 대마번을 통하지 않고 막부에 직접 고소했다는 항의 절차의 잘못을 부각시키기 위한 것이었음을 다시 한 번 확인해주는 대목이다. 그리하여 대마번은 이 요구를 관철시키기 위해 사자로 하여금 동래부가 중앙에 계문할 때까지 왜관에 체류할 것을 명하였다.[30]

이에 대해 조선에서는 우선 동래부의 양역(훈도·별차)이 9월 7일 대마번주 서계의 사본을 동래부사에게 보인 후 원본의 접수 여부를 통지하겠다고 하였다. 그러나 대마번의 강력한 요구에 따라 결국 원본을 접수한 후 9월 16일에는 조정에 보고(啓聞)하기에 이르렀다. 조선 표민의 직소 사건을 둘러싼 조선 정부의 논의는 『왕조실록』이나 『비변사등록』에는 보이지 않지만, 표류민의 처벌은 결정되었다.[31] 그리하여 10월에는 조선

29) 『兩國往復書謄』57「告漂民在長崎放肆之書의 副書」(日本國會圖書館, デジタルコルレクション).
대마번이 조선인 표류민의 직소를 제멋대로의 방종한 행동으로 간주한 데에는 두 가지의 이유가 있었다. 하나는 막번제 하의 표류민 송환 방침에 비추어 볼 때, 표착지 영주는 개인적으로 인도적 배려에서 표류민에게 의복과 식량을 지급할 수는 있다. 그러나 표류민에 대한 지급 규정이 막부령으로 따로 정해져 있는 것은 아니기 때문에 표류민들이 부족함을 호소한다 해도 근거가 없다는 것이다. 그리고 또 하나는 만약 표류민들이 불만을 제기할 경우에는 가장 먼저 나가사키에 있는 대마번주 소(宗)씨의 가신(長崎聞役)을 통해 나가사키 봉행(막부)에게 의사를 전달해야 하는 것이 순서이다. 그런데 조선 표류민은 대마번측(長崎聞役)의 만류에도 불구하고 이러한 절차를 무시한 것이기 때문에 당연히 문책해야 한다고 하는 것이었다(『朝鮮方 毎日記』享保 2년(1717) 8월 16일(국편 소장 대마도종가문서 기록류, No.1168).

30) 『分類紀事大綱』23,「享保二丁酉年漂民共長崎御奉行所江直訴ニ出候事」8월 16일.
『漂人領來差倭謄錄』권5, 347~356쪽.

31) 예조참의(沈宅賢) 서계(국편 소장 서계, No.3204).
『邊例集要』권3, 漂人, 174~175쪽.
『漂人領來差倭謄錄』 권5, 347~356쪽.

측 답서의 사본이 왜관에 전달되었는데, 동향사(東向寺)[32]가 음미한 결과 별 이상이 없었기 때문에 대마번에 접수되었다.[33]

이때 예조참의 명의로 작성된 조선측 답서는 다음과 같았다.

> 朝鮮國禮曹參議沈宅賢 奉復
> 日本國對馬州太守拾遺平公 閤下
> 槎便帶槭, 就悉動止, 珍毖傾慰倍品, 第我國漂氓作挐於貴邦長崎公廨, 有此專价相報聞來, 極可驚駭, 卽令該道另加懲治, 亦當更飭沿海列邑, 俾絶後弊矣, 統希盛亮, 肅此不備.
> 丁酉年九月 日
> 禮曹參議沈宅賢[34]

예조참의(沈宅賢) 명의의 답서에는, 조선 표민의 나가사키 봉행소(長崎公廨) 직소에 대한 사과의 뜻을 대마번에 정식으로 전함과 동시에 다시는 이러한 일이 발생하지 않도록 해변가의 어민에게 경계를 내리겠으며, 소요를 일으킨 표류민은 죄를 물어 처벌하겠다는 내용이 기재되었다.

앞서 보았듯이, 대마번은 표착지에서의 식량 부족에 대해 아메노모리 호슈(雨森芳洲)가 조선인 표류민에 대한 지급 규정을 개정하여 그들의 고난을 덜게 해야 한다는 의견을 개진했음에도,[35] 접응 규정이 없다는 이유로 조선인들의 요구를 묵살해 버렸다. 그 대신 항의 절차에 대한 잘못에 초점을 맞춰 조선에 사실을 왜곡 전달하는 한편, 왜관 관수와 연락을 취하는 과정에서는 조선에 대해 서계에 기재된 '표류민 처벌' 및 '해

32) 東向寺는 왜관 내의 書僧으로 조선과 대마번간에 왕래하는 문서를 검열하였다.
33) 『分類紀事大綱』23, 「享保二丁酉年漂民共長崎御奉行所江直訴ニ出候事」 9월7일·9월16일·10월 15일.
34) 예조참의(沈宅賢) 서계(국편 소장 서계, No.3204).
『同文彙考』권3, 漂風 3, 2354~2355쪽.
35) 雨森東五郎의「覺」.

변 어민에 대한 경계령 발동'이라는 대마번의 요구가 대마번 스스로의 것이라는 것을 조선이 눈치채지 못하게 하라고 당부까지 한 바 있다.[36] 이는 대마번의 요구를 관철시키기 위해 막부의 의사인 것처럼 위장한 것으로 도리어 조선인 표류민들이 귀국한 후 조정으로부터 처벌을 받게 하는 결과를 초래하였다.

한마디로, 1717년 나가사키 직소 사건의 경우, 조선인 표류민들의 막부에 대한 진정에도 불구하고, 안용복의 2차 일본 도해(1696) 당시'막부 직소의 사전 차단'이라는 학습 효과를 바탕으로, 막부의 조치 이전에 대마번이 선제적으로'통교 절차 훼손'부각이라는 대조선 및 대막부 교섭술을 발휘한 결과, 조선인 표류민의 직소 행위 자체가 원천적으로 차단되게 되었다. 그 결과 막부 차원에서의 식량 부족 등, 표류민 접응에 관한 어떠한 해명이나 개선책도 없었다. 그 대신 사건 발생 8개월 만에 조선 표민의 직소에 대한 조선측의 사과를 예조참의의 정식 외교문서(서계)로 받아냄으로써, 대마번으로서는 이 직소 사건을 계기로 오히려 대조선 통교 독점에 대한 명분을 확보하기에 이르렀다고 할 수 있다.

이후 조선 표민의 직소는 1802년에도, 1818년에도 더 있었으나, 조일간의 현안으로 비화하지는 않았다.

먼저, 1802(순조 2)년에는 자료 부족으로 출신지 및 표착지를 알 수는 없으나, 조선인 표류민의 배를 대마번이 해선(解船)하여 송환한 적이 있었다. 표선이 매우 낡았기 때문에 조선인 표류민들은 직접 나가사키 봉행소(막부)에 표선의 수리를 요구하였다. 이유가 무엇인지는 알 수 없지

36) 「畢境彼國と御和交被取結, 今に至御誠信之驗著相見候者、漂民を御丁寧に被仰付、速に被送返候處に而、百年以來無何事相濟來候儀に候」(池內敏, 1993, 「天明四年長州惡黨漂民一件」, 『日本歷史』545, 69쪽)에도 있듯이, 대마번은 표류민 송환이 계속되어 왔기 때문에 조일관계가 순탄했다는 인식을 가지고 있었으므로 불상사로 인해 표류민의 송환이 단절되는 것을 두려워하였던 것 같다.

만 나가사키에서는 표선의 수리를 거절하였다. 대마번은 조선인 표류민의 요구 자체를 방종(不埒)한 것으로 취급했지만, 호송 도중 조선 표민에게'밧줄(繩)'을 사용했다든가라는 사항은 보이지 않으며, 표선은 대마번이 대신 고쳐서 대마도까지 오게 되었다. 이후 조선인 표류민은 자신의 표선으로 귀국할 것을 대마번에 청원하였으나, 배가 워낙 낡아서 결국은 표류민의 안전 송환을 위해 대마도에 이르러 해선(解船)하여 귀국시켰다.[37]

다음으로 1818(순조 18)년에는 1817년 치쿠젠(筑前州) 오시마(大島)에 표착한 함경도(洪原) 주민과 전라도의 승려 27명이 나가사키로 회송되어 왔는데, 이들은 자신들이 타고 온 배의 해선(解船)을 나가사키의 대마번 사무소에 요구하였다. 선례가 없음을 이유로 대마번이 거절했는데도, 표류민들은 듣지 않고 몇 사람이 직접 나가사키 봉행소로 가서 진정(直訴)한 소동이 있었다. 대마번은 당시 대마도를 방문 중이던 조선의 도해역관 일행에게 사이한(裁判) 명의의 각서를 보내 이를 알리는 한편, 6월 11일에는 왜관 관수(平田帶刀)에게 '방종한 행위'(不埒)의 세목을 써 보냈다. 조선인 표류민이 나가사키 소재 대마번 사무소의 배 및 番所의 시설에 손상을 입힌 것을 비롯하여, 그 곳 役人으로부터 받은 약을 의사의 눈앞에다 던져 버리고 표류민 숙소를 나와 상자 등의 물건을 팔고 돌아다니며 싸움을 하는 등, 난폭한 행동을 했다는 것이다.[38]

1817년 함경도 덕원인의 나가사키 직소에 대한 수습에서도 대마번이 문제삼고 있는 것은, 조선인 표류민이 왜 소요를 일으키게 되었는지에 대한 근본적인 해결보다는, 대마번을 무시한 채 막부에 직접 항의한 것에 초점을 맞춤으로써 조선과 막부 양쪽의 문책으로부터 벗어나려 했다

37) 『分類紀事大綱』11, 「漂民駕船解船」(국편 소장 대마도종가문서 기록류 No.4562).
38) 앞의 사료, 「漂民駕船傳聞流失之一件」.

는 것이다. 이것은 1717(숙종 43)년 나가사키 직소 이후 대마번이 취해온 일관된 해결방법이라 하겠다. 1802년 및 1817년의 송환 마찰에 대해 조선측의 항의나 유감이 반영된 서계는 보이지 않는다. 그 대신 송환에 대한 감사의 뜻이 담긴 조선측 서계만 남아 있는 것으로 보아 대마번의 표류민 업무에는 차질이 없었던 것으로 보인다.

4. 1795년 조선 표선의 漕捨 사고와 대마번의 대응

1795(정조 19)년에는 지금까지와는 조금 다른 양상의 사고가 발생하였다. 일본측 사료에 의하면 조선의 표선이 포구에 닿기도 전에 '바다로 쫓아내 버린'(漕捨) 사건이었다.[39] 일단 조선인의 표착 사고가 발생한 장소가 대마도를 벗어난 다른 지역인데다 표선을 바다로 내쫓아 버린 일은 초유의 사태인지라 대마번으로서는 일본 내에서의 이러한 상황을 조선에 어떻게 알릴지가 고민거리였다고 할 수 있다.

1795년 일본의 죠슈(長州) 유타마우라(湯玉浦)에 표착한 함경도 덕원인들은 그곳에 표착하기 이전에 이미 여러 곳의 포구에 배를 대려 했으나, 구제받지 못하고 바다로 내몰렸다. 그러다가 겨우 유타마우라에 표착하게 되자 이를 대마번의 역인에게 호소했던 것이다. 이들이 바다로 다시 내쫓긴 이유를, 1784년 유타마우라에 표착한 조선인 표류민의 난폭한 행동이 표착지 주민들에게 좋지 않은 인상을 심어준 것으로 보는 견해도 있으며,[40] 의사 불통이 결정적이었다고 보는 견해도 있다[41]

39) 『分類紀事大綱』10, 「寛政七乙卯年朝鮮人日本地江漂着之所先方ニ而取計方不埒之一件」(국편 소장 대마도종가문서 기록류 N0.4556) 및 『寛政六甲寅年冬朝鮮國咸鏡道之內德原之者五人乘ニ而長州湯玉浦江漂着之處最所ニ乘掛候處ニ取計候依往復書狀控』(국편 소장 대마도종가문서 기록류 No.3091).

그러나 표착지 주민의 경제적 부담도 아주 배제하기는 어려울 것 같다. 조선인 표류민을 구제하여 나가사키까지 호송하는데 드는 비용은 모두 표착지 영주의 부담이었다. 그런데 이러한 비용은 실제로는 해당 포구의 주민이 짊어져야 했으므로, 주민들은 이러한 부담에서 벗어나기 위하여 흔하지는 않지만 조선인 표류민을 바다 한가운데로 내몰은 경우가 가끔 있었다.[42] 더군다나 조슈(長州, 현재 야마구치 현)라고 하면 일본 내에서는 대마도 다음으로 조선인이 많이 표착하는 곳이었다. 이러한 지역에서는 그들이 조선인이라는 것을 안다고 해도 외국인으로서의 조선인에 대한 호기심도 이미 없지 않았을까라고 생각된다. 표류민들은 배의 침몰을 우려하여 싣고 있던 물건을 바다에 버리는 경우가 많았다. 또 있다고 하더라도 표류민은 그 신분이 대개는 미천한 어민들이 많았으므로 그들이 타고 온 배에 실려 있는 물건이란 선상생활에 필요한 보잘것 없는 생활필수품이거나 어구(漁具)로서 경제적인 가치도 없는 것들이었다. 대마번 사료에는 바다의 상황이 좋지 않았으므로 표선을 구제하려다 일본선이 침몰하는 사태를 막기 위해 표선을 다른 곳으로 유도하기 위한 것이었으며, 의사소통이 자유롭지 못하다 보니 오해가 있었다고 되어 있다.[43] 물론 위와 같은 상황도 있었을 것이라고는 생각되나, 조선인 표류민을 그들의 영지 내에 두어 봤자 마찰의 실마리만 제공하는 부담의 대상으로밖에 인식하지 않았던 듯하다.

대마번의 입장에서 볼 때 1795(정조 19)년의 '표선 추방'(漕捨)은 다른 번에서 일어난 사건을 수습해야 하는 만큼 그 방법에 고심했던 것 같다.

40) 池內敏, 1993,「天明四年長州悪黨漂民一件」,『日本歴史』545.

41) 木部和昭, 1993,「朝鮮漂流民の救助·送還にみる日朝兩國の接觸」,『史境』26.

42) 岡田信子, 1974,「近世異國漂着船について-特に唐·朝鮮沿の處遇-」,『法政史學』26.

43)『寬政六甲寅年冬朝鮮國咸鏡道之內德原之者五人乘ニ而長州湯玉浦江漂處之處最所ニ乘掛候處ニ取計候依往復書狀控』(국편 소장 대마도종가문서 기록류 No.3091).

그런데 1795(정조 19)년의 사고는 이전까지와는 달리, 조선인 표류민의 제멋대로의 방종한 행동이나 무리한 요구가 문제가 되었던 것이 아니라, 표착지 주민이 조선인이 타고 있던 표선을 구제하지 않고 바다 한가운데로 내쫓아버린 '표선 추방'이 그 원인이었다. 이것은 대마번도 일본의 접응 소홀을 인정하는 것이었다. 그렇다면 '표선 추방'건은 어떻게 수습되었을까?

나가사키로부터 조선의 표류민이 대마도에 도착하자, 대마번에서는 표류민들에 대한 경위를 다시 조사하였다. 그러나 나가사키에서 조사한 내용과 별로 다를 것이 없자, 대마번에서는 막부와 조선에 대해 어떻게 대처해야 할지가 가장 큰 문제였던 것 같다. 먼저 막부에 대해서 만약 이것이 사실이라면 표류민을 구제하지 않은 지역의 영주는 중죄에 처해질지도 모르는 일이었으므로 '표선 추방'경위를 막부에 보고해야 할 것인가 아닌가가 관심사였다. 그리하여 일본측의 '표선 추방' 이유를 언어불통 및 일기 불순으로 구조선까지 침몰될 염려가 있었던 것에 비중을 두었다. 또 보고한다 하더라도 막부의 문책을 피하기 위해서는 표류민을 내몰았던 지역의 거리 및 방향을 의도적으로 감추려는 방침을 세웠다. 그러나 조선에 대해서는 만약 이 사고를 마치 아무 일도 없었던 것처럼 하여 조선에 송환했을 때, 부산진이나 동래부에서 표류민을 인수하면서 표류 경위를 묻게 되어 사실이 나중에 드러나게 될 경우에 또 어떻게 해야 할 것인가가 문제였다.[44] 즉 표류민을 구제하지 않고 바다로 다시 내쫓아 버린 일이 동래부를 통해 중앙정부에 보고됨으로써, 앞으로 일본인이 조선에 표착했을 때 조선으로 받을 박대, 나아가서는 이것이 조선과 막부간의 외교문제로 정식으로 제기되어 대마번이 받을 불이익을 두려

44) 『分類紀事大綱』10, 「寛政七乙卯年朝鮮人日本地江漂着之所先方ニ而取計方不埒之一件」.

위하였던 것이다. 그리하여 먼저 대마번은 조선인 표류민의 요구를 반영하여 이를 막부에 보고하고 앞으로는 이러한 일이 일어나지 않도록 법령을 정해줄 것을 요청하였다.[45] 1795(정조 19)년 막부의 老中(安藤對馬守)이 내린 법령에 의하면,

각 서

영지 내의 포구에 조선의 어선 등이 표류해오는 일은 매번 있는 일이다. 그런데 포구의 어부 등이 잘못 생각하여 표류해서 위험에 처해 있는 것을 보고서도 물리쳐 보호하지 않으며, 그 중에는 오히려 연안 육지 쪽으로 다가오지 못하도록 하는 경우도 있는 것 같다. 어떤 경우이건 표류 선박이 어려움에 처해 있는 것을 발견하거든 정성을 들여 구제해야 하는 것은 당연하다. 그런데 영주에게 호소하는 일을 어렵게 여겨 도리에 어긋나고 자비롭지 못한 행동을 취한다는 것은 당치도 않은 일이다. 특히 [표착은] 異國에 대한 일이라서 더욱 어떨까 생각하는 바이므로 위와 같은 일이 생기지 않도록 분부해야 할 것이다. 앞으로 이런 무례한 일을 듣게 되면 [표선을 구제하지 않은 곳의] 영주에게는 성의가 부족한 것으로 취급하여 엄중한 조치가 있을 것이므로, 가능한 한 후하게 정성을 다해야 할 것이다.

위와 같이 규슈(九州)·츄고쿠(中國) 지방 연안 포구의 영주에게 분부하므로 주지해야 할 것이다.

위의 奉書를 '半切 종이에 작성하여 대마번주에게'[46]

45) 『寬政六甲寅年冬朝鮮國咸鏡道之內德原之者五人乘ニ而長州湯玉浦江漂着之處最所ニ乘掛候處ニ取計候依往復書狀控』(국편 소장 대마도종가문서 기록류 No.3091).

46) 원문은 다음과 같다.

書付

領分之浦方江朝鮮之漁船なと漂流之儀每度之事候、然處浦方之獵師ともなと心得違、右漂流之危難を見懸候而も放(散?)而差構も不致、 中ニ者却而地方江不近寄様ニ取計候儀ホも有之哉ニ候、都而漂船難儀之様子見請候ハヽ、懇切ニ救可申儀勿論ニ候處、領主江訴候儀なと事六ヶ敷様ニ存候而、不法無慈悲成ル取計ホ有之候而者以之外成事ニ而、殊ニ異國江對候儀ニ候得者尙更如何敷次第ニ候條、右之趣ニ

라고 기재되어 있다. 즉 조선인들의 표착이 빈번한 규슈(九州) 및 쥬고쿠(中國) 지방의 영주에게 표류민에 대한 구제조치 및 접응이 불충분할 경우, 막부가 이를 처벌하겠다는 의지를 표명하고 있다. 비록 규슈와 쥬고쿠 지방에 국한된 것이기는 하지만 이곳의 영주들을 대상으로 표류민에 대한 구제조치를 소홀히 했을 경우 응분의 처벌이 막부령으로 정해진 것은 단지 구제 의무만을 규정했던 종래의 조치에 본다면 진일보한 것이었다. 이는 대마번의 요구에 의해 정해진 것으로서, '표선 추방'(漕捨)과 같은 불상사가 발생하여 대마번이 더 이상의 곤경에 빠져서는 안 되겠다는 판단 하에서 취해진 행동이라고 할 수 있다.

다음으로 조선에 대해서는, 조선에서 표류민이 버림받은 사실을 먼저 알고 대마번을 추궁해 오기 전에, 대마번이 먼저 왜관에 사자를 보내 양역(훈도 및 별차)에게 상황을 설명하고 그들로 하여금 대마번이 조선의 표류민을 얼마나 극진히 대접했는지를 동래부사로 하여금 인식하게 하도록 조치를 취하였다.[47] 그리고 한편으로는 대마번은 조선 표류민들의 불만을 무마시키기 위해 그들을 더욱 극진히 대우함으로써, 표류민들로부터는 귀국한 후에 일본에서 그들이 당했던 일을 동래부의 조사에서 절대 말하지 않도록 다짐을 받았다.[48]

조선의 표류민들은 대마번의 통사(通詞)를 통해 말하기를, "일본의 포

無之様可申付候、以來不束之筋相聞候ハヽ、其領主ハ不念之事ニ付嚴重之御沙汰可有之候間、精精厚く可被念入候、

右之通九州·中國筋浦方有之領主江相觸候間、可被得其意候、

右大奉書半切ニ御認宗對馬守江と有之

(『寛政六甲寅年冬朝鮮國咸鏡道之內德原之者五人乘ニ而長州湯玉浦江漂着之處、最所ニ乘掛候處ニ取計候依往復書狀控』)

47) 『分類紀事大綱』10, 「寛政七乙卯年朝鮮人日本地江漂着之所先方ニ而取計方不埒之一件」.

48) 앞의 사료, 1795년 3월 4일 관수 도다 다노모(戶田賴母)가 대마번(府中)에 보낸 서한.

구에서 '표선이 추방'당한 건에 대해서는 귀국한 후에도 결코 말하지 않겠으며, 입 밖에 냈다가 동래부에서 조사가 있게 되면 고향에 돌아갔다고 해도 다시 한성에 올라오도록 할 지 모른다. 그러므로 이 건에 대해서는 일절 말하지 않을 작정이며 표류민 전원이 그렇게 합의하였다"라고 하였다.[49] 그러나 대마번은 이에 그치지 않고, 만일을 위해 표류민들이 부산 왜관에 도착한 후에도 부산과 동래부의 조사에서 아무것도 말하지 않도록 양역을 통해 다시 한번 당부하였다. 그 결과 동래부에서는 양역의 보고만을 듣고, '표선 추방'(漕捨) 여부에 대한 조사를 하지 않았음은 물론, 대마번에 표류민 송환에 대한 감사와 그들의 도리에 어긋난 요구에 대해 사과한다는 서한까지 써주었다.[50] 그 결과 조선의 예조참의(朴宗甲)가 대마번주에게 보내는 정식 외교문서인 서계에도, "표민을 구제하여 호송해온 교린의 도리(隣誼)에 감사한다"는 내용만이 아주 간략하게 기재되어 있을 뿐이었다.[51]

대마번은 조선인 표류 선박의 추방(漕捨)건에 대해, 통상적인 표류민 송환 수준의 예조참의 답서를 받아냄으로써 별 시비없이 원만하게 해결된 것을 동래부의 양역(훈도 및 별차)이 여러 가지로 배려한 것이라고 생각하였는데, 대마번이 조선과 교섭하는데 있어서 조선 역관에게 의지하고 있는 부분이 상당히 많았음을 알 수 있다. 어찌 되었건 대마번이 가장 우려하고 있었던 문제, 즉 조선인 표류 선박의 추방(漕捨) 건이 조정에 알려짐으로써 조선 정부와 일본 막부간의 외교문제로까지 확대될지도 모르는 사태는 동래부 양역과의 선에서 무사히 해결되었던 것이다. 즉 대마번으로서는 대막부 교섭 및 조선 역관과의 은밀한 교섭을 통해 조선 표류민의 송환 독점이라는 기득권을 지켜낼 수 있었던 것이다.

---

49) 앞의 사료, 1795년 2월 13일 端書.

50) 앞의 사료, 1795년 3월 4일 관수 戶田頼母의 書狀.

51) 예조참의(朴宗甲) 서계(1795.4, 乙卯長州湯玉浦漂人禮曹答書)(국편 소장 서계, No.6232)

5. 맺음말

일본에 표착한 조선인은 표착해서부터 송환될 때까지 1년 안팎의 장기간에 걸친 외국생활과 항해로 인해 지쳐있었다. 이에 언어불통, 표착지에서의 접응 문제 내지는 귀국을 재촉하다 마찰이 발생하기도 하였다. 이중 표착지에서의 접응은 해당 영주의 호의 여하에 달린 것이기도 했는데, 사고 건수가 가장 많은 대마도를 비롯하여 표착다발지역에 속하는 죠슈(長州)의 주민들에게 있어서 조선인 표착이란 가끔씩 경험할 수 있는 일로 그다지 대수롭지 않은 사건이었다. 대마도에서는 1824~1872년까지 111건에 이르는 조선인 표착이 있었으므로 1년에 2번 이상은 조선인을 접할 기회가 있었다. 같은 기간 동안 죠슈에서는 31건이 있었다.[52] 이러한 지역에서는 조선인 표류민의 구호나 호송은 표착지 주민에게 있어서 정신적·경제적으로도 큰 부담으로 인식될 수도 있었다. 흥미의 대상이 되지 못하는 조선인 표류민에 대한 취급은 자연히 소홀해질 수 밖에 없었다고 생각된다. 게다가 조선인 표류민들은 대부분이 어민들이었기 때문에 나가사키나 대마번에서는 이들을 '천한 것들'(下下之者 또는 下賤之者)이라 하여 멸시의 대상으로 여기는 부분도 있었다.[53]

어찌보면 조선인 표류민을 송환하는 과정에서 발생하는 송환사고란 당연한 것이라고도 할 수 있는데, 그럼에도 불구하고 1717년 및 1795년의 사례에서 보았듯이, 송환 자체는 원만하게 이루어졌다. 대마번의 입

52) 池内敏, 1993,「天明四年長州悪黨漂民一件」의 〈표 2〉 참조.

53) 池内敏씨는 조선인의 표착이 아주 드문 지역에서는 조선인 표류민들이 오히려 우대를 받은 사례가 있는데, 이는 표착지에서 漢詩·漢文 내지는 유교적 교양을 갖춘 조선의 관인층 내지는 지배계층에게 보인 호의 때문이었음을 지적하고 있다(池内敏, 1998, 『近世日本と朝鮮漂流民』(日本, 臨川書店)의 제5장, 「17世紀 蝦夷地に漂着した朝鮮人」).

장에서는 조선인 표류민의 송환이 막부로부터 부여받은 대조선통교 업무를 독점할 수 있는 중요한 명분이자, 통신사외교와 더불어 조일간의 성신 교린을 실천할 수 있는 중심축이기도 했기 때문이다. 나아가 대마번 재정을 충당할 수 있는 수단이기도 했기 때문에, 조선인 표류민 송환이라는 원만한 업무 수행을 위해 송환사고를 축소 왜곡하는 대조선 및 대막부 교섭술을 발휘했다고 할 수 있다. 특히 1717년 나가사키 직소 사건에서는, 17세기 말 울릉도쟁계 이후 강경해진 조선의 교섭 태도로 볼 때 격노한 반응을 우려하여, 조선인 표류민에 대한 일본내 표착지 및 나가사키에서의 식량 부족 사실은 은폐하는 대신, '직소'라는 통교 절차만을 부각시켜 사실의 은폐 및 왜곡 축소하는 교섭술을 발휘하였다.

또 1795년 사례에서는 외교일선에 있는 조선측 말단 관리들과의 유착관계에 의지하여 송환사고를 임기응변적으로 해결하려는 측면도 있었다. 어찌되었든 그 결과 표류민 송환 만큼은 마찰이 있었음에도 불구하고 외교 현안으로는 비화되지 않은 채 19세기 중반까지 계속될 수 있었다. 예를 들면 1811년 통신사의 일본(대마도) 파견을 마지막으로 조일 간 외교가 단절된 이후는 물론, 19세기 후반 메이지 신정부의 수립으로 일본 내 정권 교체가 있었음에도 불구하고 일본 표착 조선인의 송환 만은 계속되었는데, 갈등의 계기는 내재되어 있었지만, 대마번이 조선과 막부를 상대로 벌이는 필사적인 노력도 무시할 수는 없었다고 할 수 있다.

제6장 조선후기 쓰시마(對馬)의 화재와 조선의 대응*
-『島中失火』를 중심으로 -

장순순**

1. 머리말

『萬機要覽』에서는 '恤典'에 대해

> "무릇 민인의 水災 · 火災를 당한 자와 시기가 지나도록 未婚·未葬한 자와 전염병으로 가족이 다 죽어 시체를 거두어 매장하지 못한 자에게는 휼전이 있는데, 서울은 호조와 진휼청 〈宗室 자녀의 婚需는 호조, 그 나머지 휼전은 모두 진휼청〉에서 하며 외방은 諸道에서 거행하고, 진휼청에서 會減한다."[1]

라고 설명하고 있다. 요컨대, 조선시대 휼전은 정부가 자국의 罹災民을 구하기 위해 시행한 특전이었던 것이다. 그런데 대일관계를 정리한『增正交隣志』나『邊例集要』등 對日 외교자료집에서도 '恤典'이라는 항목이 별도로 설정되어 있다는 점이 눈에 띈다. 구체적으로『증정교린지』에서는 제4권에「휼전」이라는 항목이 있고, 冒頭에서 "왜인으로서 왜관에

---

* 본 논문은『항도부산』49집(2025. 1)에 발표된 것을 재수록한 것이다.
** 전북대학교 강사
1)『萬機要覽』財用篇 5,「恤典」.

있다가 죽은 자와 도중에 물에 빠져 죽은 자 및 館宇의 失火 등의 일은 조정에서 그때마다 경중을 구별하여 지급해 준 물품이 있었는데 이것을 휼전이라 한다"고 설명하고 있다.[2] 『변례집요』에도 '휼전'[3] 항목이 존재한다. 그리고 영조대 예조정랑을 지낸 李孟休가 편찬한 『春官志』에서는 대외관계를 기술한 권3 「倭館」 항목에서 '附失火改造'와 '附馬島江戶失火'라고 하여 왜관, 쓰시마번(對馬藩), 에도(江戶)에서 발생한 화재 사건을 간략하게 기록하였다.[4]

한편, 서울대학교 규장각한국학연구원에는 조선후기 한일관계에 관한 총 33종에 이르는 각종 謄錄類[5]가 소장되어 있다. 이들 등록은 대부분 예조의 속사인 전객사[6]에서 편찬되거나 보관하였으므로, 예조등록이라고도 한다. 『同文彙考』의 편찬에 기초자료로 이용되었으며, 『증정교린지』나 『변례집요』도 이를 바탕으로 정리한 것이다. 『島中失火』와 「島中失

2) 『增正交隣志』 권4, 「恤典」, "倭人之在舘身死者 中路渰死者及舘宇失火等事 朝廷輒有分輕重資給之物 謂之恤典".

3) 『邊例集要』 권10, 「支給 附 贈給 恤典 柴炭 禮物 私贈 限盡加料」(이하 恤典이라 함). 휼전에는 '物故'도 함께 기록되어 있다.

4) 『春官志』 권6 「倭館」에 '附館中諸倭, 修理, 島中失火'가 세부 항목으로 구분되어 있다.

5) 조선시대 관아에서는 그 집무사항의 관아문서와 관아 사이에 주고받은 공문서를 謄寫收錄한 책자를 작성하여 그 건의 '謄錄'이라 칭하였다. 이러한 등록 작업은 일반적으로 국가의 중요문서로 영구보존할 가치가 있는 문서에 한하여 이루어졌다. 등록은 문서를 연월일 순으로 나열하였는데, 그 사이에 설명이나 考說을 붙이지 않는 1차 자료이다(金相淏, 「조선시대의 公文書管理」, 『書誌學研究』 1, 1986, 164쪽).

6) 대일관계 등록의 주요 편찬 관서인 전객사는 1405년(태조 5) 六曹屬司制가 정립될 때 예조의 속사로 설치되었으며, 1894년 갑오개혁 때 폐지되었다. 『經國大典』에 의하면, 전객사는 정2품아문으로 중국의 사신 및 왜인·야인의 영접, 외국의 조공, 외국의 사신에 대한 宴享의 설치와 그들에 대한 賜給 등에 관한 일을 담당하였다(한문종, 「조선후기 일본에 관한 저술의 조사연구-對日關係 謄錄類를 중심으로」, 『국사관논총』 86, 1999).

火賸錄」이라는 문건도 이 등록류에 포함되어 있다. 『도중실화』와 「도중실화등록」은 1660년(현종 1) 1월부터 1714년(숙종 40) 2월까지 54년간에 걸쳐 부산의 두모포왜관 및 초량왜관, 쓰시마번의 藩廳이 위치한 후추(府中), 도쿠가와 막부(德川幕府)의 치소였던 에도(江戶)에서 발생한 화재의 보고와 그에 대한 조선 정부의 구호 조치에 관한 전말이 정리되어 있다.

본고에서는, 첫째 국가의 중요문서로 정책수행에 필요한 참고자료로 영구보존할 가치가 있는 내용이 기록된 등록 가운데 '島中失火' 즉 '對馬島에서 발생한 화재'라는 매우 이례적인 소재가 단독 등록으로 작성되었다는 점, 둘째 『증정교린지』나 『변례집요』, 『춘관지』 등 대일 외교자료집에서 국가에서 재난이 발생했을 때 자국의 이재민을 구제하는 특전을 정리한 '恤典'이 별도의 항목으로 설정되어 있다는 점. 마지막으로 그것이 대외관계에서 조선정부가 기미질서 외교체제 속에 편입시켰던 쓰시마 관련 지역에 한정되어 있다는 점에 특히 주목하였다.

주지하다시피 조선후기 조일관계는 중앙정부인 막부와는 적례교린관계로, 쓰시마와는 기미교린관계로 정의해 왔다. 또한 쓰시마에 대한 인식은 시기에 따라 변화의 추이는 있었지만 대체로 對馬故土意識, 對馬屬州意識, 對馬藩屛意識 등으로 설명해 왔다.[7] 그러나 이러한 쓰시마에 대한 인식은 그 논의가 주로 관념적인 차원에 머물러 있어서 조선과 쓰시마와의 관계에서 실질적으로는 어떻게 작동되고 표현되었는가에 대해서는 잘 다루어지지 않은 면이 있다.

---

7) 조선시대 정부 혹은 지식인의 쓰시마 인식을 다룬 선행 연구로는 하우봉의 연구(「한국인의 대마도 인식」, 『독도와 대마도』, 지성의 샘, 1996; 「전근대시기 한국과 일본의 대마도 인식」, 『동북아역사논총』 41, 2013)을 들 수 있다. 한편, 조선시대 쓰시마 연구에 관한 성과는 장순순, 「조선시대 對馬島 연구의 현황과 과제」, 『東北亞歷史論叢』 41, 2013; 「통신사의 사행록을 통해서 본 조선 지식인의 대마도인식과 그 추이(推移)」, 『한일관계사연구』 75, 2022 등 참조

이에 본 연구에서는 지금까지 다뤄진 바 없는 쓰시마 관련 지역의 화재를 주제로 조선의 쓰시마인식이 조선정부의 대일정책 내지 對쓰시마정책 속에서 실제로 어떻게 작동했는지를 밝혀보고자 한다. 『도중실화』를 중심으로 쓰시마 관련 지역에서의 화재 발생과 그에 대한 조선정부의 구호 내용과 실태를 살펴봄으로써, 본 연구가 조선의 쓰시마인식, 나아가 조선의 대일인식 및 대일정책 실태를 밝히는데 미력하게나마 일조할 수 있게 되기를 기대한다.

2. 자료 소개: 『島中失火』

1) 서지 사항

서울대학교 규장각한국학연구원에는 조선 후기 한일관계에 관한 등록 가운데 쓰시마의 화재와 관련해 두 개의 자료가 보관되어 있다. 하나는 『도중실화』이며, 다른 하나는 『各樣目錄』이다. 모두 필사본이다.

『각양목록』은 조선정부가 대일교섭에 참고할 목적으로 만든 각종 등록의 목록을 모아 놓은 것이며, 원 표제는 '각양목록 하'[8]로 되어 있다. 규장각에서 작성한 해제에서는 그 편년에 대해 "편년은 미상이나 영조 연간으로 보인다"라고 설명하고 있다. 목록은 각 등록 별로 주요한 사항을 뽑아서 간략하게 정리한 형태로 되어 있는데, 표제가 '각양목록 하'로 되어 있어서 상·하 두 책으로 구성된 것으로 보인다. 현재 '각양목록 상'

8) 『각양등록 하』는 규장각한국학연구원에서는 『漂人領來謄錄』(청구기호 〈奎貴 9910〉)으로 소개되어 있다. 상세 정보에는 예조 전객사 편, 연도 미상, 판본 사항은 필사본, 세부 분류는 '史部 政法類 外交·通商 見聞·交涉 漂流'로 소개되어 있으며, 책 권수는 1책 138장으로 되어 있다.

의 소재가 파악되지 않아 수록된 목록의 전체 내용이나 그 분실 경위 등에 대해서는 알 수 없다.

『각양목록 하』에 목록이 수록된 등록은 '漂人領來謄錄(1~15권)', '島主還島告知謄錄(1~4권)', '回謝差倭謄錄(1권)', '漂倭入送謄錄', '漂倭入送回謝謄錄(1~2권)', '島中失火謄錄', '倭館移建謄錄', '致賀謄錄', '告訃差倭謄錄', '書契違式謄錄(1~2권)', '歲船定奪謄錄(1~2권)', '歲船鷹連謄錄', '沙器燔造類', '論賞賜米謄錄', '徵債謄錄-潛商作拏竝付', '漂倭作拏謄錄' 등 16종이다.

이 가운데 「도중실화등록」은 비어있는 면을 포함하여 총 6면에 불과한 짧은 기록이다. 내용은 『도중실화』에 수록된 내용 중 화재와 관련된 부분만 간추려 정리한 것으로, 『각양목록 하』 제작 당시 『도중실화』를 참고한 것으로 보인다. 따라서 『각양등록 하』에 수록된 「도중실화등록」은 『도중실화』의 내용을 목록화한 자료로, 두 문헌은 동일한 자료로 간주해도 무방하다.

한편, 『도중실화』는 겉표지에는 왼쪽에 '도중실화'라고 쓴 제목이 있고, 1册임을 의미하는 '單'이 그 밑에 적혀있다. 오른쪽 상단에는 '庚子至甲午'라고 쓰여 있어서, 이 자료가 1660년(현종 1)부터 1714년(숙종 40)까지의 기록을 담고 있음을 알 수 있다. 또 하단에는 '禮曹典客司上'이라고 기록되어 있어, 이 자료가 예조 전객사에서 편집하여 보관했던 예조 전객사 보관본임을 보여준다. 표지를 열면, 첫 면 첫 행 상단 오른쪽에 '朝鮮總督府圖書印'이, 상단부에는 '서울大學校圖書印'이 찍혀 있다. 版心에는 '禮曹之印' 인장이 찍혀 있다. 이를 통해 예조 전객사의 사료가 일제강점기에 조선총독부로 이관된 후, 현재는 서울대 규장각한국학연구원에서 소장하고 있음을 확인할 수 있다.

전객사 錄事들이 필사했으며, 종이 재질은 韓紙이다. 1册 62張[9])으로 이루어졌다. 한 面을 보면 테두리는 四周單邊이고, 10개의 界線이 있어

10行이다. 각 行에는 대략 20여 字 정도가 가지런히 正書되어 있다. 첫 행에는 두 글자 내려진 곳에 '庚子正月十八日'과 같이 간지로 연도를 표기한 날짜가 적혔다. 그다음 행에 '一'을 표시하고 내용을 기록해 내려가며, 내용을 다 적었으면 또다시 행을 바꾸고 날짜를 쓰며 순서대로 필사하여 다음 문건과 구별하였다. 중요한 항목은 '一'을 표시하여 일목요연하게 볼 수 있도록 하였으며, 書眉에는 사안을 요약한 글을 적거나, 회신이 시작되는 부분에는 '回'라고 표시하여 문건의 전개 과정을 한눈에 파악할 수 있도록 하였다.[10] 서미에 적은 기록은 「도중실화등록」의 목록과 동일한 것이 다수 발견된다.

총 62장이 五針眼訂으로 묶어져 1책으로 되어 있으며 중간 중간에는 비어있는 면이 있다. 1677년(숙종 3) 2월 23일 문건과 1680년(숙종 6) 사이에 7행이 비었으며, 다음 한 면이 공백으로 남아 있다. 그리고 1689년(숙종 15) 3월 14일과 1706년(숙종 32) 10월 23일 사이에도 3행과 1면이 비었으며, 1714년(숙종 40) 2월 초6일 뒤에도 3면이 비어있어서 행을 3~7행을 남겨 둔 세 면까지 포함하면 총 6면이 비어있는데, 이는 미처 기록하지 못했거나 기록으로 남길만하다고 생각한 사안들을 추후라도 적어 넣으려던 의도로 보인다. 실제로 1706년(숙종 32) 10월 23일 기록 다음에 2년 전인 1704년 6월 19일과 그보다 앞선 1698년(숙종 24) 10월 29일 기록이 이어져 있다. 그리고 그 뒤에 1708년(숙종 34) 6월 1일 이후의 내용이 수록되어 있어서 1704년 6월 19일, 1698년 10월 29일 기록은 이

9) 『도중실화』의 규장각 청구기호는 〈奎12914〉이다. 서울대 규장각한국학연구원 사이트에 실린 '기본 해제'의 서지정보에서는 1책(62장)으로 되어 있다. 사이트에서 제공하는 원문 이미지파일을 살펴보면, 겉표지를 제외하고 비어있는 면을 포함한 것임이 확인된다.

10) 이러한 형식은 전객사에서 편집한 대일관계 등록류의 일반적인 특징으로 보인다. 이현주, 「서울대 규장각한국학연구원 소장 『回謝差倭謄錄』 解題」, 『奎章閣』 63, 2023, 참조.

후 보충되었음을 보여준다. 이상의 서지정보는 대체로 등록의 기본적인 틀을 벗어나지 않는 것이다.11) 참고로 겉표지와 내지, 원문의 첫 장을 이미지로 제시하면 다음과 같다.

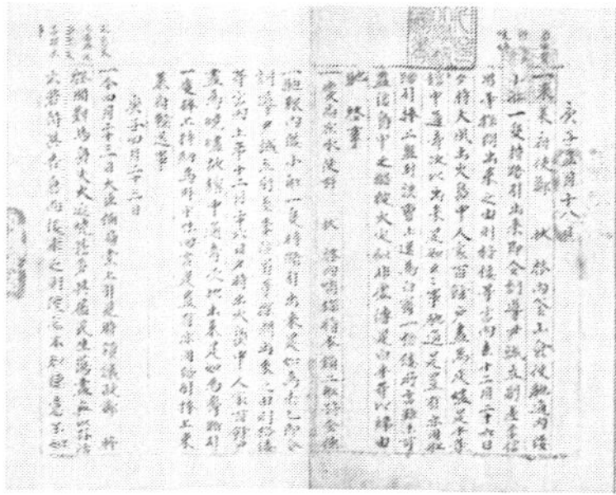

〈그림 1〉『島中失火』의 원문 겉표지, 內紙, 원문 1~2면

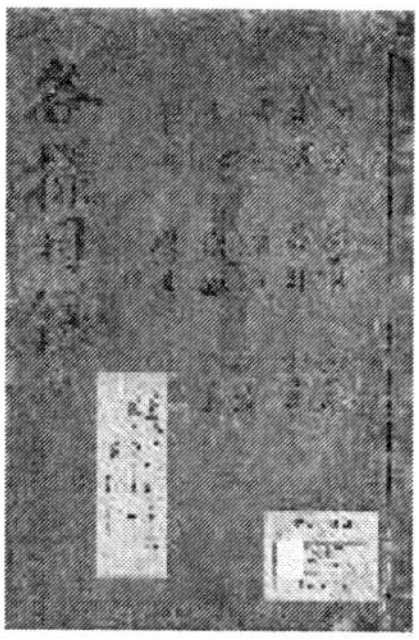
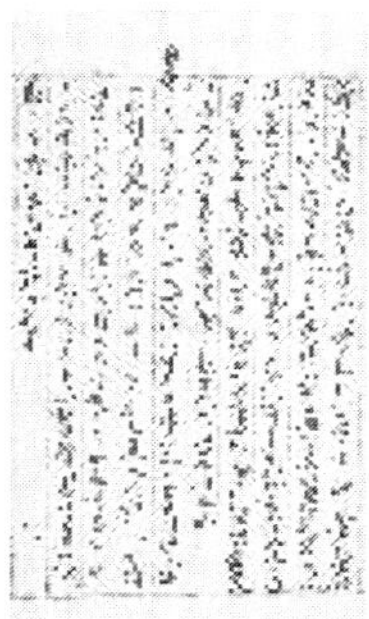

〈그림 2〉『각양목록 하』「도중실화등록」 원문 겉표지 및 내지

11) 이현주, 위의 논문, 390쪽

2) 내용

『도중실화』는 54년간에 걸친 총 37건의 문건이 실려 있다. 이를 사안별로 분류하면 총 23건에 관한 것이며, 왜관 및 그 주변에서의 화재 12건, 쓰시마번에서의 화재 4건, 에도에서의 화재 6건, 기타 1건이 기록되어 있다.

왜관 주변에서 발생한 화재는 1건으로 1706년 10월 왜관을 출발하여 쓰시마로 돌아가던 중 萬松院送使 수목선에서 발생한 것이다.[12] 기타 1건은 1659년 12월 쓰시마에서 불이 나 민가 100여 호가 불에 타버려서 조선에서 쓰시마번에 구급미 300석을 구호한 일이 있었는데, 이 건과 관련하여 1663년 4월 쓰시마에서는 조선이 쌀 300석을 지급한 사실을 막부가 알 수 있도록 예조의 서계 속에 적어 넣어줄 것을 요청했다.[13]

각 문건은 다양한 문서들이 행정절차대로 오고 간 行移體系를 잘 보여주고 있다. 따라서 화재 발생 사실이 조선 측에 알려지게 된 경위부터 훈도, 별차 등 하부단위를 거쳐서 부산진, 동래부, 경상좌수영, 그리고 경상감사를 거쳐 조정에 보고되는 과정, 그에 대한 조정의 조치에 이르기까지 전 과정이 잘 드러나 있다.

1713년(숙종 39) 11월 20일, 24일 문건은 그 상황을 잘 보여준다. 그해 9월 寅時(오전 3시~5시) 경에 왜관 내 두부 만드는 곳에서 화재가 발생

---

12) 이때의 화재는 1706년 10월 23일에 조정에 보고된 것으로, 격왜 15명이 타고 있던 1706년조 만송원송사의 수목선 1척과 격왜 20명이 타고 있던 1706년조 부특송사 수목선 1척 등이 공작미를 싣고 쓰시마로 돌아가기 위해 바람을 기다리던 중 10월 11일 저녁(二更)에 만송원사 수목선에서 불이 난 것을 말한다. 화재로 동 배에 실려 있던 공작미 400석, 白絲 38稱, 공목 10동, 참깨(眞荏) 10석, 콩(太) 20석과 기타 소소한 개개인의 짐 등이 모두 타버렸고, 격왜 15명은 겨우 죽음을 면했다(『도중실화』 병술(1706년) 10월 23일).

13) 『도중실화』 계묘(1663년) 4월 초3일, 4월 24일.

했다. 불은 이웃으로 번져 下禁徒倭가 거처하는 2호, 釀酒長 행랑, 격왜가 거처하는 3호를 포함하여 90칸이 다 타버렸다. 이 사실은 훈도 韓後瑗, 별차 玄德潤을 통해 부산첨사 李斗千에게 보고되었다. 부산첨사는 즉시 소속 감관과 색리를 왜관에 보내 화재의 상황을 조사하게 하고, 곧바로 훈도와 별차가 작성한 수본을 첨부하여 동래부사에게 보고하였다. 동래부사도 동래부 소속 감관과 색리를 보내 훈도, 별차 등과 더불어 직접 화재 상황을 조사·보고하도록 하였는데, 부산첨사의 보고와 같았다.

동래부사 李明俊은 이틀 후인 11일에 경상감사를 거치지 않고 예조에 직보하였다. 내용에는 '등록'을 두루 살펴본 결과 왜관에서의 화재는 한두 번이 아니어서 조정에서 문위하고 구호(贈物)한 내용은 화재의 경중에 따라 달리 이루어졌다고 하였다. 그러면서 이번 화재로 불에 탄 건물은 3대청 6행랑처럼 중요 사자들이 머무는 곳이 아니며, 쓰시마번에서 지은 건물로 '下倭'들이 머무는 곳이므로 문위와 구호는 필요치 않다. 다만 90여 칸에 이르는 건물이 불에 타버린 대형 화재인 만큼 '綏遠之道', 즉 먼 나라의 사람을 대하는 도리로서 휼전을 내릴 필요는 있겠다는 의견을 내고, 예조에 처리를 요청하였다. 이어 20일에는 邊情에 관계된 일이라는 예조의 보고로 비변사에서 논의가 있었다. 국왕 숙종은 이번 화재로 소실된 건물은 쓰시마에서 지은 것으로, 관왜들의 거주 공간일 뿐이므로 문위를 논할 건은 아니다. 그러나 화재 피해가 100여 칸에 이를 정도로 큰 상황에서 휼전을 내리지 않는 것은 매몰찬 일이므로 공목 2동 공작미 30석을 왜관에 특별히 지급함으로써 '조정의 德意'를 보여주는 것으로 결정하였다.[14] 이처럼 『도중실화』에는 화재 발생부터 조선 조정에 보고되고, 이후 조정의 사후 조치 등의 과정이 단계별로 상세하게 기술되어 있다.

---

14) 『도중실화』 계사(1713년, 숙종 39) 11월 20일·24일.

3. 화재 발생과 조선의 대응

1) 倭館에서의 화재

왜관은 조선에 건너온 일본인들이 머물던 곳으로 조일 간의 외교 의례와 무역이 이루어진 공간이다. 조선 후기에는 부산에만 있었다. 임진왜란 후 조일 국교가 재개되면서 1607년에 이른바 두모포왜관(舊館)이 설치되어 70여 년간 지속되었고, 이후 1678년(숙종 4)부터 1876년 조일수호조규(일명, 강화도조약) 체결까지는 초량왜관이 있었다.[15]

본래 조선 정부의 왜관 설치 목적은 조선에 건너온 일본인(쓰시마인)의 통제에 목적이 있었다. 왜관 내 건물은 크게 조선이 지어준 것과 일본 측, 즉 쓰시마번에서 물자와 비용을 조달하여 지은 건물로 나뉜다. 조선은 일본에서 도항한 외교사절의 숙소나 관수가·재판가·개시대청과 같이 무역이나 외교 업무상 중요한 기능을 갖는 관사나 업무 종사자(役人)들의 숙사, 연향대청과 같은 부속시설의 조영 및 비용을 담당하였다. 그 밖의 건물들은 일본 측, 즉 쓰시마번에서 마련하였다.[16]

조선 측이 조영한 건물이 낡거나 화재 등으로 인해 훼손되어 수리가 필요한 경우, 소요 경비의 조달은 경상좌수영에 소속된 동래지역의 7개의 진 가운데 主鎭인 부산진이 주관하였으며,[17] 객사도 훼손되는 대로

---

15) 임진왜란 후 조일 간의 국교재개 과정에서 일본 사절의 접대를 위해 설치된 절영도왜관은 임시왜관으로, 1601년(선조 34)경부터 1607년(선조 40) 두모포왜관 설치 때까지 존재하였다.

16) 『변례집요』권11, 「館宇」 丙辰(1676년) 7월, 丁巳(1677년) 12월; 『東萊府事例』 「倭館」.

17) 건물에 따라서 多大鎭·西生鎭·豆毛鎭·西平鎭·開運鎭·包伊鎭에서 각각 나누어 담당하였다. 예컨대, 관수가는 부산진에서, 통사왜가와 재판가는 다대진에서 담당하였다. 서관 동대청의 경우 제1선송사가 머무는 곳은 다대진에서, 서행랑은

각 진이 힘을 합하여 보수하였다.[18]

일본의 가옥구조는 흙벽을 사용하지 않고, 모두 판자로 벽을 꾸미며, 건물과 건물이 연이어 있어서 불이 나면 화염이 순식간에 크게 번져서 쉽게 전소되었다. 왜관 내 건물도 마찬가지였다.[19]

『도중실화』에는 1667년부터 1713년에 이르기까지 왜관 및 그 주변에서 발생한 화재에 관한 보고가 12건 기록되어 있다. 공간별로 나눠보면 두모포왜관에서 7건, 초량왜관에서 4건, 그 주변에서 발생한 화재가 1건이다.

왜관에서 화재가 발생하면 부산진과 동래부는 화재 진압에 신속하게 개입하였으며, 조정에 대한 보고도 매우 신속하게 이루어졌다. 조선시대 지방에서 중앙으로 이어지는 공문서 전달체계에 따르면, 동래부사의 보고는 동래부사 → 경상감사 → 한양 조정으로의 보고 절차가 일반적이었다. 조정에서 내려보내는 회신도 역시 이 과정을 역순으로 전달하였다. 그러나 동래부사에게는 긴급 사안의 경우, 상부 기관인 경상감사를 경유하지 않고 한양 조정에 바로 장계를 올릴 수 있는 권한, 즉 直啓權이 있었으며, 화재에 관한 보고도 이 범주에 해당되었다.

1671년(현종 12) 11월 25일 3更(저녁 11시~새벽 1시) 경에 두모포왜관 내 서쪽 담장 안쪽에 초가로 된 그릇을 굽는 가건물(沙器燔造假家)에

두모진에서, 동행랑은 다대진에서 수리를 맡았다. 參判使가 머무는 곳인 중대청은 포이진에서 담당하였으며, 서행랑과 東軒 2칸은 서생진에서, 西軒 2칸은 개운진에서 수리를 담당하였다. 副特送使가 머무는 서대청은 서평진에서 맡았고, 서행랑은 개운진, 서헌 2칸은 두모진, 동헌 2칸은 서평진에서 수리를 담당하였다. 선창은 두모포·개운포·포이포·서생포·다대포 등의 각 진에서 나누어 담당하였다(『草梁話集』). 왜관의 조영과 수리에 대해서는 장순순, 『조선시대 왜관변천사연구』, 전북대학교 박사학위논문, 2001 참조.

18) 『증정교린지』 권3, 「館宇」.

19) 『도중실화』 경신(1680년) 6월 초5일.

서 화재가 발생하였다. 소식을 접한 부산첨사 李延禎은 화재를 진압하기 위해 3鎭의 士兵을 지휘하여 직접 현장으로 달려갔고, 징발된 부산면의 煙戶軍과 3진의 사졸 등이 힘을 합쳐 불을 껐다. 군관 2인에게는 화재의 원인을 조사하게 하였다. 그 결과는 동래부사에게 보고되었고, 동래부사는 상부기관인 경상감사를 거치지 않고 그날로 조정에 보고하였다.

화재의 피해는 전에 없이 컸다. 동·서관 및 금도왜방, 서승왜방, 여러 곳의 가건물, 物貨庫間 5곳, 크고 작은 배(倭船) 7척 등이 타버렸다. 왜관 내 건물은 연향대청과 公需間 두 곳만 남고 모두 타버렸다. 이에 대해 부산첨사는

> "화재가 한밤중에 일어난 데다 바람이 거세어 왜관 내 건물이 일시에 터버려 왜인들은 맨몸으로 탈출하기에 급급하여 불을 끌 수 없었다고 합니다. 게다가 왜인들은 화재가 발생하면 일단 맨몸으로 피할 뿐 불을 끌 계책을 하지 못하고, 대개 집마다 莊藥鳥統과 허다한 화약 때문에 불을 끄고자 해도 앞에 가까이할 수 없었으며, 정미년(1667, 현종8) 왜관에서의 화재 후 왜인이 거처하는 건물이 모두 초가로 되어 있어서 좀 더 빨리 불을 끌 수 없었습니다"[20]

라고 보고하였다.

당시 왜관에는 왜관 이건 문제로 조선에 건너온 이관차왜 平成太와 平成之 등 600여 명에 달하는 송사왜가 머물고 있었기 때문에 관수를 비롯해 왜관에 머물고 있던 사람들을 연향대청과 공수간 두 곳에서 모두 수용할 수 없는 상황이었다. 동래부에서는 관수, 차왜, 약간의 대관 등은 연향대청과 공수간에서 임시 거주할 수 있도록 조처하였으나 나머지 대관 및 以酊庵 정관, 漂屍領來差倭, 세견 제4선 정관, 諸禁徒倭, 僧倭 등

20) 『도중실화』 신해(1671년) 11월 25일·27일.

은 머물 곳이 없었다. 이에 관수는 가건물을 지을 동안만이라도 釜山客舍와 왜관 근처 민가에서 머물 수 있게 해줄 것을 동래부사에 요청하였다. 관수는 술을 마시고 몹시 취한 상태에서 부산진성 안에 들어와 부산첨사에게 가건물을 빨리 지어줄 것을 화를 내며 재촉하는 등 부산첨사의 설득에도 자신들의 요구를 관철하기 위해 완강한 입장을 고수했다.[21]

결국 우여곡절 끝에 관왜들이 왜관 근처 민가에서 임시로 머무는 것은 허가되었으나 국왕의 전패가 모셔져 있는 부산객사는 허용되지 않았다. 조정에서도 화재의 참혹함이 4년 전인 정미년(1667)보다 심하고, 그때의 화재로 인한 왜관의 복구도 아직 이루어지지 않은 상황에서 다시 화재가 발생한 데다 날씨마저 추운 상황이었기 때문에 가건물이 마련되기까지 관왜와 차왜 등이 잠시 민가에 머물 수 있도록 예외적인 조치를 허용한 것이다. 조정에서는 가건물을 마련하는 것도 큰 공사이므로 경상도에 피해 상황을 알려 인근의 수령들이 힘을 합쳐 참여하도록 하고, 부산면의 지역주민이 취사도구가 모두 타버려 밥을 해 먹을 수 없는 처지에 놓인 관왜들에게 밥을 지어 제공해 주도록 조치하였다. 그리고 정미년 화재의 예에 따라 왜관에 공작미 100석과 공목 5동을 들여보내고, 서둘러 왜관 건물을 재건해 줄 것을 경상도에 지시했다.

당시 조정의 구호 논리는 "먼 나라 사람을 대하는 제왕의 도리(遠人之道)라는 관점에서 (저들을) 구제하지 않을 수 없는 일이고, 변정에 관계된 일이므로", "재앙을 구제하고 이웃을 구휼하는 도리(捄災恤隣의 道)에서 특별히 어려운 형편을 돌봐주고 구제하지 않을 수 없으니, 공작미 200석과 공목 10동을 덜어내어 위로하게 하며, 역관이 글을 갖추어 관수에게 지급하여 나눠 쓰도록 하여 (관왜들에게) 조정의 軫念의 뜻(朝家軫念之意)을 보여주도록 하자"는 것이었다.[22]

---

21) 『東萊府接倭狀啓謄錄可考事目錄抄册』, 辛亥(1671년) 11월.

이러한 조치는 같은 해 10월 3일 왜관에 와 있던 비선을 통해 곧바로 쓰시마번에 전달되었다. 비선에는 漂屍領來差倭 平重正과 금도왜 등이 동승하였다. 이어 27일에는 예조에서 왜관에 당상역관을 보내 관수와 왜관에 머물던 이관차왜 平成太·平成之에게 예단을 내려 위문하였다.[23]

그렇다면 화재 진압 후 조선정부가 취한 관례화된 추가 조치, 예컨대, 타버린 왜관 내 건물들의 수리 및 재건이나 왜관 내 일본인 내지 왜관 체류 각종 사자 등에 대한 지원은 어떻게 이루어졌을까?

다음 〈표 1〉는 『도중실화』에 나오는 왜관의 화재 상황 및 조선의 대응을 표로 정리한 것이다.

〈표 1〉 조선후기 왜관에서 발생한 화재 및 조선의 구호 실태

	발생시기	화재 피해	조선 측의 구호 내용	보고일/비고
1	1667 (현종8). 윤4.11	舊代官家 所接處 여러 곳(東西館 大廳 左右行廊, 서관 북쪽을 지나는 행랑, 동쪽 끝 庫間 4곳과 대관 각방, 여러 卒倭가 머무는 곳)/세견 제1 수목선 1척과 비선 1척 등 배 2척/공작미 2,000여 석, 求貿 물품 燒燼	공작미 100石, 公木 5同을 관수에게 지급, 역관 문위, 증물(差倭 藤成供·橘成陳·관수에게 각각 白綿紬 3필, 白苧布 3필, 黑麻布 3필, 白木綿 5필, 黃毛筆 15자루, 花席 3장, 四張付油芚 2部, 眞墨 15笏)/가건물 수백칸 造給/本面居民 炊飯入給/ 타버린 深衣(求貿品) 다시 지급	1667. 윤4.11
2	1671 (현종12). 11.25	沙器燔造 가건물에서 화재/ 東西館 및 禁徒倭房·書僧倭小殺諸處 가건물, 物貨庫間 5所, 小倭船 7척	공작미 200석, 공목 10동, 차왜 平成太·平成之·관수에게 당상역관 문위, 贈物(차왜 平成太·平成之·관수에게 각각 白綿紬 5필 白苧布 5필, 黑麻布 5필, 白木綿 10필, 黃毛筆 20柄, 화석 5장, 四張付油芚 2部, 眞墨 20笏)/가건물 造給/本面居民 炊飯入給	1671.11.25

22) 『도중실화』, 辛亥(1671년) 11월 15일; 『東萊府接倭狀啓謄錄可考事目錄抄册』, 辛亥(1671년) 11월.

23) 『도중실화』 辛亥(1671년) 11월 25일.

3	1672 (현종13). 10.5	使倭 所接處(서관 서행랑)·禁徒倭房 3庫·醫倭房 1庫·鷹師房 1庫·木手房 5庫 合 11庫 등 총 380여 칸/下倭(木手倭·役夫倭 각 1명) 2명 燒死	공작미 200석, 공목 10동 지급, 역관문위, 贈物(白綿紬 5필 白苧布 5필, 黑麻布 5필, 白木綿 10필, 黃毛筆 20柄, 화석 5장, 四張付油芚 2部, 眞墨 20笏)	1672.10.14 신해년의 例
4	1672 (현종13). 10.말일	都頭禁徒倭房舍 1庫·都禁徒倭房舍 8庫·小禁徒倭房舍 5庫·木手房舍 2庫·代官房舍 1庫·酒家 1庫 合18庫·가건물 19庫(총 270여 칸)	공작미 100석, 공목 5동 지급, 禁徒倭 등에게 별도로 若干米布/가건물 造給	1672.11.1. /정미년의 例
5	1674 (현종15). 2.10	동관 중대청 1庫·동관 서행랑 1庫·서관 동서행랑 각 1庫·鷹師倭房 1庫·禁徒倭房 1庫·3代官~13代官房 각 1庫, 合 17庫 115間(460間)/萬松院送使 卜物	공작미 100석, 공목 5동, 당하역관 문위, 관수 및 漂倭回謝漂民領來 兩差倭에게 증물(각각 白綿紬 3필 白苧布 3필, 黑麻布 3필, 白木綿 5필, 黃毛筆 15柄, 화석 3장, 四張付油芚 2部, 眞墨 15笏)/가건물 造給	1674. 2.11. 3.25/정미년의 예
6	1674 (현종15). 12.3	一特送使·都船主倭所接 가건물 西邊短籬 失火	공작미 100석, 공목 5동, 당하역관 문위, 증물	1674.12.18
7	1677 (숙종3). 2.10	구왜관 동관 동행랑 13間·下代官 陸物庫 7間(20間)/선창에 쌓아 둔 공작미, 무역곡(米·太) 등 2,400여 석, 부특송·대관왜 입급 공작미·魚價米·料米 300석, 부특송 입급 料太 40석, 5일잡물 등/病倭(禁徒倭) 1인, 奴馬 사망	공작미 200석. 소실된 미곡은 경상도 각읍에 분정/부특송에게 眞末 3석, 粘米 3석 10斗, 柏子 12斗, 胡桃 11斗, 眞油 6斗, 淸蜜 3斗, 脯肉 10첩 등과 魚價米 70石 9斗 2升, 料米 40석, 料太 40석 지급. 대관에게 花席 21張, 四張付油芚 4番, 小豆 3石, 雨傘紙 50張, 空石 35立, 草芚 12番 등과 魚價米 70석 두 2승, 요미 40석, 料太 40석 등 지급	1677.2.18./23
8	1680 (숙종6). 5.26	館守家(48間)	공작미 50섬, 공목 3동	1680.6.5./ 임자년 2차 예/1684~90년 조선 조영
9	1684 (숙종10). 11	代官 下倭家 入接草家 4庫		1684.11.18

10	1706 (숙종34). 10.12	왜관 밖 萬松院送使 水木船에서 화재, 공작미 400석, 白絲 38稱, 공목 10동, 眞荏 10석, 太 12석, 기타 小小私卜	1특송사 상선연 乾物 지급	왜관 주변/ 1706.10.23
11	1708 (숙종34). 5.23	서관 동대청 서행랑 56칸	공작미 50석, 공목 3동	1708.6.1.,3,29 /경신년 예/1714~15년 조선 조영
12	1713 (숙종39). 11.9	造泡長 行廊, 下禁徒倭가 거처하는 2戶, 醸酒長 行廊, 격왜가 거처하는 3戶 합하여 90間	공작미 30석, 공목 2동 特給	1713.11.20

〈표 1〉을 통해서 왜관에서 발생한 화재에 대한 조선의 구호 실태를 살펴보면 다음과 같다.

첫째, 조선 정부는 화재 피해를 입은 왜관의 주요 건물에 대해서는 수리 및 재건을 해주었다. 요컨대, 왜관 건물 중 관수가·재판가·개시대청 등 동관 삼대청과 서관 삼대청 등 일본에서 도항한 외교사절의 숙소, 무역이나 외교업무상 중요한 기능을 갖는 건물이나 役人들의 숙사, 연향대청과 같은 부속시설의 경우, 화재 피해가 발생하면 조선 측이 모든 비용을 부담하여 수리 또는 재건해 주었다. 이 건물들은 왜관 설치 당시부터 조선정부가 직접 지어 준 건물이었다.

『증정교린지』 권3 「감동」에는 초량왜관 당시 왜관 건물에 관한 조선 측의 수리 사실이 기록되어 있다. 이에 따르면, 1680년 화재로 소실된 관수가는 1684년부터 1690년까지, 1708년 화재로 소실된 서관 동대청 서행랑 56칸은 1714년부터 1715년까지 재건되었다. 한편, 이후의 화재에 대해서도 마찬가지였다, 1733년 화재로 소실된 서관 동대청 동행랑 56칸은 1738년에, 그리고 1780년과 1822년 화재로 소실된 서관 동대청 서행랑과 서관 중대청도 1791년, 1825년부터 1828년까지 각각 재건해 주었다.[24] 그러나 代官家, 서승왜가, 통사왜가를 비롯하여 각종 창고 등 관왜들의 생활공간은 쓰시마번에서 물자 및 경비를 모두 조달하여 스스로 마련하도록 하였다.[25] 1684년 대관가의 화재, 1706년 만송원송사 수목선의 화재, 1713년 造泡長 行廊의 소실, 1732년, 1768년 제1선 下房에서의 화재에 대한 조선의 조치를 통해서 그 사실이 확인된다.

둘째, 왜관 화재에 대한 조선의 구호에는 왜관 건물의 재건 외에 공목과 공작미의 지급, 그리고 역관 문위, 예단 증물 등이 있었다. 기본적으로 전례, 즉 정해진 기준에 준하여 이루어졌는데, 화재 피해의 규모와 피해 대상에 따라 달리 적용되었다. 조일외교와 무역업무의 수행을 위해 왜관에 체류 중이던 정례사절이나 차왜와 같은 송사왜, 무역을 주관했던 대관 등에게는 공목과 공작미의 지급 외에도 별도로 왜관에 역관을 파견하여 위문하고 예단을 지급하였다.

1680년 6월 왜관에서는 메주를 만들던 하왜의 관리 소홀로 火桶이 벌어진 틈 사이로 불이 번져 관수가 등 인근 건물이 모두 타버린 화재가 발생하였다. 보고를 받은 동래부사 李瑞雨는 당시 재난을 당한 관왜들의 구호 방안에 대해서,

> "왜관 실화는 비일비재하여 우리나라로부터의 慰恤之道 또한 그 輕重에 따르니 그 규정은 한결같지 않습니다. 지난 謄錄을 살펴보니 … 일찍이 丁未(1667년)에 왜관 실화시 공목 5동, 공작미 100석을 題給하고 역관을 보내 문위하였으며, 辛亥(1671년)에 각처 失火로 船隻이 연소했을 때 공목 10동, 공작미 100석을 제급하고 역관을 보내 문위하였습니다. 임자(1672년) 실화시 처음에는 공목 5동, 공작미 100석을 제급하고 역관을 보내 문위했는데, 공목 3동, 공작미 50석을 제급하고 역관을 보내 문위하지 않았습니다. 갑인(1674년) 실화 때 공목 5동, 공작미 100석을 제급하고 역관을 보내 문위하였으며, 병진(1676년) 실화 때는 問慰贈物이 없었으며, 丁巳(1677년) 실화 때 공작미 200석을 제급하고 역관을 보내 문위

24) 왜관의 수리에 대해서는 장순순, 앞의 박사학위논문 참조.

25) 『東萊府事例』, 「倭館」.

하지 않았다. 또 같은 해 실화 때는 문위증물이 없었습니다.[26]"

라고 하며, 전례에 대해 자세히 언급하면서, 화재로 우리나라의 칸수로 48칸에 달하는 관수가가 타버렸고, 관왜들은 급하게 몸을 피하느라 하나의 물건도 가져오지 못했다고 피해 상황을 보고하고 전례에 따른 휼전의 거행을 요청하였다. 그러면서 관수가가 불에 타버렸지만, 신관(초량왜관)에는 빈집이 대단히 많으므로 가건물의 마련 등은 필요없으며, 쓰시마에서 관수가를 改修해 달라는 청이 있거든 추후 관수와 함께 전례를 참작하여 처리할 수 있도록 하는 것이 좋겠다는 의견도 함께 제시하였다. 마침내 조정에서는 당시 화재가 인명 사망도 없었고 화재의 피해도 1667년과 1671년에 비해 심하지 않으므로 1672년 10월에 발생한 화재의 예에 준하여 공목 3동, 공작미 50석을 지급하였으며, 별도의 역관 문위는 없었다.

그러나 1713년(숙종 39) 화재처럼 예외적인 경우도 있었다. 이때는 두부 만드는 곳에서 시작된 화재가 번져 하금도왜가 거처하는 2호, 釀酒長行廊, 격왜가 거처하는 3호 등 합하여 90여 칸이 타버렸다. 조정에서는 화재로 훼손된 건물은 쓰시마번에서 지은 것이며, 하왜들이 머무는 곳이므로 역관의 문위와 '증물'를 논할 바는 아니라고 하면서도 불에 탄 건물이 100여 칸에 이르는 대규모 화재에 대해 "끝내 휼전을 내리지 않는 것 또한 몰인정(終靳恤典 亦涉埋沒)하다"고 하면서 공목 2동, 공작미 30석을 특별히 마련해 줌으로써 '조정의 德意'를 표하기도 하였다.[27]

26) 『도중실화』 경신(1680년) 6월 초5일.

27) 『도중실화』 계사(1713년) 11월 20일, 24일.

2)쓰시마번과 에도(江戶)에서의 화재

① 쓰시마번 후추에서의 화재

『도중실화』에는 쓰시마번 후추와 에도에서 발생한 화재에 대해서도 기록되어 있다. 〈표 2〉는 쓰시마번에서 발생한 화재를 정리한 것이다.

〈표 2〉 쓰시마번에서 발생한 화재

	발생시기	피해 내용	조선 측의 구호 내용	보고일/비고
1	1659(효종10). 12.26	對馬 민가 100여 호	공작미 300석/예조 서계	1660.1.18
2	1662(현종3). 4.24	對馬 민가 2,000여 호	規外 還送	162.5.4 飛船 路引 無소지
3	1676(숙종2). 11.22	對馬 府中 민가 100여 호		1677.2.7
4	1686(숙종12). 8.8	對馬 府中 민가 130여호		1686.8.19

〈표 2〉에 따르면 쓰시마번에서 발생한 화재가 조선에 알려진 사례는 총 4건이다.[28)]

1659년(효종 10) 12월 26일 쓰시마의 후추에서 화재가 발생하여 민가 100여 호가 피해를 입은 사실은 이듬해인 1660년 1월 동래에 보고되었다.[29)] 尹誠立과 별차 李信男이 조선에 건너온 소선 1척을 문정하는 과정에서 알려졌고, 이 사실은 부산첨사의 보고를 받은 동래부사와 경상좌수

28) 물론 이것이 쓰시마번에서 발생한 화재 모두를 의미하지는 않는다. 『도중실화』의 수록 기간에 한정해서 보더라도 『도중실화』에서는 보이지 않지만 1661년(현종 2) 12월에 발생한 화재로 쓰시마 후추의 사찰과 민간 2,000여 호가 피해를 입었다는 사실이 조선에 보고된 바 있으며(『현종개수실록』 현종 2년 12월 24일(기사)), 1663년(현종 4) 쓰시마에서 발생한 화재의 구호를 위해 조선정부가 공작미 300석을 하사한 사례가 있다(『현종개수실록』 현종 4년 4월 3일(경자)).

29) 『도중실화』 경자(1660년) 1월 18일; 『춘관지』 권3 「附馬島江戶失火」.

사의 장계를 통해서 조정에 보고되었다. 동래부사 鄭泰齊는 "비통하게도 對馬島에 화재가 있었는데도 위문하지 않았으니 실로 부족하게 여겨 (대마도가) 원망하게 되었다"고 조정에 보고하면서,[30] 4월 23일에 화재로 인해 살아갈 방도가 막막해진 쓰시마를 긴급 구제해주는 방도가 비변사에서 논의되었다.[31] 당시 조정의 중론은 쓰시마의 상황이 매우 궁핍한 처지에 놓여 있으니 저들이 구제 요청을 해 오기 전에 선제적으로 구제하자는 것이었다. 영의정 鄭太和와 좌의정 沈之源은 조선 정부의 선제적 구제가 우리의 '德義'를 알리는 것이며, "이때 救活한다면 우리에게 진실로 생색이 될 것이며, 저들이 비록 蠻夷라 하더라도 어찌 德意에 깊이 감동하지 않겠습니까?"라는 입장이었다. 형조판서 洪重普는 100여 석을 쓰시마에 내려줄 것을 건의하였다. 결국 조정의 논의는 외국을 재난에서 구하는데 100석의 쌀은 너무 약소하다는 국왕 현종의 의견에 따라 구급미로 300석의 쌀을 쓰시마에 지급해 주기로 정하였다.[32]

때마침 쓰시마의 3대 번주 소 요시자네(宗義眞)가 에도에서 쓰시마로 돌아온 터였으므로 조정에서는 그해 11월 쓰시마에 문위행(당상역관 김근행, 당하역관 韓相國)을 파견하기로 되었는데, 그때 겸하여 쌀 300석을 하사하고 동래부사 정태재 명의의 서계를 보내 쓰시마번주를 위문하였다.[33]

3년 후 1663년(현종 4) 3월에도 번주 소 요시자네의 환도 문위를 위한 문위행(당상역관 김근행, 당하역관 李鎭翼)이 실시되었다. 이때 쓰시마번에서는 김근행을 통해 1660년 화재 당시 조정에서 300석의 쌀을 쓰시마에 하사한 사실을 예조참의의 문서에 기입해 줄 것을 요청했다.[34] 쓰시

---

30) 『증정교린지』 권6, 「문위각년례」.

31) 『도중실화』 경자(1660년) 4월 23일.

32) 위와 같음, "上曰救災外國 百石之米似爲太略 更爲商量加給可也".

33) 『東萊府接倭狀啓謄錄可考事目錄抄册』 경자(1660년) 11월.

마에서는 막부에게 그 사실을 알림으로써 '生輝之地'로 삼고 싶다는 취지였다. 조정에서는 이 사실을 첨서한 예조참의의 서계를 훈도를 통하여 왜관에 전달하였는데, 왜관에서는 번주가 아직 에도로 들어가기 전이므로 비선편으로 전하겠다고 하면서 매우 기뻐하였다.[35] 쓰시마번으로서는 자신들의 재난에 대해 조선 정부가 취해 준 구호 사실을 막부에 알림으로써 조선과의 교섭에서 自藩의 위상을 막부에 확인시키고 드러내는 기회로 활용하고자 한 것이다.

1662년 5월 초에 두왜 1인과 격왜 7명이 탄 비선이 조선에 건너와 왜관 선창 밖 바다에 머물러 있었다. 훈도 李尙漢 등의 문정 결과 지난 4월 24일 쓰시마번에서 화재가 발생하여 민가 2,000여 호가 모두 타버린 사실을 왜관에 알리기 위해 도항해 온 것이었다. 그런데 비선은 조선과의 통교 규정상 지참해야 할 노인을 소지하지 않았다. 두왜의 주장은 노인을 가지고 출발했으나 바다를 건너오던 중 풍랑을 만나 다른 배로 급히 갈아 올라타면서 노인을 바다에 빠트려 분실했다는 것이었다. 조정에서는 화재 사실을 알리기 위해 건너왔으므로 비선의 왜관 입관을 허가하자는 논의도 있었으나, 결국은 노인을 확인한 이후라야만 입관의 허가가 가능하다는 결론이 났다. 화재라는 긴급 사안을 이유로 노인을 소지하지 않은 비선을 왜관에 들어오도록 허용한다면 전례가 될 수 있다는 것이었다.[36] 이로써 당시 비선은 규정 위반으로 환송되었다.

1677년(숙종 3) 2월 초에는 쓰시마에서 세견선 4척이 조선에 건너왔다. 1676년 11월 22일 후추의 민가에서 화재가 발생하여 100여 호가 타

---

34) 『東萊府接倭狀啓謄錄可考事目錄抄册』, 癸卯(1662년) 3월, "渡海譯官金謹行等 到馬島問答手本中 島中失火 朝廷賜米三百石 而只言於東萊答書中 願添入於禮曹別副中云云".

35) 『도중실화』 癸卯(1663년) 4월 24일.

36) 『도중실화』 임인(1662년) 5월 초4일; 『東萊府接倭狀啓謄錄可考事目錄抄册』 임인(1662년) 1월.

버린 사실이 관수를 통해 쓰시마 내의 상황을 탐문하는 과정에서 알려졌다.[37] 그리고 1686년(숙종 12) 8월 초에도 후추의 동쪽 지역에서 화재가 발생하여 민가 130여 호가 모두 타버린 사실이 조선에 전해졌다.[38] 그런데 위 두 차례의 화재에 대해서는 화재의 규모가 이전보다 상대적으로 작아서였는지, 아니면 당시 국내 상황에 따른 것이었는지[39]는 단정할 수 없으나 1662년과 같은 구호 조치는 없었다.

이상을 통해 쓰시마번에서 화재가 발생할 경우, 그 사실이 조선에 알려지면 조선정부는 화재의 규모 및 경중에 따라서 혹은 국내 사정에 따라 구호를 행했음을 알 수 있다.[40] 그러나 그 절차가 조선이 정한 통교 규정에 따른 것이어야 한다는 점은 중요한 조건이었다.

② 에도(江戶)의 화재

에도는 지금의 도쿄(東京)로, 도쿠가와 막부가 위치한 일본의 정치 중심지였다. 에도에는 쓰시마번 등 각 번의 번주(大名)의 처소인 에도번저(江戶藩邸)가 있었다. 다음은 에도에서 발생한 화재가 『도중실화』에 수록된 것을 정리한 것이다.

---

37) 『도중실화』 정사(1677년) 2월 초7일.

38) 『도중실화』 병인(1686년) 8월 19일; 『東萊府接倭狀啓謄錄可考事目錄抄册』 병인(1686년) 8월.

39) 1676년 이전인 1670년(현종 11))과 1671년에는 경술·신해대기근(庚戌辛亥大飢饉) 또는 '경신대기근'이라 불리는 대기근이 있었다.

40) 1661년(현종 2) 12월 쓰시마에서 화재가 발생하여 3일 낮밤으로 사찰과 민간 가옥 2,000여 호가 불에 타버렸다. 당시 쓰시마에서는 왜관을 통해 동래부에 구호, 즉 물품을 보내주기를 요청했으나 동래부사 李元禎은 조선 내 기근을 이유로 거절하였다(『현종개수실록』 현종 2년 12월 기사).

〈표 3〉 에도에서 발생한 화재

	발생시기	화재의 내용	조선정부의 구호 내용	보고일/비고
1	1673 (현종14).6	江戶 민가 5만여 호		1673.6.27. 改年號(延寶)
2	1682 (숙종8)	江戶 島主家	역관을 보내 관수왜 문위, 도주에게 보고하게 함/關白嗣子弔慰時 失火問慰 겸함/除書契只以別幅 口陳致慰	1683.7.27
3	1688 (숙종14)	江戶 민가 1천여 호		1689.3.14. 改年號 (貞享→元祿)
4	1698 (숙종24). 9.6	江戶東城外失火, 수만家戶, (各州)島主之家 太半 燒燼		1698.10.29
5	1703 (숙종29). 12	江戶城內 各州島主之家 및 對馬島主家 燒盡, 화재로 10여만 명 사망		1704.6.19. 改年號 (元祿→寶永)
6	1713 (숙종39). 12.12	江戶 國王殿宇, 城外 민가 50여 호 延燒		1713.11.20.

『도중실화』에 의하면, 에도에서 발생한 화재가 조선에 알려진 것은 6건이다. 이 가운데 1673년, 1688년, 1703년의 화재는 피해 규모가 대단히 커서 막부에서는 화재를 이유로 연호까지 바꿔야 할 정도였다.

에도에서 발생한 화재에 대한 조선의 대응이 왜관과 후추에서와 달리 그 기준이 화재의 피해 규모, 즉 경중이 아니라 쓰시마번의 피해 여부에 달렸다는 점은 주목되는 부분이다. 예컨대, 화재 피해가 너무나 커서 연호까지 바꿔야 했던 1673년, 1688년, 1703년의 화재에 대해서 조선은 어떠한 대응도 하지 않았다. 심지어 1713년 12월, 쇼군의 저택(國王殿宇)이 불에 탔고, 성 밖의 민가 50여 호도 타버린 화재가 있었을 때조차도[41]

41) 『도중실화』 갑오(1714년) 2월 초6일.

조선 정부의 구호는 전혀 이루어지지 않았다. 그에 반해 쓰시마번의 에도번저가 화재로 소실되었을 때는 달랐다.

1682년 에도에서 발생한 화재로 쓰시마의 에도번저를 비롯해 보물과 재화가 불에 타 잿더미가 되었다. 이 사실은 이듬해인 1683년 6월 관수를 통해 조선에 전해졌다. 당시 관수는 화재 사실을 동래부에 전하면서 왜관에서 화재가 있었을 때 조정에서 역관을 내려보내 관수를 문위한 전례를 들면서 쓰시마번에 문위역관을 파견하지는 않더라도, 화재 피해를 위문하는 역관을 왜관에 파견해 준다면 이 사실을 번주에게 알리겠다고 요청하였다. 때마침 쇼군의 후계자 도쿠가와 도쿠마쓰(德川德松)가 사망했다는 소식이 조선에 전해진 터라[42] 조정에서는 쓰시마번에 문위행을 파견할 때 겸하여 에도의 쓰시마 번저의 화재사건을 문위하기로 정했다.[43] 당시 관수는 문위행이 지참한 서계나 별폭 중에 구호 한 예가 있다면 막부에 체면이 설 수가 있을 것이라고 요청하기까지 하였다. 결국 조정에서는 왜관에 역관을 보내 문위하고 그 사실을 쓰시마번주에게 보고하도록 했다. 1683년 1월에 쓰시마로 건너간 문위행은 '關白嗣子弔慰'와 겸하여 화재를 문위하였다. 방식은 화재에 대해서는 별도의 서계없이 별폭만 보내고 구두로 위로하는 것이었다.[44]

에도에서 발생한 화재에서 조선의 쓰시마번에 대한 중시 경향은 1772년(영조 48)의 화재 사건에서도 확인된다. 그해 4월 17일 관수는 왜관에 양역(훈도와 별차)을 불러 에도의 쓰시마번저가 화재로 훼손되었다는 사실을 알리면서, 에도의 대화재로 쓰시마번의 재정이 매우 곤란한 상황에 놓여 있으므로 향후 1,2년 사이 쓰시마에 보낼 예정인 공작미 등의 지급

42) 『증정교린지』 권6, 「문위각년례」.

43) 『증정교린지| 권4, 「휼전」.

44) 『도중실화』 계해년(1683년) 7월 27일; 『東萊府接倭狀啓謄錄可考事目錄抄册』 계해(1683년) 7월; 『변례집요 권10, 「恤典」 계해(1683년) 6월, 7일.

을 앞당겨 줄 것을 요청하였다. 당시 조선이 보관 중이던 공작미는 임진년조(1772년)의 2,000俵, 신묘년조(1771년)의 겸대미 1,000표였는데, 당시 조선 정부는 이를 수용해 주었다.[45)]

4. 맺음말

지금까지 『도중실화』를 중심으로 쓰시마의 화재 발생 실태와 조선의 구호 조치를 살펴보았다. 그 결과를 간략히 정리하고, 이어서 조선 정부가 쓰시마에서 발생한 화재를 정리하여 『도중실화』라는 등록으로 보관하게 된 배경과 일본과의 외교관계를 정리한 여러 문헌에서 '휼전' 항목을 별도로 둔 배경을 추적함으로써, 관념적으로 존재했던 조선시대 쓰시마인식이 조선의 대일정책 속에서 어떻게 표상되었는지를 추론하는 것으로 맺음말을 대신하고자 한다.

쓰시마 관련 지역의 화재에 대한 조선의 대응은 기본적으로 정해진 기준, 즉 전례에 준하여 이루어졌다. 구체적으로는 화재의 규모, 피해 대상, 국내의 경제적 상황에 따라 전개되었다.

조선은 왜관에서 발생한 화재에 대해 가장 적극적으로 대응하였다. 화재가 발생하면 부산진과 동래부는 곧바로 화재 진압에 개입하였다. 화재 사실을 곧바로 조정에 보고하였으며, 조정에서는 관왜, 즉 쓰시마인에 대한 긴급구제를 행하였다. 경상도 각 군의 물력을 동원하여 임시로 거주할 가건물을 지어주고, 취사도구마저 불에 타버려서 식사를 해결할 수 없는 처지에 있는 이들에게는 왜관 주변 지역주민을 동원하여 밥을 지어 제공하는 등의 긴급조치를 취해 주었다.

45) 『分類紀事大綱』 Ⅶ, 「分類紀事大綱」 10, 「江戶御屋敷燒失」.

그리고 왜관의 주요 건물, 즉 일본에서 도항해 온 외교사절의 숙소나 무역 및 외교 업무상 중요한 기능을 갖는 건물, 연향대청 등 부속시설이 화재로 피해를 입었을 경우, 조선 측은 모든 비용을 부담하여 이를 수리하거나 재건해 주었다. 또한, 화재의 규모와 피해 대상에 따라 전례에 준하여 공목과 공작미를 지급하고, 역관을 통해 위문하거나 예단과 증물을 제공하기도 했다. 특히, 왜관에 체류 중 화재 피해를 입은 정례사절, 차왜, 무역을 주관하던 대관 등에게는 별도로 역관을 파견해 위문하고 예단을 지급하였다.

쓰시마의 후추에서 발생한 화재에 대해서도 조선은 구급미를 제공하며 구호 조치를 취했다. 쓰시마번은 이러한 조선의 구호 사실을 의도적으로 막부에 보고하여, 조선과의 교섭에서 자신들의 위상을 드러내고 이를 확인시키는 기회로 삼기도 하였다.

한편, 왜관이나 쓰시마번에서 발생한 화재와 달리 에도에서 발생한 화재에 대한 조선의 대응은 쓰시마번의 피해 여부에 따라 달랐다. 에도의 쓰시마번저가 화재로 소실되었을 때는 왜관에 역관을 보내 문위하거나 문위행 등을 통한 대응이 있었다. 그러나 연호를 바꿔야만 할 정도의 대형 화재나 심지어 쇼군의 거주 공간이 불에 탔을 때조차도 조선 정부는 아무런 대응을 하지 않았다. 이는 조선의 화재에 대한 대응이 철저히 쓰시마 관련 지역에 한정되었음을 보여준다.

이에 대한 조선의 대응 논리는 "먼 나라 사람을 대하는 제왕의 도리라는 관점에서 (對馬島人을) 구제하지 않을 수 없는 일이고, 변정에 관계된 일이므로", "재앙을 물리치고 이웃을 구휼하는 도리에서 별도로 어려운 형편을 돌봐주고 구제하지 않을 수 없으며", "피해가 큰 상황에서 휼전을 내리지 않는 것은 매몰찬 일이므로", 그들에게 '조정의 진념의 뜻', '조정의 덕의'를 보여주자는 것이었다. 그렇다면 이러한 조선의 논리는 무엇에서 비롯되었을까?

조선은 전기부터 쓰시마의 재해에 대해 관심이 많았다. 조선 전기에도 삼포왜관이나 쓰시마에서 화재가 발생하여 그곳에 거주하는 쓰시마인의 피해가 확인되면, 예조에서는 郞官을 보내 진휼하거나 경상도 관찰사가 진휼하는 것이 구례였다.[46)]

1429년(세종 11) 내이포에 머물러 사는 일본인 37호가 화재로 가재와 미곡이 모두 타 버렸을 때 조정에서는 양식이 떨어진 자를 가려서 환자곡(還上穀)을 지급해 구휼하였으며[47)], 1458년(세조 4) 경상도 제포에 거주하는 항거왜인의 막사에서 화재가 발생했을 때도 조정에서는 피해 일본인들을 위로하고 돌보는 事目이 논의되었다.[48)] 1461년(세조 7) 3월에는 제포왜관에서 38호가 화재로 연소되었는데, 경상도관찰사의 진휼이 있었다.[49)] 이듬해인 1462년에도 제포의 항거왜인 三未時羅의 집에서 불이나 30호가 연소하였는데, 이때에도 피해의 경중에 따라 경상도 관찰사의 진휼이 행해졌다.[50)]

1461년 4월 쓰시마에서 도주 모의 사망과 쓰시마의 화재 사실이 전해졌다. 조정에서는 도주 모의 사망을 문위하기 위해 상호군 皮尙宜를 宣慰使로 파견하면서 "殿下께서 이 소식을 듣고 가슴 아파하였다. 또한 여러 섬의 굶주린 무리가 장사를 핑계로 도둑질하러 나오려는 것을 (對馬島主께서) 달랬다는 소식을 전하께서 들으시고, 이를 가상히 여기시어

46) 『세조실록』 세조 7년 3월 기유.
47) 『세종실록』 세종 11년 1월 경신.
48) 『세조실록』 세조 4년 윤2월 경진, 신사.
49) 세조실록』 세조 7년 3월 기유. 한편, 신숙주의 『해동제국기』에 수록된 「울산염포지도」에 "成化 10년 갑오 3월에 예조좌랑 南怡가 삼포에 화재를 당한 왜인을 구휼하기 위해 갔다가 그려서 온 것이다."라는 기록이 있는데, 이 그림도 1474년(성종 5) 남이가 왜관의 화재로 재난을 당한 일본인들을 직접 구휼하고 삼포를 조사한 뒤에 그린 것임을 알 수 있다.
50) 『세조실록』 세조 8년 4월 경오.

특별히 관원을 보내어 선위하게 하셨습니다"라고 전했다. 상호군 피상의가 지참한 서계 속에는 쓰시마의 화재에 대해 위로하는 내용이 담겨 있었으며, 물품 목록이 기록된 별폭이 함께 내려졌다.[51]

조선 정부가 쓰시마의 재난에 대해 이렇게 진휼과 구호에 진심이었던 것은 비록 쓰시마가 영토적으로는 일본에 속해 있더라도 정치적으로는 조선의 번속국으로 간주되었던 쓰시마인식에 기인한 것으로 보인다.[52] "삼포에 사는 사람은 우리나라에서 編氓과 같이 보므로 그 失火한 사람을 의리상 당연히 구휼하는 것은 본디 별다른 은혜가 아니다"라고 예조의 서계에서도 언급되어 있듯이[53], 조선은 국초부터 쓰시마인에 대해 편맹, 즉 조선의 호적에 편입한 백성, 조선 국왕이 그 품안에서 '一視同仁' 하여 어루만져 보살펴주는 존재로 파악하는 인식을 드러내 왔다.[54]

이러한 조선의 쓰시마에 대한 인식은 관념상으로나마 조선후기까지도 여전히 유효했으며, 결과적으로 쓰시마 관련 지역의 화재에 대한 조선의 대응이 나왔을 것으로 보인다. 그리고 이와 같은 인식은 조선 후기 대일관계를 정리한 여러 외교자료집 등에서 '휼전'의 항목이 설정된 배경이 되지 않았을까?

본 연구가 『도중실화』에 수록된 화재를 중심으로 조선의 쓰시마인식

51) 『세조실록』 세조 7년 4월 임진.

52) 『조선왕조실록』을 통해 조선과의 접촉 과정에서 쓰시마 스스로 조선의 藩籬 혹은 藩屛으로 자칭하는 기사와 서계를 확인할 수 있다. 쓰시마도주가 조선에 보낸 서계에서 스스로 조선의 藩籬나 藩屛이라고 稱臣하면서 충성을 바치겠다는 사례는 쉽게 찾아진다(『세종실록』 세종 10년 6월 병신; 『세조실록』 세조 10년 6월 경자; 『성종실록』 성종 18년 2월 병자).

53) 『성종실록』 성종 5년 11월 신유. "三浦居人, 我國視同編氓, 其失火之人, 義所當恤, 固非異恩…."

54) 정다함, 「朝鮮初期 野人과 對馬島에 대한 藩籬·藩屛認識의 형성과 敬差官의 파견」, 『東方學志』 141, 2008, 248쪽; 『세종실록』 세종 원년 10월 기축, 『세조실록』 세조 13년 2월 기유.

이 대일정책 즉, 쓰시마 및 막부와의 관계에서 어떻게 작동되고 표현되었는지를 살펴본 시론적인 연구에 그쳤다는 점은 한계라 하지 않을 수 없다. 따라서 후속 연구에서는 시기적 범위를 조선후기 전체로 확장해서 논의를 심화시켜 나갈 예정이다.

第7장 조선후기 지세포에서 일어난 표착 사고
- 구난을 대하는 쓰시마번의 태도 -

이재훈*

1. 들어가며

조선시대는 현대와 같이 선박의 조종술이 발달하지 않아 온전히 바람과 해류에만 의지하였기에 예기치 않은 기상의 변화에 취약할 수밖에 없었다. 이 같은 이유로 발생하는 해난사고, 그중에서도 표류는 이문화 간의 교류를 만들 뿐만 아니라, 횟수를 거듭하면서 이웃 국가와의 상호관계성을 증명하는 일련의 과정들을 만들어 갔다.

현재 한국에서 이들을 연구해 온 성과물들은 주로 조선에 들어온 일본인, 그리고 일본에 들어간 조선인 표류민에 대한 구호와 접대, 격식을 아우르는 이른바 송환 체제가 주가 되고, 다른 하나의 줄기로는 표류민들이 표류지에서 겪는 이문화 체험이라는 부분에 초점을 맞추어 왔다고 생각한다.[1] 표류민에 대한 접대와 격식은 곧 상대를 어느 수준으로 보는

* 동의대학교 동아시아연구소 연구교수

1) 표류민송환에 관련한 연구로는 일본에 표착한 조선인을 다룬 池内敏(『近世日本と朝鮮漂流民』, 臨川書店, 1998), 조선에 표착한 일본인을 다룬 이훈(『朝鮮後期漂流民과 韓日關係』, 국학자료원, 2000), 전라도 지역 표류민에 중점을 둔 정성일(『전라도와 일본 - 조선시대 해난사고 분석』, 경인문화사, 2013)이 가장 대표적이라고 생각한다. 이외에도 제도적 부분을 다룬 심민정(「1682년 임술통신사

지 가늠할 수 있는 바로미터가 되기 때문에 아무래도 해당 연구의 비중이 높을 수밖에 없다. 그리고 이제 이 '표류민에 대한 처우'라는 부분을 통해 본 국가 간의 관계는, 선학들의 연구 성과에 힘입어 상당 부분 그 의미가 밝혀졌다고 생각한다.

그런데 쓰시마번(對馬藩)이 호송해 간 표착 일본인들이 본토로 송환되기까지의 과정, 즉 표착지에서 인도되고 왜관(倭館)의 관리 아래 부산에 정박해 있는 동안 어떤 관리를 받았는지에 관해서는 그 호송 수순이야 밝혀져 있지만, 대개는 조선 사료를 바탕으로 한 것이 아닌가 생각한다.[2] 아무래도 이 과정에 관해서는 호송의 당사자인 쓰시마번 사료의 고증을 통해 미약하나마 보충할 필요가 있을 것이다.

본고에서는 타 표류 기록에 비해 비교적 그 내용이 상세한 지세포(知世浦)[3]에서 일어난, 두 건의 일본선 표착 사건(1687, 1719)으로 비롯된 쓰시마번의 표착선과 비쓰시마번 표착선의 호송 과정을 살펴보고 이 과정에서 보이는 쓰시마번의 이중적 태도에 집중해 보고자 한다.

행의 임술약조 강정과 조일 교린관계의 재편」, 『한일관계사연구』 73, 한일관계사학회, 2021, 3~42쪽), 정성일(「한·일 간 표류민 송환과 해난구조의 법제화(1860~1960년대)」, 『한일관계사연구』 75, 한일관계사학회, 2022, 169~220쪽), 접대적 측면을 다룬 심민정(「조선 후기 부산에서의 표류 일본인 접대 - 『조선표류일기』(1819)를 중심으로」, 『향도부산』 42, 부산광역시사편찬위원회, 2021, 73~102쪽), 표류민들을 맞이하는 부분의 부담에 관해서는 신명호(「조선후기 해양인식과 표류인 정책 - 『典客司日記』를 중심으로 - 」, 『해양문화학』 2, 한국해양문화학회, 2006, 1~22쪽), 지역사적인 특성에서 표난사건의 의도성을 제시한 정성일(「朝鮮의 對日關係와 巨濟 사람들 = 1830~80년대 巨濟府 舊助羅里[項里] 주민의 대마도 난파선 구조를 중심으로」, 『한일관계사연구』 49, 한일관계사학회, 2014, 175~206쪽) 등 다수의 논문이 있다.

2) 이훈(2000), 312쪽.

3) 거제에 있는 지세포는 초량왜관(草梁倭館)이 있던 부산역에서 간다면 오륙도, 다대포, 가덕도를 거쳐야 한다. 생각보다 가깝지 않은 거리로 왜관에서 일직선으로 배로 간다고 쳤을 때, 41km에 해당한다.

2. 1719년의 표류 사건: 쓰시마번의 경우

특정 지역의 일본 선박이 악천후를 만나게 되어 표류를 시작하게 되면, 해류의 영향으로 인해 많은 수가 경상우도의 거제 옥포와 가덕, 지세포, 그리고 경상좌도의 기장에 표착하였다.[4] 서론에서 언급한 바와 같이 표류 이후의 구호부터 송환까지의 절차에 관해서는 이미 이훈(2000)에 의해 자세히 밝혀진 바가 있다.[5] 이에 따라 쓰시마번의 선박이 표류했을 경우를 간략히 정리하자면, ①부산 인근, 혹은 부산포 이외의 지역에서 선박이 표류하면 경상좌도에서는 부산의 별차(別差)가, 경상우도에서는 옥포 만호(萬戶)가 조사를 시행하였다. ②이후 해당 선박은 보통 왜관으로 바로 인계되었다가 다시 쓰시마번으로 돌아가거나, 왜관에 남아 본래의 임무를 계속 수행하였다.

그런데 1719년에 지세포에서 일어난 표류 사건은 기존의 표류 사건과는 그 성격이 조금 달랐다. 이하 본문에서는 이를 확인해 보고자 한다.

1719년은 조선 후기에 들어 파견된 아홉 번째 통신사(己亥使行)가 일본에 도해한 해였다. 기해사행의 선박 여섯 척이 6월 20일에 부산을 출항하였다가 오사카(大坂)에 도착한 것은 9월 3일이었다. 부산에서 일본 본토에 도착하기까지 대략 70일이 소요된 셈인데, 이 가운데 쓰시마 후추(府中)를 출발한 것은 7월 19일이었으니, 오사카에 도착하기까지 40일가량이 걸린 것이다. 이는 이 기간 동안 비바람을 피해 육지에서 머물며 좋은 바람을 기다리기 일쑤였기 때문이었는데, 후추를 출발하고 나서 겨우 하루가 지난 7월 19일에 가자모토(風本)에 도착하면서부터 일기가 나

4) 이훈(2000), 312쪽.

5) 위의 책, 167~182쪽.

빠져 열흘가량을 대기하며 바다가 잠잠해지기만을 기다린다. 기해사행 당시에는 이 시기가 특히 날씨가 좋지 않았다.

통신사가 가자모토에서 대기를 하던 바로 그 시기에 큰 태풍이라도 왔던 것인지 쓰시마에도 비바람이 몰아쳤고, 부산에도 큰 비바람이 불었다. 왜관의 『매일기(每日記)』 7월 24일 기록에는 "오늘 묘시 중각부터 북동풍, 관내 건물과 집이 조금 파손되었고, 선창 곳곳이 무너졌는데, 신시 상각에 바람이 잦아들었다."[6]와 같은 기록이 남아 있다. 이 비바람으로 인해 해안에 정박하고 있던 미조선(御米漕船) 센넨마루(千年丸)는 단강(端綱)의 뿌리 부분이 부러져 용미산(呼崎) 쪽으로 표류할 뻔했고, 노(艫)에도 손상이 생겼다. 정박하고 있던 도쿠나가마루(德永丸)의 연락선은 줄이 끊어져 떠내려가 크게 파손이 되었다.

이튿날인 25일, 대관(代官)과 가치메쓰케(御徒目付)가 입회하여 상세한 피해 상황을 보고하는데, 그 내용을 보면 오모테오이가시라야(表老頭家)는 창고의 판벽이 모두 날아갔고, 기와 및 행랑방 주변 곳곳이 파손되었으며, 우라오이가시라야(裏老頭家)는 방(座敷) 끝단의 지붕을 잇는 판자가 모두 파손된 데에다가, 기와 및 소벽(小壁)까지 곳곳이 파손되었다고 한다. 이 외에도 구미요코메(組橫目)의 나가야(長屋), 센칸야(御僉官家) 등 왜관 내의 거의 모든 건물과 선창이 손상되었고, 수 그루나 되는 나무들이 뿌리째 뽑혀 나갔다.

피해 조사에 여념이 없던 27일에 동래부사가 양역(兩譯)과 군관(軍官)을 대동시켜 "지난 23일 쓰시마에서 도해한 오부네(大船) 두 척이 지세포에 표착했다가, 이튿날인 24일 큰 바람을 만나 파선되었다는 보고가 지금 있었는데, (안타까워) 뭐라 말씀드릴 수가 없습니다. 그렇지만 인명

6) 享保四己亥年三『每日記』貳拾番 7월 24일(일본 국회도서관 소장) 拾三册之內今卯ノ中刻ち大北東風雨館內建家少々破損, 船滄所々崩レ, 申ノ上刻風鎭ル. (이후, 『每日記』로만 표기)

은 무탈하다고 합니다. 상세한 것은 곧이어 보고가 오는 대로 말씀드리겠습니다. 먼저 이 내용을 알리고자 두 역관과 군관을 통해 말씀드립니다."[7]와 같은 연락을 해 온다. 큰 폭풍우가 쳤던 바로 그 날 두 척의 배가 지세포에 표착을 한 것인데. 이들은 공작미를 싣기 위해 쓰시마를 출발하여 왜관으로 향하던 미조선 도쿠요시마루(德吉丸)와 헤이안마루(平安丸)였다. 쓰시마번의 미조선이 왜관을 벗어나 다른 곳에 표착하던 일이야 종종 있는 일이었는데, 이 배의 파손은 평소와는 그 정도가 달랐다. 훗날(7월 24일) 헤이안마루의 선장(船頭)이 작성한 사건의 경위서(口上)를 보면 아래와 같다.

> 한 자 적습니다. 이번에 도쿠요시마루와 동행하여 이번 달 23일 사스나(佐須奈)를 출항하였고, 북동쪽의 큰 바람으로 구조라포(旧助羅浦) 가운데 가도은포(柯嶋銀浦)라고 하는 곳에서 배가 손상되었는데 이는 24일 아침 오(五)시였습니다. 다만 그때 배에서 오를 때에 송장함(御送状箱), 선장과 조타수(梶取)의 와키자시(脇指)를 건졌어야 했는데, 갑자기 큰 파도가 밀려와서 송장함도 와키자시도 파도에 쓸려갔고, 저희들은 간신히 올라왔습니다. 그 밖에 선원 모두 옷 한 벌 뿐이고 아무것도 인양하지 못했습니다. 그렇지만 배의 잔해(船かす), 닻(碇), 망(綱) 등을 건져야 합니다. 아무쪼록 이 와키자시도 수색해야 합니다. 우선 이것을 보고 드립니다. 상세한 것은 제가 그쪽(왜관)에 갔을 때 말씀드리겠습니다.
>
> 一 선원 가운데 다우에몬(多右衛門)이라고 하는 자가 한 명 죽었습니다. 이 또한 보고 드립니다. 송구합니다.[8]

---

7) 『每日記』 7월 27일〃東萊ち兩譯ニ軍官壹人相附申來候者, 去廾三日對州ち渡海之大船貳艘, 知世浦へ致漂着候處ニ, 翌廾四日大風ニ逢, 致破船候由, 唯今註進有之, 絶言語候, 乍然, 人命別條無之由ニ御座候, 委細之義ハ追々註進次第可申進候, 先右之段爲御知せ兩譯幷軍官を以申入候与之儀申來ル.

8) 『每日記』 7월 29일
一筆啓上仕候, 左樣御座候得者, 今度德吉丸類船ニ而当月廾三日佐須奈浦出船仕候處ニ, 大北東風ニ而旧助羅浦之內柯嶋銀浦与申所ニ而船を損シ, 則廾四日朝五ツ

실제 양 역관의 연락과는 다르게 조난을 당한 미조선 두 척 가운데 헤이안마루의 선원이 한 명 익사하였고, 선장과 조타수의 와키자시를 비롯하여 선박의 대부분의 물건이 침실(沈失)된 초유의 사태가 벌어진 것이었다. 사망한 것이야 어쩔 수 없더라도 막부의 엄격한 관리 대상인 무기류를 그대로 바다에 둘 수만은 없는 노릇이었다.[9] 에도 막부의 무기류 반출에 대한 엄금은 간에이(寬永)쇄국령에 따른 것으로, 1634년 나가사키(長崎)에 세워진 3개조 금제(禁制)가 적힌 제찰(制札) 중 그 두 번째 조(條)에 '일본 무기를 이국에 넘기는 일(日本之武具異國に持渡事)'이라는 항목이 들어 있었다.[10]

이 때문에 관수는 도검류가 막부가 엄히 관리하는 품목이라 말하며 누군가가 주워가기 전에 반드시 잠수하여 인양하고, 그 외의 짐과 파손된 선구(船具)도 상세히 조사하고 인양할 것을 요구한다. 그리고 왜관에서 사람을 보낼 것이니 입회하게 해 달라고 한다. 이에 대해 역관은 동래에게 다녀온 후 "… 그러나 다대포에서 아래쪽으로 일본인이 내려가는 것은 약조에 없어, 무리하게 보내시면 동래부산포를 비롯하여 양 역관은 물론이거니와, 그 이하 신분이 낮은 역원까지 남김없이 죄에 처하게 됩니다. 전례가 없는 일에 저희 수 명을 죄에 처하게 하는 것은 매우 곤란해서 뭐라 말씀드릴 수가 없습니다. …"[11]와 같이 이야기한다. 조선 정부

時分ニ御座候, 尤其刻船ち揚り申候節, 御送狀箱并船頭梶取兩人分脇指取揚り可申与仕候處ニ, 与風大波打參り候而, 御送り狀箱, 脇差ともニ波ニとられ我々儀漸揚り申候, 其外船中共ニ一衣着仕たる計ニ而, 何茂揚り不申候, 然共船かす碇綱等取り可申与奉存候, 何とそ右之脇差も詮議仕可申与奉存候, 先此段御案內申上候, 委細之義ハ私其元へ罷越候時分可申上候.

一私水夫之內多右衛門与申者壹人相果申候, 是又御案內申上候, 恐惶謹言.

9) 막부는 무기류에 대해서 특히 엄하게 관리하였다.『分類紀事大綱』에는 왜관에서 칼을 분실하는 것을 별도의 항목으로 묶고 있다.『分類紀事大綱 三十一』 중「脇差紛失一件」을 참조.

10) 八百啓介,「近世オランダ貿易の成立と展開」, 九州大學博士論文, 1996, 18쪽.

에서는 일본인들이 다대포보다 서쪽으로 넘어가는 것을 규외(規外, 犯越罪)로 하여 이를 막지 못한 관리들을 처벌한 적이 있었다.[12] 이 때문에 당시 역관이 착각을 했던 듯한데, 일단 관수는 역관의 말을 따라 인원의 파견은 자중하겠다고 하며,[13] 대신에 왜관의 사정을 잘 아는 별차나 혹은 양 역관 중에 한 명이라도 지세포에 파견해 달라고 요청한다.

와키자시가 분실되었을 때에는 당사자를 비롯한 관수 본인도 처벌의 대상이 되었던 것 같다.[14] 관수는 이에 와키자시 인양에 대한 자신의 뜻을 관철시키기 위한 방법을 강구하는데, 그것은 바로 "… 와키자시를 인양하기 전에는 그들 모두 며칠 동안 지세포에 머무르더라도 결코 이쪽으로 받아들일 수 없습니다. …"와 같이 표류 선원들을 지세포에 그대로 묶어두는 것이었다. 그리곤 표착선의 선장들에게 보낼 서간을 작성한다.

---

11) 『每日記』 7월 24일, … 乍然多太浦ち下モへ日本人參候儀者約條ニ無之, 押而被差越候へハ、東萊釜山浦ヲ初兩譯者勿論, 其以下之小役人迄不殘科ニ被申付事ニ候, 不例義ニ我々數人科ニ逢申段難義至極之仕合難盡言語候. …

12) 이훈(2000, 175~176쪽)에 의하면 1659, 1663, 1664년 등 많은 사례가 있다고 한다.

13) 그렇지만 관수는 뒤로 쓰시마번에 연락을 취해 약조가 실제로 존재하는지 확인을 요청하고, 양역에게 경위서를 제출받아 9월 21일에 쓰시마번에 보고한다. (… 同壹通ハ御米漕德吉丸, 平安丸去頃, 於知世浦破船之刻, 此方御役人彼所へ可差越旨, 兩譯を以東萊へ申遣候, 返答ニ多太浦ち下モへ日本人不被通御約條之由申來り候譯申上候ニ付, 兩譯へ御不審被仰下, 則訓別方ち認差出し候書付壹通封込ミ差上之, 委細ハ当月七日之所記. …)(경위서는 9월 6일에 작성) 다만 경위서를 보내기 전까지는 계속하여, 표착지에 왜관의 인원들을 입회시키겠다며 인양작업에 압박을 가하는 용도로 사용한다.

14) 실제로 인양작업이 길어지자, 8월 15일에 들어 쓰시마에서도 잠수에 유능한 자를 보내며 와키자시 인양에 적극적인 모습을 보인다. (亥之刻, 佐須奈村飛船之頭源右衛門參着, 去月廿四日, 於知世浦御米漕船德吉丸, 平安丸及破船, 平安丸船頭, 梶取脇指沈失, 未取上ケ段申上候ニ付, 是非ニ此方ちも一応可爲撈尋由ニ而水練之者佐護鄕湊村弥兵衛, 豊崎鄕豊村善之助兩人被差越ル.) 조선 측에서 인양이 계속 지연될 경우 이들을 투입할 계획에 있었지만, 인양에 성공하게 되며 이들은 결국 그대로 돌아가게 된다.

> "기타 물품은 부수품이고, 이 와키자시는 당신들의 목숨이 걸릴 정도의 중요한 것임을 잘 이해해 주십시오. 찾지 못하는 걸로 결론이 난다면, 그 내용을 보고하고 이쪽의 지시를 기다려 주십시오. 왜관에 돌아오는 것에 관해서는 그대들이 (귀환을) 서두르면 조선인들은 짜투리 시간이라도 내어 이쪽(왜관)으로 빨리 노를 저으려고 합니다.[15]"

이는 끝끝내 못 찾게 되더라도 왜관에 돌아오지 말고 지시를 기다리라는 말이었다. 표착이 되면 표류민의 식량 등을 해당 지역의 주민들이 부담해야 했기에, 표착지에서는 송환을 서두르는 경향이 있었다. 그런데 만약 표선이 지세포를 떠나버리게 된다면 아무래도 인양작업이 느슨해질 수밖에 없으니 이를 염려하여 장기체류를 인질로 삼아 인양을 재촉하려던 것이었다.

지세포에서 거의 매일 같이 인양되는 품목에 대해 보고가 들어왔다. 그 사이에 도끼, 닻, 기타 선구와 같은 철제류 등도 인양이 되었는데, 와키자시와 다우에몬의 사체만은 아무래도 발견이 되지 않았다. 그런데 인양작업이 한창인 와중에 표착선의 선원들은 입을 옷도 마땅치 않은 데에다가 표류 때에 상처 입은 자도 있고 한동안 날씨도 좋지 않게 되자, 표류선 선원들 사이에서도 왜관으로 호송을 요청하는 목소리가 나왔던 듯하다.[16] 계속해서 사상자가 발생하면 아마 상황이 더 곤란해진다고 생각해서였는지, 역관은 먼저 온전히 인양이 완료된 배라도 왜관에서 받아달라고 제안하는데, 간수는 1, 2년이 걸린다고 해도 선원들을 왜관에 받아

---

15) 『毎日記』 7월 29일, … 其外之品ハ附たりニ而此脇指ハ其方共命を御取被成候程之大切成所能々了簡可仕候, 是非々々不相見へニ究候ハヽ, 其旨此方へ致註進, 爰元ち之差図相待可申候, 和館へ廻り候儀, 其方共急キ申候而ハ, 朝鮮人ハ尚以片時茂早々此方へ漕廻し候義望申事ニ候 ….

16) 『毎日記』 8월 3일, … 知世浦ち追註進書付三通, 李同知致持參申聞候ハ, 唯今東萊釜山浦へ之註進有之候故, 掛御目候, 然ハ碇, 船具, 大方取上ケ候ニ付, 破船之面々和館へ可罷越由申段被承之.

들이지 않겠다며 거부한다.[17] 이는 역시 와키자시의 인양이 가장 중요했기에 인양작업을 재촉시키려는 생각 때문이었다.

그렇지만 8월 14일에 이르러 관수는 태도를 바꾸어 표착된 선원들을 왜관에 들이기로 결정한다. 여기에는 조건이 걸려 있었는데, 첫 번째로는 만약 인양이 계속 늦어지면 다시 표류인들을 지세포에 돌려보내는 것이고, 두 번째로는 예조가 서계를 보내주는 것이었다. 실은 첫 번째 조건은 양역이 8월 12일에 먼저 제시한 조건이었는데, 여기에 관수가 두 번째 조건을 덧붙인 것이었다.

지난 8월 8일부터 관수는 계속하여 예조에서 서계를 보내주길 요구하였다. 관수가 주장하는 논리는 ①이 사건은 통상적인 표착과 달라 막부에 보고해야만 하는데, 동래의 서간으로 막부에 보고를 올린 예가 없고, ②와니우라(鰐浦)에서 역관사의 배가 침몰했을 때에도 시체가 인양될 때마다 쓰시마 번주(藩主)가 예조에 서간을 보내주었다는 것이었다.[18]

다만 이 예조의 서계 발송에 관해서는 최초 비변사에서 서계 작성이 논의되다가 예조판서가 동래부사의 명의로 만드는 게 좋을 것 같다는 이야기를 꺼내며, 서계 작성에 관한 건이 무산된 바가 있었다.[19] 아마 동래

17) 『每日記』 8월 5일, … 兎角ニ右脇指取出し候様ニ可被致候, 無左候而ハ, 仮令壹年貳年ニ及候とても右漂人共, 此方へ請取申義決而不罷成由申遣ス ….

18) 『每日記』 8월 7일, … 此度之義尋常之漂船与ハ譯ケ甚違イたる事ニ候得ハ, 東武江不被及案內候而不叶儀ニ候…東武江被及案內候義, 古來ら東萊之御書簡を以被申上たる例, 終ニ無之候得ハ, 兎角ニ礼曹ら不被差添候而ハ不相濟譯ニ候, … 先年譯使韓同知, 朴僉正渡海之刻, 對州於鰐浦洋ニ破船之節前代ヶ様之例シ無之事ニ候得共, 屹度使者を以其譯委ク被相告, 其後死骸取上ケ候度毎ニ礼曹江太守ら書翰ニ而被相送たる義ニ候得共 ….

19) 『비변사등록』 숙종45년, 8월 12일(음) … 今八月初十日大臣·備局堂上引接入對時, 右議政李所達, 此狀乃東萊府使徐命淵狀達也, 倭船二隻遭風漂到, 而所載之物, 盡爲沈沒, 其中一人渰死, 自前倭船, 未有漂敗於我境者, 而今乃有此渰死者及所沈雜物, 今方拯出, 而接待之道, 無前例之可據者, 令廟堂稟處矣, 倭人善於操舟, 絶無

부사는 관수가 서계를 요구하고 얼마 지나지 않아 바로 조정에 건의를 올린 것 같은데, 정작 처음에 관수가 요구를 했던 8월 8일에는 잘 처리해 보겠다(得与致了簡見候様可仕候)는 말만 있을 뿐이다. 8월 12일에도 관수가 '잘 처리해보겠다고 했는데, 이후에 어떤 연락도 받지 못했다며 근거 없이 표인들을 받아들일 수 없다.'는 말을 남기는 것을 보면, 관수는 이때에도 분명 계문을 올린 이야기를 알지 못했던 것 같다. 아마 선례가 없어서 쉽게 서계가 나오지 않을 것이라는 것이 조선 측의 상식적인 예상이었기에 동래부사도 굳이 이를 말하지 않고 있던 것은 아닐까?

그렇지만 표류선원들의 체류가 길어지는 와중에 관수가 내건 조건이 예조의 서계이니 만큼, "전례는 없지만 이번에는 사망자도 발생하여 예조가 보내는 서계가 없으면 안 된다고 생각하니, 가까운 시기에 계문을 올리겠습니다."고 말하며 관수의 제안을 받아들인다.[20] 관수 또한 동래부사에게 서계에 대한 계문을 올려달라고 요청했는데, 계문을 올렸다는 언급조차 없자, 역으로 표류민을 왜관에서 받아들이는 것으로 협상을 걸었던 것이다. 여차하면 표선의 선원들을 다시 지세포에 되돌릴 수 있으니, 관수 입장에서는 만족할 만한 조건이었을 것이다. 추가로 사상자가 발생했을 때의 껄끄러움도 있었겠지만, 표류지에서의 읍민들의 부담 또한 간과할 만한 것은 못되었음을 예상할 수 있다.

그리고 8월 16일 표류선의 선원들이 지세포를 떠났다는 소식이 들려오고, 8월 19일에 운 좋게도 와키자시는 인양이 된다. 녹이 슬긴 했지만,

---

沈敗之事, 我國之救濟, 亦無謄錄, 然我國人漂沒於彼境, 則必給衣糧, 善爲護送, 其在交隣之道, 我亦當給衣糧以送, 且我國漂人, 則倭人或順付, 或別定差倭以送, 以此言之, 我亦宜送渡海譯官, 而倭人方留館中, 以善爲護送之意, 分付館倭, 書契亦令撰送似宜故敢達矣, 令曰, 依爲之, 行禮曹判書閔鎭厚曰, 書契不必自禮曹爲之, 以東萊府使書契成送恐好矣, 令曰, 依爲之 ….

20) 『每日記』 8월 14일, 今般ハ格別之譯殞命之者も有之候得ハ, 兎角礼曹ら書契不被差添候而ハ相濟申間敷義与存入候故, 弥近日可致啓聞候.

일본의 검이 틀림없다며 관수도 이를 받아들였다.[21] 지세포를 떠난 표류 선박의 선원들은 22일에 다대포에 도착하는데, 근 한 달 가까이를 지세포에서 지낸 셈이었다.

이들이 복귀할 때는 지세포에서는 표류 선원들을 병선 한 척에 태우고 군관 1명과, 서역(書役) 1명이 동행하였다. 해안초소(浜御番所)에서는 양역과 왜관의 관리가 입회하여 이들을 받아들였다. 이들을 호송해 온 군관과 서역에게 이대관(二代官)에서 면류(麵類)와 술을 접대한 다음에 관수가 감사의 인사를 전달하였다. 이후 표선된 선박의 선장과 조타수, 선원들에게 사건의 경위와 지세포에서의 생활에 대해 자세한 심문이 있었다. 길지만 당시의 정황을 자세히 알 수 있어, 이를 그대로 옮긴다.

〈 참고 〉

口上[22]

저희들이 탄 배인 德吉丸의 파선의 경위를 여쭈셨습니다. 지난 달 23일, 날씨가 좋다고 봐서 동행하는 배인 平安丸과 이야기하여 辰시 상각에 佐須奈를 출선하였는데, 20리 정도 나아갔을 때, 북동풍이 매우 강해져서 관에 배를 대려고 모두 힘을 내어 달렸지만, 파도가 높아져서 下高麗 知世浦 가운데 柯島銀浦라고 하는 곳에 걸렸는데, 조선인들이 한 척에 14~15명씩 나눠 타서 두 척이 나왔기에, '부디 항구 안으로 옮겨 주십시오.' 하고 부탁했더니, 그들이 말하길, "아무래도 운반하려고 여기까지 나왔는데, 풍파가 크니, 두 척으로 끌고 가기는 어렵습니다. 돌아가서 몇 척을 준비해서 끌고 가자고 하겠습니다."고 하고 돌아갔지만, 점차 풍파가 거세져도 예인선은 한 척도 오질 않고 한밤중이

21) 『每日記』 8월 23일, 兩譯罷出, 知世浦ら之註進書相達シ, 沈失之脇指貳腰共ニ去ル十九日取揚ケ候由ニ而, 註進書相添致持參候, 然共殊外鏽有之無覺束存, 吟味仕候處, 日本物ニ其紛無之ニ付, 則請取之 ….

되었다가, 24일 아침에 이르러 바람이 더 세져, 碇을 올리고 知世浦 안의 銀浦에서 파선되었습니다. 다만 平安丸는 저희 배보다 4~50리 정도 먼 바다에 있었고 파선된 장소가 조금 떨어져 있습니다.

一 지난 16일 銀浦에서 예인하여 玉浦까지 착선했습니다.

一 이곳을 지난 18일 출선하여, 長木浦에 착선하였습니다.

一 이곳을 지난 19일에 예인해 나온 후에 加德에 착선했습니다. 이곳에서 날씨가 좋지 않아 체류하였고, 어제 23일에 上加德을 출선하여 多太浦에 도착했다가 오늘 관에 도착했습니다.

一 銀浦에서 선원들을 둔 곳을 물으셨습니다. <u>임시움막(小屋掛)을 만들었을 텐데, 갑자기 완성되기 어렵다고 하여, 조선인들이 거주하는 집 한 곳, 대청 한 곳에 두 척의 선원들을 두었습니다.</u> 아침, 저녁은 五日次 쌀을 앞에서 준비하고 수령하였습니다.

一 船滓 등을 조금밖에 인양하지 못했는데도, 歸館하고 싶다고 저희들이 조선인들에게 청한 것을 여쭈셨습니다. 일찍이 歸館은 바라지 않았습니다. 船滓은 또한 인양하였지만, 중요한 도검(腰物)도 인양하지 못하였고, 거기에다가 익사한 사체도 찾지 못했기에 지시가 있을 때까지는 체류하겠거니 생각해서, 그와 같은 것은 청하지 않았습니다, 그렇지만, 선원들이 많았기에 어쩌면 선원 중에서 조선 역원이나 통사 등에게 무심코 말한 것을 듣고 바로 보고라도 했을런지요, 일찍이 누구도 歸館을 청한 일은 없습니다.

一 자신이 당시 갖고 있던 의복을 입고 있던 자고 있었고, 조선인들이 접대로 준 의복을 입은 자도 있었는지 여쭈셨습니다. 육지에 올라왔을 때, 자신의 옷을 입고 있던 자도 있었고, 또 알몸으로 육지에 오른 자도 있었습니다.

一 조선인이 접대로 준 의복은 唐嶋의 地頭가 우리들 1명에게 木綿 한 필씩. 同木綿 11개씩, 이는 동래부사가 접대하셨다고 들었습니다.

一 銀浦에 五日次에 관해 여쭈셨습니다. 7월 24일 파선한 날부터 26일까지는 조선인이 밥을 지었고. 27일부터는 五日次를 건네는 것으로 정해졌기에, 이 사흘 치를 빼고 현물로 변제(返弁)하라고 말했기에, 무사히 변제했습니다. 五日次 쌀은 하루에 1丸씩 접대하였습

니다. 다만, 歸館하는 동안 多太浦보다 아래쪽 곳곳의 쌀을 하루에 1丸씩 수령하였습니다.

一 破船의 道具는 출항할 때와 틀림없는지 하는 질문, 조선인들이 역원들에게 보내 인원수를 적은 서간과 특별히 틀림이 없습니다.

그렇지만 두드러지는 것을 다음에 적습니다.

〃碇 6개(頭)　〃綱 6방(房)　〃苧物道具 16묶음(くゝり)

〃梶 1개(羽)　〃柱 1개(本) 柱口에서 5척 정도 되는 곳에서 부러졌습니다.

〃기타 잔해 품물은 기재하기 어렵습니다.

一 銀浦에 체류하는 동안, 海上이 泙일 때는 매일 조선인들이 배를 다섯 척씩 보내어, 잠수하게 하였습니다. 신분이 낮긴 하지만 平安丸의 선장과 梶取의 脇指는 매우 중요한 물건입니다. 특히 물에 빠진 시체를 찾아내고 싶어서 매번 선장과 梶取가 동행하여 장소에 나가, 잠수를 시켰지만, 우리들이 체류하는 동안 이 물건은 인양하지 못했습니다. 다만 저희 선원 가운데 한두 명이 잠수에 능한 자가 있어서, 조선인과 함께 작업했습니다.

一 곳곳에서 받은 접대품을 여쭈셨습니다.

〃酒 1斗 정도　〃多葉粉 2斤 정도　〃皿茶碗 1명에 3개씩

〃半席 15장　〃烟器 16개　〃味噌 2舛 정도

〃魚菜類 조금씩

은포에 체류하는 동안 2척의 배의 승조원에게 접대한 물품은 이와 같습니다. 唐嶋가 보낸 접대물인지, 또는 지세포 공물담당 관리들이 보낸 접대물(馳走)인지 물어보질 못했습니다.

〃酒　煮肴

이는 玉浦, 長木浦, 加德, 이곳에서 2척의 배의 승조원들에게 보낸 음식들입니다. 이외에 말씀드릴 것은 없습니다.

22) 『每日記』 8월 25일, 이는 파선된 배 중의 하나인 도쿠요시마루의 구상서이다. 헤이안마루의 내용은 피해 경위만 미미하게 차이가 있을 뿐 거의 유사하다. (원문은 지면상 생략)

船頭
松井格左衛門
八月廿五日　　　　　　德永丸　　梶取喜兵衛
船添五兵衛

大竹清右衛門殿
野村清右衛門殿
平間權八殿
國分与一右衛門殿

이 경위서를 보면 궂은 날씨에도 불구하고 낯선 배를 발견하고 두 척의 배가 나왔다고 되어 있는데, 앞서 언급한 바와 같이 지세포는 표착 사건이 잦았기에 읍민들 사이에서 표류선 구호에 대한 나름의 규칙이 있었던 것 같다. 또한 금번의 파선 선원들이 묵었던 숙소는 대량의 인원이 파선되어 갑자기 큰 숙소를 만들어 주기 어려워 현지에서 사용하던 가옥을 내주었지만, 통상적으로는 파선이 되면 임시숙소를 지어주었던 것이 관례였던 것 같다. 그리고 유실물이 와키자시였기 때문이었는지 모르지만 인양 작업은 공동으로 진행된 것을 알 수 있다. 적어도 남해안 일대에서 파선이 발생할 때에는 이와 유사하게 구호 처리가 되었을 거라 예상할 수 있다.

이들이 최종적으로 쓰시마에 돌아간 것은 10월 16일이 되어서였다. 최초 10월 9일에 이들을 모두 돌려보내자고 이대관에 이야기하였으나, 곧 다가올 예정인 고환사(告還使) 봉진연석(封進宴席)에 지장이 생기므로 반만 보내자는 이야기가 나와 10월 11일에 우선 반절을 쓰시마로 귀국시키고, 나머지 반절은 남겨두었다.

본래대로라면 예조에서 서계가 오면 표류한 선원들이 이를 지참하고 돌아가게끔 되어 있었다. 서계가 조정에서 최초로 도착한 것은 11월 2일이었지만, 이는 표현상의 문제로 되돌려 보내졌다가 결국 이듬해인 1720

년 윤3월에 이르러야 서계가 전달된다.[23] 이 와중에 나머지 반절의 선원들의 귀국이 처음으로 언급되는 것은 11월 16일의 일이었다.[24] 끝까지 완성된 서계를 기다리며 그들을 대기시킬 수만도 없는 노릇이니, 첫 서계가 도착했을 때에 불완전하더라도 일단 예조에서 서계가 발급된다는 사실은 확인하였으니 아마 안심하고 그들을 돌려보낼 수 있었을 것이다.

본장에서는 1719년에 일어난 쓰시마번의 미조선 두 척의 지세포 표착 사건에 대해 다루었다. 다른 지역도 아닌 바로 쓰시마번의 미조선이 파선된 데에다가 막부가 엄하게 관리하는 와키자시가 침실된 사건이기에, 여타 파선 기록에 비해 관수의 매일기에 비교적 상세한 내용이 실려 있다. 이를 인양하는 과정에서 관수가 서계를 받아 내기 위해, 그리고 와키자시를 인양하기 위해 표류 선원들을 표류지의 장기체류를 인질 삼아 자신의 뜻을 관철시키는 과정을 확인할 수 있었다.

3. 1687년의 선박 표류: 비쓰시마번의 경우[25]

쓰미마번 이외의 배를 타도표외(他島漂倭, 혹은 深處倭)라 하였다. 이들이 표착하였을 경우 배에 대한 구난과 배에 대한 조사가 끝나도 왜관

23) 해당 내용은『分類紀事大綱 二十四』「享保四己亥年 於知世浦御米漕二艘及破船候事」에서 확인할 수 있다.

24)『毎日記』11월 16일, 去頃, 於知世浦破船之德吉丸·平安丸, 梶取·船添幷船子之內先便ニ歸國爲仕, 相殘り居候者共, 此度金壽丸便ニ歸帆申付ル. 其內, 平安丸梶取久六脇指流失仕せ候へ共, 其後取上ケ, 八月廿三日兩譯, 此方へ持參, 請取置候を, 今日二代官平間權八へ相渡ス.

25) 이곳에서 사용된 사료는 국사편찬위원회 소장『松平兵部太輔樣御領越前新保船一艘朝鮮知世浦江漂着記錄』(청구번호(2739))를 바탕으로 삼았다. 다만 이 문서는 일기식 문서가 아닌 관계로 날짜가 딱히 기입되어 있지 않다.

에 들이지 않고 근처 앞바다에 머물게 하였다. 이때 동래부가 역관을 보내 다시 한 번 조사를 시행하는데, 왜관에서도 배에 올라 필요한 조사를 행하였다. 그리고 예조에서 서계가 도착하면 연향을 베푸는 동안에 짐 검사를 행했다. 이후 예조의 서계와 표류민들이 쓰시마번에 도착한 후에, 연락을 기다렸다가 나가사키(長崎)나 오사카(大坂)의 봉행소(奉行所)로 호송하는 게 상례였다. 본래는 쓰시마번에서 조사를 하고 막부에 문의를 하였다가, 막부에서 지시가 내려오면 나가사키나 오사카의 봉행소 중에 가까운 곳에 보내는 것으로 정해져 있었는데, 1687년에 이르러 막부의 명령을 기다리지 않고, 바로 봉행소에 보내게끔 막부의 로쥬(老中)에게서 서간이 온 바가 있다.

이처럼 막부에 연락을 취하지 않도록 체제가 정해지고 두 차례(1675, 1678) 송환이 이루어진 적이 있긴 하였으나, 이하 본문에서 다룰 1687년의 표착 사건은 쓰나요시(德川綱吉)가 쇼군(將軍)이 된 이후 처음으로 타지방 표류민이 발생한 사건이었다. 쓰시마번은 이를 그대로 적용시키는 것이 좋을지 불안하였기 때문에 왜관에서 표류민이 발생하였다는 연락을 받은 시점부터 나가사키 봉행에게 연락하여 두 봉행소 중에 어느 곳에 보내면 좋을지 문의를 하고, 그와 동시에 에도에도 개정된 예에 따라 막부의 지시를 기다리지 않고 바로 표류민을 송환해도 좋을지 문의를 넣는다. 아마 이 사건이 첫 선례가 되기에 쓰시마번에서는 이 일의 기록을 소상히 남기고 싶었던 것 같다. 다만 금번에는 이 호송 절차에 중 막부와 주고받은 서간 등의 내용은 다루지 않고, 표류민 관리라는 측면에만 집중하기로 한다.[26)]

---

26) 구호부터 송환 절차에 이르기까지는 이훈 (2000, 169~171쪽)이 자세하다. 본고가 일반적 연구논문과 달리 시기적으로 역순으로 되어 있음은 쓰시마번의 표류선, 비쓰시마번의 표류선이라는 순번에 따름이며, 본문에는 따로 다루지 않았으나 이를 통해 일본식 우치(內)와 소토(外) 의식이 드러나기에 택한 구성이다.

1) 구호에서 왜관 출항까지

1687년 5월 19일 에치젠노쿠니(越前國)에서 돛이 28장[27]인 배 한 척이 선장 포함 28명을 태우고 지세포에 표착한다. 이 배는 4월 2일 에치젠을 나와 남부(南部, 현재의 아오모리(青森)와 이와테현(岩手縣) 인근)에 목재를 사러 갔다가, 용무를 마치고선 20일에 남부에서 가가(加賀, 현재의 이시카와현(石川縣))로 넘어갔다. 이어 5월 16일에 가가를 출발했지만, 풍우를 만나 19일 지세포에 표착하게 된 것이다.

5월 22일에 이 소식을, 양 판사는 재판을 통해 관수(당시 관수는 幾度大右衛門)에게 전달한다. 이를 들은 관수는 표류선의 소속에 관해 조선측에 확인을 요청하는 한편으로, 신속하게 쓰시마번에 이 소식을 알린다. 그리고 다음 날 관수는 스스로도 선박의 조사를 위해 5명(小田□□右衛門, 御步行 橫目小川吉右衛門, 國部利兵衛과 組下橫目 2명)을 배 두 척(小早, 枝船 각 1척)에 나눠 다대포로 브낸다. 이 배가 만약에 쓰시마번의 배가 아닐 경우에는 이를 다대포에 묶어두기 위해서였다.[28]

6월 1일, 표착된 배가 도착하자, 왜관에서 파견 보낸 인원들이 표류선을 조사한다. 두 번째로 보내게 되는 것인데, 이때는 60여 명의 대단위 인원이 조사차 다대포를 방문한다. 그리고 그 결과는 6월 23일 쓰시마번에 보고되었다.

이때 쓰시마 번에 보고된 서간을 보면, 조선에서는 오일차 등을 지급하였고 관수는 대관에게 지시하여 백미 1섬(俵), 된장 1통(樽), 술 1통

27) 조선에서 최초로 온 보고에는 31매라고 되어 있다. 배의 실물을 확인하기 전에 對馬藩이 長崎에 보낸 서간에는 조선인들이 잘못 말했을 가능성이 있다고 수차례에 걸쳐 이야기한다.

28) 이훈(2000, 169쪽) 기존 연구에서는 이를 倭館의 정보가 노출되는 것을 꺼려해서 비대마도인들을 倭館에 들이지 않은 것으로 설명한다.(본문에서 인용한 문장은 若他國船ニ而候者, 多大浦江召置候樣ニ与申付候.)

(樽)을 지급하였으며, 다대포에 계속 배를 두면 이를 감시하는 왜관의 요코메들이 교대하러 오기가 쉽질 않으니 영도(牧之嶋)의 바깥쪽으로 돌아서 구 수영(元水營)에 정박시키고자 한다는 내용 등이 적혀 있다.

이후 두 달여의 시간을 이곳에서 체류하며, 예조가 보내는 서계를 기다린다. 앞서 언급한 바와 같이 모든 표류선에는 예조가 보내는 서계를 지참시키게끔 되어 있었고, 이 서계가 오지 않으면 출발을 할 수가 없었다. 최초 조정이 왜관에 서계를 보낸 것은 7월 6일이었으나, 관수가 문제가 있음을 지적하며 수정을 요구하여, 2차로 서계가 도착한 것은 8월 1일이었다. 그리고 내용을 확인하고 순풍을 기다린 후에 본 선박은 8월 5일 사스나를 향해 떠난다. 이때 이 배편을 통해 양 재판과 관수가 적어 보낸 서간을 보면,

> … 그런데 에치젠 표류인들에게 첨부해 보내는 서간이 7월 29일 도착하여, 서역(書役) 승려(出家)를 불러 확인했더니, 서간 가운데에 일본국, 조선국이라고 되어 있습니다. '日'이 조선국의 '朝'보다 조금 내려간 것처럼 보이기에, 또 한양에 올려 보내 고치게 해야 할지 저희들이 상담해 보았는데, 표류인들도 이곳에 오래 체류하여 아주 곤란해 한다고 들었습니다. 특히 이곳에 며칠(더) 체류하는 것은 송구하지만 막부에 대해서도 좀 그렇지 않은가 생각합니다. 우선 서간을 받고 표류선에 대해 금번에 귀국을 명했습니다. …29)

29) ○漂船八月五日申之刻佐須奈浦江着船, 依之朝鮮ち相附渡候.吉村善左衛門·早田甚兵衛先達而群次を以上府仕ル.則朝鮮國ち漂船相添候書翰幷舘守·裁判方ち之書狀等兩人持參仕候事. (… 然者, 越前漂流人ニ相添候書翰七月廾九日到來仕候ニ付, 書役之出家召寄, 吟味仕候處, 書翰之內日本國·朝鮮國与御座候.日之字, 朝鮮國之朝之字ち少さかり申候様ニ見へ候故, 又都へ登せ爲直可申哉与, 我々相談仕候得共, 漂流人茂当地江永々逗留仕, 殊外難儀仕候由承候.殊爰元江數日逗留仕候段, 乍憚公儀向御首尾茂如何可有御座哉与奉存候故, 先書翰請取, 右漂流船今度歸國申付候.)

앞서 1719년의 쓰시마번의 미조선 파선의 사례에서 수개월이 넘게 서계가 완성되지 않은 것을 보아도 알 수 있는 것처럼, 예조가 보내는 서계는 막부가 열람하는 것으로 조금이라도 문제가 있어 보이면 보통 몇 번이라도 수정을 요구하였다. 1차 서계가 도착했을 때에 수정을 요구했다고 관수가 쓰시마번에 보고하자, 쓰시마번의 히라타 나오에몬(平田直右衛門)이 "지당합니다. 이 서간은 막부에 올릴 것이니 상당히 주의를 기울이셔야 합니다."[30]라고 답하는 장면이 등장한다.

어차피 표류선원들이 조선에 머무르는 동안에는 해당 지역의 백성들에게서 식량을 조달하기 때문에 장기간 머무르는 것은 도리어 조선에게 괴로운 일이었다. 이에 본문 2장의 경우처럼 왜관은 이를 인질처럼 잡아 협상의 테이블에 올려 서계를 요청하거나 내용을 수정하는 경우가 있었다. 그런데 서계에 문제가 조금 있어 보이긴 하지만, 표류인들이 곤란해하고 막부가 보기에도 좋지 않을 것 같으니 일단 받고, 귀국을 시키겠다고 이야기하는 것은 아무래도 쓰시마번의 미조선이 표선되었을 때와는 사뭇 다른 느낌이 들 수박에 없다.[31]

쓰시마번은 비쓰시마번의 표류민을 단 한 차례도 왜관에 들인 적이 없었는데, 관수는 표면적으로 그 이유를 '왜관의 각종 일들을 보게 할 수 없기 때문'[32]이라고 하였다. 때문에 이들은 선박에 남아 조정에서 서계

30) 7月 12日 ○朝鮮表幾度大右衛門七月八日之書狀到來, 佐須奈ち群次之飛脚を以差越候事. (… 書翰之內削候而書直候所有之ニ付, 都江登せ直之, 到來次第可被相渡之由御尤ニ存候. 此書翰者公儀江被差上候間, 隨分可被入念候 ….)

31) 이 서계는 물론 쓰시마번에서 다시 한 번 검증을 하는데, 그렇게 신경 쓰일 정도는 아니고, 너무 늦어지면 또 지연이 되어버리니, 향후에 같은 일이 발생하지 않도록 판사에게 일러두라고 하는 선에서 종결된다. (○朝鮮表へ之返事差越ス(8月10日))

32) 『漂倭入送謄錄』 2, 丁丑 7월 16일 장계. 正官等曰"館中大小之事, 不可使深處之人目覩, 而耳聞所係之重, 不可以言語盡陳留泊于與館所, 相遠幽僻之地, 飛報島主, 定奪回來, 許令入歸 …"云. 다만 이훈은 본 장계의 내용과는 별개로 ①왜관 경비

가 내려와, 귀국할 날만을 기다릴 수밖에 없었다.

2) 사스나 이후

쓰시마번은 최초 관수에게서 비쓰시마번의 배가 표착했음을 알리는 연락을 받자, 아직 출항에 대한 계획도 서지 않은 6월 5일부터 일찌감치 왜관, 사스나, 후추(府中)에 이르기까지 전례를 참고하고, 경비선(番船), 경호인(警固人)을 비롯한 제반사항에 대하여 전례를 따라 질서 있고 보기 좋게 운영할 것을 주문한다.[33] 그리고 쓰시마번은 질서 유지를 위해 고바야부네(小早船)에 태워 시급히 인원들을 사스나에 파견하였다. 6월 5일에 도시요리주(年寄中)가 보낸 사스나에 관한 당부사항이 적힌 서간(覺)을 보면 아래와 같이 되어 있다.

一. 통행증명서, 종교증명서(通切手, 宗門手形)를 확인할 것.
一. 조선에서 받은 접대 내용을 상세히 듣고 보고할 것
一. 선내 짐과 조선에서 보낸 송장(送狀)과 대조하여 검사할 것(쓰시마번의 인원에게 하는 강도로)
一. 선내에 무기 등이 없는지, 조선에 무기를 놓고 오지 않았는지 특히 주의 깊게 조사할 것.
一. 표류된 경위를 상세히 적을 것
一. 배마다 인원을 배치하고 질서를 유지할 것
一. 표류민이 체류하는 동안에는 경비정 등을 신경 써서 명(배치)하고 육

부담, ②쓰시마번의 대조선 외교 및 무역의 관한 정보 누설의 염려, ③ 체류 장기화에 따른 표류민에 의한 사고(범죄) 발생 가능성, ④ 송환 부담 등 복합적 이유가 작용했을 것으로 보았다.(상게서, 172~ 173쪽)

33) 右漂船ニ付, 被仰出候者, 以前此類之漂船有之候節記錄考之, 公儀江遂御案內候義幷朝鮮·佐須奈·府內ニ至而滯留中番船·警固人, 其外御□□(擦れ)例之通可相勤候, 尤行規旁見掛能樣ニ可申付之旨被仰出候也.

지에는 요코메 중 구미노모노(組之者)를 붙여 야간순찰 담당을 하게 할 것, 다만 보기에 나쁘지 않게 명할 것

一. 쌀, 된장, 식초, 간장, 기름, 술, 장작, 숯이 필요하면 전달할 것.

一. 표류선이 체류중일 때 만약 조선에 갔다가 돌아오는 배가 있다면 평소대로 주의 깊게 조사할 것.

一. 조타수나 선장 중에 한 명을 보증인으로 삼을 것

一. 서쪽편 항구에 가서 해협을 통과하기 어려우니 노를 저어 배를 조사할 것. 동쪽편 항구에 착선하면 역원들이 넘어가서 조사할 것. 물론 보기에 나쁘지 않도록 할 것.

一. 초소(番所)를 꾸미는 용도(飾之用)로 창(鑓) 5개, 철포(鐵砲) 5정, 활(弓) 5개, 화살통(靫) 5개, 목면으로 만든 붉은 막(赤幕木綿), 幕挑灯, 對單羽織 등을 보낼 것

一. 오카치(御步行), 요코메(横目), 아시가루(足輕) 등 못 가는 인원이 있으면, 규진(給人)이나 이나카(田舍) 아시가루 등을 보고 파견할 것

지시의 내용은 대개 표류민들에 대한 신원과 표류 경위에 대한 정확한 조사, 밀무역으로 연결될 가능성의 배제와 이를 위한 짐과 배에 대한 검사, 막부의 금도를 어겼는지에 관한 것, 그리고 체류하는 곳의 질서 유지에 집중되어 있다. 초소에 꾸미는 무기류와 의복까지 특별히 보내는 부분이 인상적인데, 이 같은 지시는 초소에만 한정되지 않는다. 사스나의 관문(關所)에도 장식용 무구(飾用武具)와 비치 자원들이 별도로 명기되어 있는데, 이 지시사항은 시마오 간우에몬(嶋雄菅右衛門) 편으로 전달된다.

武具	鉄砲(5挺)·弓(5張)·靫(5甫)·対之鑓(5本)·屛風(1双)·赤幕(片張)·木綿幕(片張)·木綿対単羽織(14)·丸挑灯(10)·箱挑灯(5)·蝋燭(15)·薄縁(20)·棒(10)
	白米(3俵)·味噌(7貫目入樽)·酢(9舛入樽)·醤油(1舛入樽)·塩(5舛)·諸白(2斗入樽)·椀折敷(1人前)·食鍋(1)·料理鍋(1)

위 지시사항 중에 '보기 좋게'라는 표현은 종가문서 상에서는 그렇게 자주 등장하는 표현이 아니다. 비교적 타자인식이 명확하고 접대와 호행이라는 위치에 선 『사행기록(信使記錄)』에서조차 극히 일부에만 등장하는데, 일일이 장식물까지 지정해 주며 주의 깊게 준비를 지시하는 모습은 필자의 좁은 식견상 찾아볼 수 없었다.[34] 다대포에 정박했음을 알리는 관수의 서간에 대한 답장을 보면 "체류 중에 보기 좋게 질서를 지키는 것에 매우 주의를 기울여 주십시오. 말할 것도 없지만 타국인이기에 혹시 몰라 이와 같이 말씀드립니다."[35]라는 것을 보면 여기에 방점을 둔 것은 확실하다.

다만 양쪽의 서간을 보낸 인물이 동일 인물일 가능성이 있어[36] 개인 특유의 말투일지 모른다는 가능성을 배제할 수 없으나, 이처럼 외적인 부분에 신경을 쓰는 사례는 다대포에서 짐 검사를 할 때에도 발견된다. 관수가 몸이 좋지 않아 짐 검사하는 데에 갈 수 없어서 이전에 다대포에 갔던(1차) 조자에몬(助左衛門)이 가려고 했는데, 그렇다면 아무래도 담당자(役目) 외에는 사람이 없는 것처럼 보일까봐 재판이 대신 가는 경우가 바로 이에 해당한다. 쓰시마번이 타 지역의 표류민을 송환하는 데에 있어 타 지역에 대한 체면과 위신이라는 부분이 특히 중시되고 있음을 알 수 있다.[37]

---

34) 참고삼아, 한국사데이터베이스(db.history.go.kr)에서 '見掛(겉보기, 겉모양)'로 검색했을 때 『분류기사대강』에서는 20건이 검색되는데, 그중 체면을 나타내는 표현은 3건에 불과하다. (검색일: 230825), 기해사행 당시 막부의 근소화/검소화 기저에 있어 실리와 위신을 살리고자 했던 對馬藩의 입자에 대해서는 '졸저, 「기해사행(己亥使行, 1719) 당시의 쓰시마번(對馬藩)의 지시사항 - 통신사 접대의 근저에 깔린 의식을 중심으로」, 『한림일본학』 39, 한림대학교 일본연구소, 2021, 93~115쪽'에서 소략하게나마 다룬 바 있다.

35) 6월 5일 年寄中의 서간 … 其元逗留中見掛能様ニ御行規之義随分可被入御念候.不申及候へ共, 他國人義候故, 爲念如斯ニ候 ….

36) 본문 중 佐須奈에 관한 당부사항에는 그 발신자가 누구인지 나와 있지 않다.

〈사스나의 표류선 맞이 상황〉

浜番所	赤幕을 치고, 금병풍으로 이를 둘렀다. 무기들을 장식하고, 밤에는 丸挑灯을 좌우에 걸고 侍 4명, 下横目 1명, 足軽 2명, 人足 2명이 근무
下横目番所	番所 앞에 세 종류 창(突棒, さすまた, ひねり)을 장식하고 下横目 1명, 足軽 2명이 근무
陰之番所	木綿 장막을 치고 2 종류의 창(突棒, さすまた)을 장식하고, 밤에는 丸挑灯 1개를 걸고, 足軽 1명, 人足 2명이 근무
迎番	小早 1척(철포 2정, 화살 2개 장식, 赤幕), 枝船 2척
番船	小早 1척 (鑓 1, 鉄砲 2정, 弓 2개 장식, 밤에는 挑灯 점등

다시 이야기를 돌려, 위 당부사항 세 번째 내용처럼 8월 5일에 사스나에 도착하면 짐 검사를 시행하였다. 다대포에서도 짐 검사를 한 번 시행했지만, 이 배에는 짐이 많이 실려 있어서 이 때에도 상부(上廻り)만 검사를 하였다. 사스나에서 짐 검사가 이루어질 때에도 사스나의 요코메가 서간을 보내 20일은 족히 걸릴 것 같다고 이야기하니, 이 또한 선내(船中)와 상부만 검사하고 하루라도 빨리 후추로 보내라고 연락한다.[38] 표류해서 온 타 지역 선박은 밀무역의 가능성이 별로 없다고 생각했는지, 편의를 봐주기 위해서였는지, 혹은 서간에 문제가 있을지도 모르나 경미하므로 그냥 받아들였을 때처럼 일처리가 더딘 것을 막부에게 보이기 싫어서였는지, 쓰시마번의 날것 그대로의 모습을 외부에 보이기 싫어서였는지... 짐 검사가 엄하지 않았던 이유는 여러 가지 이유에 기인했을 것

37) 후추에서 문정을 할 때에도 배에 오를 때에는 창을 들게 하여 보기에 좋도록 주의를 주었다. 억측이긴 하지만 대조선외교/무역의 루트를 독점하면서도, 外様大名로서 對馬藩이 가질 수밖에 없었던 열등감도 일정 부분 작용하지 않았을까 생각한다. 對馬藩이 外様大名로서의 좌절을 맛보았던 것은 箕輪吉次(「壬戌年 信使記錄의 集書」, 『한일관계사연구』 50, 한일관계사학회, 2015, 123~174쪽 중 5장(江戶城의 그림)에서 엿볼 수 있다.

38) ○佐須奈浦御横目中へ返事, 村継之以飛脚差越之 (… 船中·上廻り計被致見分, 一日も早々可被漕廻候. …)(8月7日)

이다.[39] 다만 최초 왜관에서 보고를 받고 후추에서 나가사키에 있는 가신을 통해 문의를 넣을 때에, 쓰시마번의 가신에게 보낸 서간 속에 "(관수에게 표류선을) 속히 후추로 보내라고 연락을 했는데, 아직 도착하질 않았습니다."[40]와 같이 '신속'을 강조하는 문구가 있는 것을 보면 아무래도 막부에 대한 평판에 가장 큰 이유가 있지 않을까 생각된다.

5일 동안 머무르며 필요한 조사를 받다가 10일에 사스나를 떠나 11일에 후추에 도착한다. 후추에서는 12일에 이들에게 백미 10섬(표), 술 1통, 된장 1통, 장작 100관(貫目)을 지급하였다. 이들은 육지에 오르는 것이 금지되었다. 필요한 사항은 연락선을 통해 연락하고, 만약에 급한 일이 있다면 중개소(問屋)를 세워두고 그곳에서 해결하게 하였다. 선원 중 한 명이 병에 걸렸을 때에도 요양은 이 중개소에서 하였고, 쓰시마번은 의원을 파견해 주었다.[41]

마가리우라(曲浦)에 짐 검사하는 곳을 만들고 대단위 인원이 투입되어 14일부터 16일까지 검사를 시행하였다. 표선이 5칸(間)이기에 한 칸마다 가치(歩行) 2명과 구미노모노(組之者) 2명씩을 추첨하고 배정하여 조사하였다. 배에 실린 짐이 많았기에 짐을 다시 실을 때에는 인부를 추가하였다. 25일이 되어 짐을 다 싣게 되자, 25일에 후나이(府内)에 배를 옮겼다. 후나이에서도 구미노모노 2명이 경호를 섰다.[42]

---

39) 이중 특히 날것을 보이고 싶지 않아하는 모습은 타 지역의 표착선을 왜관에 들이지 않았던 부분과 일맥상통하는 것으로서 일본인 특유의 '우치'와 '소토' 개념으로 바라볼 수 있다는 지적도 있다.

40) ○越前船朝鮮國江漂着之儀, 長崎御奉行川口孫左衛門様江御註進之事 (… 朝鮮國之内知世浦与申所へ致漂着候由, 彼地へ差置候家來方ら申越候.早々對府へ差渡候様ニ申遣候得共, 未致參着候. …)(6月6日)

41) 이 선원은 결국 8월 23일 죽음을 맞이한다. 이 기간 동안 對馬藩에서 의원과 약을 비롯한 의료지원을 실시했다. 그리고 眞言寺에서 장례를 치뤘다.

42) ○漂船曲浦江漕廻し, 船中相改候事

그리고 이들은 11월 15일에 고국에 돌아간다. 본 사례는 타 지역에 표류선 인도에 있어 쓰시마번이 어떤 부분에 방점을 두었는지를 알 수 있는 귀중한 사례이긴 하나, 아쉽게도 앞서 말한 바와 같이 본 사료가 훗날을 위해 전례가 될 내용을 남기는 것이 목적인 듯, 근 두 달 가까이를 쓰시마번에 있었던 것치고는 후추에 들어서부터는 오사카 부교(大坂奉行所)와 에치젠카미(越前守)에게 보낼 서류만이 중심으로 기술되어 있어, 후추에서 이들이 어떻게 관리되었고 접대 받았는지 등이 전혀 나와 있지 않아 아쉬움이 남는다.

〈참고: 쓰시마번의 지급품〉

6월 1일	白米 5斗 3舛, 酒 1樽, 味噌 1樽
6월 18일	蓬 50장
6월 26일	油 2舛
6월 30일	酒 2瓶, 醤油1 瓶, 酢, 鯛, 蚫, 小魚, 茄子, 瓜, 菜, 夕顔, 炭 1俵
8월 9일	薪 100貫目, 明松 50斤
8월 12일	白米 10俵, 味噌 1樽, 酒 1樽, 薪 100貫目

4. 나가며

조선에 표류해 온 일본인에 대한 송환절차를 전담했던 쓰시마번은 표착선의 소속 지역에 따라 그 송환절차를 달리했다. 본고는 조선 후기 지세포에서 일어난 두 건의 표착 사건을 다루며 쓰시마번이 송환절차를 달리하며 또 어떤 부분을 중시했을까 하는 부분에 착목해 본 것이다.

1719년에 발생한 쓰시마번 미조선의 표착 사건은, 단순한 표착을 넘어 배가 파선되고, 막부의 중요 관리 대상이었던 와키자시가 침실되었으며 선원 한 명이 물에 빠져 실종된 전대미문의 사건이었다. 이 상황을 맞아 쓰시마번은 침실된 와키자시를 되찾기 위하여, 그리고 초유의 사건에 대한 예조 발행의 서계를 받아내기 위하여 표류 선원들을 표착지에 계속 묶어두는 방법을 적절히 사용한다. 추가 사상자의 발생이 우려되는 가운데에, 표류 관계의 부역을 행하는 인근 읍민들의 부담을 생각하면 표류민들을 받아들이지 않고 그대로 체류시키는 것은 동래부사에게 있어 큰 압박으로 다가왔을 것이다.

반면에 시간적으로 역순이긴 하지만, 1687년에 일어난 지세포 표류사건은 새로운 송환 체계가 제정되고 그것이 새 쇼군 아래에서 처음으로 적용된 시기였다. 쓰시마번은 이를 후대에 남기기 위해 비교적 자세한 사료를 만들었는데, 3장에서는 이를 통해 에치젠의 표류선의 선원들의 송환 양상을 살펴보았다. 관수는 예조가 보낸 서계에 사소한 부분이 보였지만, 표류민들을 위해 그리고 막부가 보기에 나쁘지 않도록 이를 그냥 받아들여 준다. 짐 검사를 함에 있어서도 너무 시간이 오래 걸릴 것 같다면서 적당한 선에서 마무리 짓는 모습을 보인다.

에치젠노쿠니의 배가 표착했다는 소식이 들렸을 때부터 쓰시마번은 사스나에 대해 '보기에 나쁘지 않게끔' 각종 무구와 비품을 지정해 주며, 체면과 위신을 강조하며 신속한 처리를 요구한다. 이에 짐검사도 상부만 검사되었는데, 이는 막부에 대한 평판을 신경 썼기 때문일 것이다.

다만 상술한 바와 같이 오랜 시간 쓰시마번의 후추에 있었지만 그 사이의 일들이 전혀 기록에 남지 않고, 사스나에만 집중이 되어 있는데, 이는 본 사료가 훗날을 대비하여 선례를 만들어두는 성격이 강하기 때문일 것이다.

기존 표류민 송환 체계에서 그다지 관심의 대상이 되지 못했던 쓰시마번이 표류선 처리에 있어 중점 사항에 관해 조금이라도 엿볼 수 있었던 것은 나름의 수확이라고 생각하나, 자료적인 한계로 인해 사실 일정 부분만 강조하는 선에서 끝난 점은 아쉬울 따름이다.

타 지역 선박에 대한 왜관과 후추에서의 처리 수순에 대한 새로운 사료, 특히 쓰시마번의 내부 문서나 왜관과 쓰시마번 사이에 주고받은 서간문들을 찾아 이를 일일이 확인해 나간다면 쓰시마번의 대외적 태도와 관련된 분명한 차이를 좀더 찾아낼 수 있을 것이다. 이는 차후의 과제로 남겨두고자 한다.

제8장 변혁기(1867-1888년) 한일관계와 표류민 송환의 변화

현명철*

1. 머리말

흔히 근세 통신사외교로 대표되는 우호 친선의 한일관계가 단절되고 조일수호조규가 맺어지면서 침략과 저항이라는 근대 외교 관계가 시작되었다고 생각하기 쉽지만, 역사는 긴 호흡에서 연속적으로 살펴볼 때 이해하기 더욱 쉽다. 아울러 기존 체제를 유지하고자 하는 관성은 매우 강력한 힘을 가지고 있음을 무시해서는 안 된다. 본 발표는 전통적 외교 관계에서 근대 외교 관계에 이르기까지 한일관계사를 연속적으로 조망하는 연구의 일환으로 표류민 송환의 변화를 복원하고자 한다.

변혁기 한일관계사, 특히 표류민 송환의 변화를 이해하고자 할 때, 필자는 다음과 같이 시기를 3단계로 나누어 살펴볼 필요가 있다고 제안한다.

제1단계는 1872년 9월까지의 시기이다. 일본의 개국과 메이지 정부의 성립, 그리고 폐번치현이 있었지만, 쓰시마번의 존속으로 인하여 아직은 전통적 외교관계가 유지되는 시기이다. 이 시기에는 전통적 표류민 송환이 변함없이 이루어졌다.

제2단계는 1872년 9월부터 1876년 조일수호조규가 맺어지게 될 때까

* 한일관계사학회 고문

지의 과도기이다. 1872년 9월, 하나부사에 의해 왜관사무를 외무성이 완전히 접수하고 세견선과 서계를 폐지하면서 전통적 표류민 송환에 변화가 나타난다. '왜관침탈'혹은 '왜관강점'이라는 표현으로 과도기를 한일 관계의 단절로 이해하는 연구가 있지만 이는 타당하지 않다. 이 시기에도 표류민이 송환되고 있었다. 비록 외교적 갈등이 있었지만 외교적 그리고 인도적 관점에서 표류민 송환이 더 중시되고 지속되고 있었던 것은 주목해야 한다.

제3단계는 조일수호조규와 수호조규부록 및 통상장정(무역규칙)으로 새로운 외교-무역 관계가 성립되기 시작하는 1876년의 이후의 일이다. 이 시기에 표류민 송환의 변화가 보인다.

본 발표는 『동래부계록』과 『관수일기』에 나타난 표류민 관련 사례를 바탕으로 작성한 두 편의 졸고[1]를 종합하고 시야를 넓혀 전체를 조망하고자 한 것이다.

2. 전통적 체제에서의 표류민 송환

왜관에 왕정복고와 무진전쟁의 소식이 공개적으로 전해진 것은 1868년 3월 17일의 일이다. 즉 15일 표류민 호송선[2](大神丸)과 가선[3](瑜加丸)이 입항하여 쓰시마에 표착한 천성표민 8명을 송환하였는데, 이 배편

1) 졸고, 「메이지 초기 송환 표류민 사례연구」, 『한국학논총』 50집, 국민대학교, 2018 ; 「'조일수호조규'와 표류민 송환의 변화」, 『공존의 인간학』 5집, 전주대학교 한국고전학연구소, 2021.

2) 호송선에는 표차사가 질인(質人)으로 표민을 태우고 도해하는 것이 일반적이다.

3) 가선(駕船)은 표류민을 승선시킨 배이다. 위 상황에서 호송선에 1명, 가선에 7명의 표민이 승선하였다.

으로 왕정복고와 무진전쟁의 소식을 관내에 알리라는 지시가 내려왔다. 왜관 관수 반누이도노스케(番縫殿介)는 3월 17일 관내 무사들을 모두 집결시켜서 위 소식을 공포하고 명령서를 읽도록 하였다. 하지만 전통적으로 쓰시마를 통해 이루어지는 외교관계와 표류민 송환은 그 후로도 4년여 변화가 보이지 않는다. 전통적 송환은 1872년 9월에 붕괴된다. 그러면 전통적 송환의 모습은 어떠하였는지 살펴보자.

1) 조선에 표착한 일본 표류민의 송환

조선에 표착한 일본 표류민들이 어떻게 송환되었을까에 대한 연구는 예상외로 드물다[4].

『동래부계록』을 보면 수많은 일본 표류민을 송환한 기록이 있다. 이 기록들을 바탕으로 우리는 조선에 표착한 일본 표류민의 송환 모습과 그 변화 과정을 귀납적으로 추출해 낼 수 있다.

조선에 표착(漂着)한 일본 표류민은 쓰시마[對馬] 선박이 부산 왜관을 오가다가 표착하는 경우가 대부분이다. 즉 노인(路引)을 소지한 세견선이나 비선이 왜관으로 오는 도중에 발생하는 표류이다. 북으로 표류한 경우에는 좌수영 소속 간비오봉 봉수대에서 발견하여 보고하면, 주로 무지포에 정박시키고, 부산진에서 별차와 소통사를 파견하여 그 지역 지방관과 문정을 하고 식량과 땔감을 지급하여 보호한다. 그 후, 경상좌수영

4) 일본에서 이케우치사토시[池內敏]가 『近世日本と朝鮮漂流民』중에서 잠깐 언급하였고, 뒤이어 그는 1819년 충남 서천군 비인현에 표착하였던 사쓰마인 야스다 요시카타[安田義方]의 일기 『薩摩藩士朝鮮漂流日記』를 발간하여 일본인의 송환 과정을 표류민의 시각에서 살펴볼 수 있게 제공하였다. 이 책은 최근 국내에서도 번역되었으며, 이를 바탕으로 일본 무사 계급이 표류하였을 때의 접대에 관심을 보인 연구도 있다. 하지만 조선 사료를 바탕으로 일본 표류민 송환을 언급한 연구는 찾을 수 없었다.

전선장의 영호(領護)하에 기장의 주사대장(舟師代將)이 오륙도까지 호송하여 부산진 전선장(혹은 개운포만호)에게 넘겨주면 그들이 호송장이 되어 왜관으로 호송한다. 한편, 남으로 표류한 경우에는 다대진 소속 응봉봉군이 발견하여 계속 선박을 추적하면서 연락하고 주로 지세포에 정박을 유인하였으며, 표착 지역 지방관이 왜학 통사를 통해 문정을 하고 이를 보호하고 부산진으로 알림과 동시에 왜관으로 호송하는 시스템이었다. 또한 쓰시마 이외의 일본 선박이 표착하였을 때 선박을 수리할 수 있을 경우는, 표착지의 지방관이 문정을 거쳐 선박 수리를 지원하여 표착지에서 바로 돌려보내는 시스템이 1840년 이후 정착되었다.

본고에서 특히 관심을 두는 것은, 노인을 소지하지 않은 쓰시마 외의 선박으로, 파선하여 자력으로 돌아갈 수 없는 경우이다. 표류한 표류민을 보호하고 송환하는 것은 한일 양국의 우호를 상징하는 중요한 외교 행위였다. 이 경우 표류민 보호와 송환의 모습은 시기 단계에 따라 당연히 모습을 달리한다.

조선 정부의 보고 문서인 『동래부계록』에는 일본 표민이 조선에 표착한 기록이 다수 보인다. 파선표민의 경우, 1867년 8월 29일과 30일 양일간 안예주(安藝州) 상인 7명이 홍해군 곡강진에, 에츠젠(越前) 상인 14명이 청하현 송라포에 표착하여 송환한 일과, 1871년 3월 26일, 제주도 명월포에 표착한 사쓰마 상인 10명의 송환을 들 수 있다.

전통적 송환 사례의 마지막으로 사료에 나타나는 1871년 3월 26일 제주에 표착하였던 사쓰마[薩摩] 표민의 송환 모습을 복원해 보자.

〈사례1〉 1871년 3월 26일, 제주 명월포(明月浦) 근처에 일본 사쓰마 선척이 파선 표착하였고, 지역 사람들이 작은 배를 보내어 일본인 10명을 구하였다. 그들은 사쓰마[薩摩]주 가고시마[鹿兒島]지역 사람들로 가고시마에서 구치에라부시마[口永良部島]로 가서 공물로 사탕 869통 초석 400립, 사무역용으로 염저육 5항(缸) 등을 싣고 동년(1871) 3월 11일 본토

(가고시마)를 향하여 출발하였으나 12일 폭풍우로 선구가 부러져 표류하여 제주 명월포까지 와서 26일 구조된 것이었다. 명월포의 민관들은 표실되고 남은 물품들을 수습하였지만 배(音羽丸)는 파선이 심각하여 표민의 뜻에 따라 소각하였으며, 4월 1일 말에 태워서 제주 관아로 호송하였다. 제주 관아에서 식량과 의복을 공급하고 보호하다가 5월 23일 항구로 이동하여 25일 제주목 선척에 승선하여 5월 27일 송환을 위해 출항하였다. 위 사쓰마 표민들은 6월 13일 방답진-성두포를 거쳐서 경상 관내로 건너왔다. 영호차원(領護差員)으로 녹도만호, 지로차원(指路差員)으로 회령포만호, 좌수영왜학이 나아가 평산으로 영예(領曳)하여, 남해현 선박에 표류민과 물품을 옮겨 싣고 식사와 의복을 지급하여 숙박시켰다. 14일 남해현 선박으로 출항하여 미조항진과 사량진을 거쳐 공수포(公須浦) 전양에서 숙박하고, 15일 고성부선박으로 옮겨 출발하여 거제 야소포 전양에서 숙박하고, 16일 영호차원 당진만호, 지로차원 옥포만호가 인수하여 거제선으로 옮겨 수호하였다. 거제선은 17일 출발하여 한산 앞바다에서 가배량-율포(栗浦)를 거쳐 구조라포에서 지세포만호가 인수하여 숙박하였다. 18일 출발하여 지세포에서 2일 숙박하고, 20일 출발하여 천성보만호에게 인계하고 웅천현 선박으로 옮겨 숙박하였다. 21일 표류민을 실은 웅천현 선박은 출발하여 다대진에 도착하여 다대진 영호장이 인수하여 숙박시켰으며, 다음날(22일) 다대진 영호장은 개운포만호에게 인계하였고 개운포 만호는 이 배를 설문 내양에 정박하게 하였다. 설문 내양에 부산진 선박이 도착하여 부산진 선박으로 표류민과 물품을 옮기고 웅천선박과 양차원(당진, 옥포만호) 및 왜학(좌수영)은 귀한하였다. 25일 훈도 안동준이 설문 내양에 정박한 표류민을 찾아 문정하여 위 사항을 확인하고, 문정 수본과 표류민의 신상명세를 작성한 성책을 의정부와 삼군부에 상송하여 보고하였으며, 표류민에게는 정박 중 매일 식사를 제공하고 출발시에는 1인당 도해량미 10두와 옷감으로 공목1필씩 지급하였다.[5] (날짜는 음력)

보고 내용이 상세하므로 당시 상황을 복원하는 것은 어렵지 않다. 5월

5) 『동래부계록8』 同治10(1871)년 6월 7일조, 6월25일조, 6월26일조.

27일 제주를 출발하여 6월 13일 방답진에 도착하기까지의 경로는 위 사료에 나타나지는 않는다. 아마 전라좌수영에서의 보고에 자세히 나타날 것으로 생각되지만 확인하지 못하였다. 경상도 관내에 들어온 다음의 항로는 자세히 보고하고 있다. 즉, 6월 13일 방답진을 출발하여 경상도 남해 관내로 들어와 평산에 도착하여 경상도 수군에게 인수인계된 이후 22일 설문 내양에 도착하기까지 9일간, 남해현 선박(평산 → 공수포)-고성부 선박(고성부 → 야소포)-거제현 선박(야소포 → 천성보)-웅천현 선박(천성보 → 설문내양)으로 네 차례 갈아타고 경계구역이 바뀔 때마다 수호 담당이 교체되면서 호송되고 있음을 자세히 알 수 있다. 군사훈련을 방불하는 호송작전을 연상하게 한다.

위 사례는 이전의 전통적 송환과 약간의 차이가 있다. 이전에는 우암포[6]에 정박시키는 것이 상례였는데 설문내양으로 장소가 바뀐 사실이다. 그 이유에 대해 『동래부계록』에는 우암포에 정박시켰을 때, 어채와 수호왜(왜관에서 우암포에 파견된 금도왜)에 대한 보상, 임시 거처 마련, 궤연(饋宴) 등의 문제로 주민들의 피해 호소가 많았는데, 훈도 안동준이 유례(謬例)를 고치고자 설문 내양으로 이끌었다고 설명한다. 그 결과 왜관에서도 그들을 관리하기 쉽게 되었고, 왜관 내의 가옥을 사용할 수 있어서 백성들의 피해를 줄일 수 있었으니 큰 업적이라고 동래부사가 훈도 안동준의 포상을 품의하고 있음에서 알 수 있다.[7] 반면, 왜관의 쓰시마

6) 부산 남구 우암로 근처

7) 前漂倭之留泊牛巖浦也、 海陸民之魚菜供饋守護倭之五日交替且假家看造與捧招饋宴等許多弊端、常所痛歎是在如中、今此薩摩州漂倭十名所載船回到臣府境時、訓導安東晙欲革謬例、同船使之留泊于設門內洋繼又公幹子、彼館仍今住接於館中是白如可、今番書契下來後不逾時月卽令入送俾除許久淹留之費者、此是交隣後創有之一大更張也、 苟非平日見孚於彼類則、 豈可痛革幾百年謬例快袪一邑民痼瘼乎、當該訓導合施別般酬勞之典是白乎矣、 事係干恩臣不敢仰請爲白去乎令廟堂稟旨分付爲白只爲.

인들은 푸대접을 받았다고 불만을 표하고 있다. 그들은 왜관에 대한 정보가 타번에 알려지는 것을 꺼렸는데 메이지 정부가 들어와서도 마찬가지였다. 1871년 훈도가 이를 단행할 수 있었던 것은 당시 메이지 정부가 들어서고 왜인들이 개혁을 입에 올리고 있었던 상황을 들 수 있다. 업무 간소화와 비용 절감안은 전통사회에서도 관리들의 화두였고 실제 1871년 6월 개혁안이 훈도에 의해 시행되고 있었음은 흥미롭다.

위 표민들은 예조의 입송서계가 도착하자 연회를 받고 왜관 관수와 협의하여 9월 7일 2특송사 1호선으로 환귀하였다.[8)] 6월 25일 부산에 도착하고서도 70여일이 지난 후 귀환하는 것이다. 동래부는 이들이 떠날 때에 도해량미와 옷감을 지급하였다. 부산에 도착하여 연회와 식사를 제공받으면서 입송서계를 기다리다가 입송서계가 도착하면 도해량미와 옷감(의자목)을 지급받고 귀환하는 일은 전통적 표민 송환시스템에서 중요한 일이었다. 전통적 송환절차에 시간이 많이 필요하였던 것이다.

표류민을 송환받은 일본의 다이묘(여기서는 사쓰마번주)는 표민송환에 대한 감사서계(예조의 입송서계에 대한 답서)와 선물을 보내었다.[9)] 우리는 여기서 1871년 6월까지 일본 표류민이 전통적 의례에 따라 송환되고 있음을 확인할 수 있다. 이 송환이 전통적 송환으로는 마지막으로 나타난다. 이때 우암포가 아니라 설문 내양에 정박시켜서 보호한 것은 전통적 송환 내에서 나타난 소소한 변화라 하겠다.

8) 『동래부계록8』 同治10(1871)년 9월8일조.

9) 반드시 보내었는지는 확인하지 못하였으나 감사서계가 도착하는 사례를 자주 발견할 수 있다.

2) 일본에 표착한 조선표류민의 송환

다음으로 일본에 표착한 조선표류민이 어떻게 송환되는지 살펴보자. 기유약조 하에서 일본에 표착한 조선 표류민의 송환에 관한 연구[10]는 적지 않다. 메이지 정부의 성립인 1868년에서 1872년 9월 이전까지 송환된 표류민은 34건 185명에 달한다. 이들은 모두 전통적 송환 절차를 밟았다. 『동래부 계록』에는 1869년부터 1873년까지 문정 결과가 전부 존재하여 출신지 성명 나이, 직업과 표류과정 등을 쉽게 파악할 수 있어서 지방사 연구에 도움이 된다. 전통적 송환에 대해서는 기존 연구에서 사례를 소개하였으므로 여기서는 간략히 정리하여 송환 과정을 서술하고자 한다.

일본 에도막부는 각지에 표착한 표류민들을 나가사키로 보내어 문정을 하고 송환하였다. 중국인은 신패를 소지한 중국 무역선을 통해 송환하였으며, 조선 표류민은 쓰시마로 보내었다. 쓰시마에서는 영래차왜를 임명하고 표민영래서계를 작성하여 영래차왜선에 안내인(質人)을, 표민차기선(혹은 표민본선)에 표류민을 싣고 왜관으로 보내었다. 왜관에 도착한 표민은 1대관이 담당하여 문정을 하였고, 관수왜가 지켜보는 중에 임관에게 인계하였다. 임관은 표민을 받고 표민 인수증을 주었다. 홍미

10) 주목되는 연구로는 池內敏, 『近世日本と朝鮮漂流民』, 臨川書店, 1998 ; 이훈, 『조선후기 표류민과 한일관계』, 국학자료원, 2000 : 『조선시대 한일 표류민 연구』, 국학자료원, 2001 : 「'표류'를 통해서 본 근대 한일관계 - 송환 절차를 중심으로 - 」, 『한국사연구』 123, 2003 ; 정성일, 『전라도와 일본 - 조선시대 해난 사고 분석』(『경인한일관계연구 총서 54』), 경인문화사, 2013 : 「표류민 송환 체제를 통해 본 근현대 한일관계」, 『한일관계사연구』 17, 2002, 59~115쪽 : 「근대 조선과 일본의 해난 구조제도와 국제관계」, 『동북아역사논총』 28, 2010 ; 현명철, 「메이지 초기 송환 표류민 사례 연구」, 『한국학논총』 50, 국민대, 2018 등이 있다. 이 논문은 최근 해양수산부 해양문화연구총서02, 『동아시아의 표류』(2020년)에도 실려있다.

로운 것은 제주표민의 경우, 일본에서 해남, 강진 혹은 진도표민이라고 거짓 진술을 하는 일이 많았는데 표민 인수증에는 그대로 해남, 강진, 진도등 표민의 진술을 그대로 반영하여 작성해 주었다는 점이다. 외교적 갈등을 일으키지 않으려는 배려라고 생각한다. 표민은 별차를 따라 부산진에 가서 조사를 받았으며 그후 동래부로 이송되었다. 동래부는 표민을 인수하고 문정을 거쳐서 식량을 지급하고 원적지로 보내었다.

표민을 데리고 온 영래차왜는 '표차사'라 하여 조선으로부터 향접위관의 접대를 받았다. 표차사는 '도금도왜(都禁徒倭)'급으로 인정받았다. 조선은 표차사를 55일간 접대를 하였으며 하선다례, 하선연(봉진연), 예단다례(御返翰), 상선연을 베풀어 연향과 예단을 지급하였다. 이 기간 안에 표차왜가 가져온 영래(순부)서계에 대한 답서가 내려온다. 표민 송환에 대한 보상은 넉넉하였으며 차선(借船)으로 표류민을 송환한 경우에는 '가선즉가미(駕船則價米)'라하여 비용을 더 지급하였다. 영래서계에 대한 회답서계는 평화교린을 유지하는 중요한 틀이었다.

3. 과도기(1872-1876)의 표민 송환

1872년 9월, 외무성은 왜관 사무를 장악하고, 세견선을 폐지하였으며 서계를 폐지하였다. 이때 표민순부서계가 없어지고 표민영래차왜가 없어지면서 표류민 송환은 과도기에 접어든다. 훈도는 서계가 없으면 접대가 불가능하다고 하여 항의의 표시로 왜관에서 철수하였고 왜관의 주요 기능인 접대소의 역할이 무너졌다. 훈도는 74년에 다시 임소에 복귀하여 우호적 외교 관계를 모색하지만 서계와 접대는 복원되지 못하였다. 과도기 표류민 송환 모습은 조일수호조규가 맺어지는 1876년까지 지속되고 있다. 과도기 조선에 표착한 일본인은 어떻게 송환되었으며 일본에 표착한 조선 표류민의 송환에는 어떤 변화가 있었을까.

1) 조선에 표착한 일본표류민의 송환

1873년 5월의 사례를 보자.

〈사례2〉 1873년 음력 5월 24일, 사쓰마 가고시마[鹿兒島] 사람 9명과 사체 1구가 제주도 대정현에 표착하였습니다. 이들 10명은 무역을 위해 쌀과 콩 차를 가지고 유구국 나하[那覇]에 이르러 이를 팔고, 유구국이 사쓰마에 공납하는 흑당 407통, 울금 1500근과 공문서 등을 싣고 5월 18일 가고시마로 향하다가 20일 폭우로 표류하기 시작하여, 24일 이곳에 표착한 것입니다. 배는 전파되었으며 일행 중 1명은 익사하였고 주민들이 표류민을 구하였고, 사체도 수습하였습니다. 25일 표류민의 뜻에 따라 익사자를 매장하고 남은 물품을 수습하였습니다. 5월 28일 이들은 표착지를 출발하여 6월1일 제주관아에 도착하였으며, 머물다가 8월 25일 부산을 향하여 출발하였습니다.
제주도 대정현에 표착하였던 사쓰마인 9명을 호송하는 배가 방답진에서 출항한다는 연락을 받고 9월 12일 경상도 영호차원(녹도만호)과 지로차원(회령포만호), 좌수영 왜학이 나아가 평산포로 유인하였습니다. 그후 남해현 선박으로 사람과 물품을 옮기고 식사와 의복을 제공하여 숙박시키고, 13일 출발하여 미조항진을 거쳐 사량포에서 숙박하고, 고성부선으로 옮겼으며, 14일 출발하여 당포-삼천진-치소포에 이르러 거제부선으로 옮겨 숙박시켰습니다. 15일 출발하여 가배량-율포-구조라포에 이르러 숙박하고, 16일 옥포-조라포-장목포-천성보에 이르러 숙박하고 웅천현선으로 옮겼습니다. 17일 출발하여 가덕진-김해부에서 숙박하고, 18일 다대진 호송장 서평포 만호의 호송으로 관소에 도착하였다. 훈도와 별차가 문정을 하였으며, 표민들을 관수왜에게 넘기고 표민들이 귀환할 때까지 식사를 제공하고 출발시에는 1인당 도해량미 10두와 의복용으로 목면 1필을 관례에 따라 지급하도록 하겠습니다. 또 (기유약조체제가 붕괴되었으므로) 위 표민을 입송하는 서계는 필요가 없습니다. 표민의 이름과 문

정 내용을 성책으로 하여 훈도의 수본으로 의정부와 삼군부에 보고합니다.[11)]

위의 〈사례2〉를 1871년도의 〈사례1〉과 비교 정리해 보자. 우선 제주에 표착하여 제주관아에서 머무르다가 제주에서 출발하는 과정에 차이점은 없다. 그리고 제주를 출발하여 방답진에 이르는 과정이 사료에 나타나지 않는 것도 동일하며, 평산에서 경상도 수군에 인계되어 남해현 선박-고성부 선박-거제부 선박-웅천현 선박으로 갈아타면서 수호 담당이 경계구역마다 교체되는 호송과정도 차이가 없다.

주목되는 차이는 다대진 호송장이 부산진에 인계하지 않고 바로 관왜(왜관에 있는 외무성 관료)에게 인계한다는 점이다. 이는 서계가 없어졌기 때문에 입송서계를 기다릴 필요가 없어졌음을 의미한다. 따라서 인계하고 난 다음 귀환 때까지 걸린 시간이 현격히 줄었다. 그들 표류민은 10월 4일 비선으로 왜관을 출발하여 환귀하고 있다[12)]. 즉 왜관에 도착한지 12일 만에 귀국할 수 있었던 것이 전통적 송환에 비해 큰 차이로 다가온다. 이는 당시로서는 푸대접이라고 인식하고 있었지만, 역으로 표류민의 입장에서 매우 다행한 일이었을 것이다. 왜관에 인계하고 난 다음에도 관왜(왜관의 외무관리)를 통해 출항시까지 표류민의 식사를 제공하고, 또한 출항시에는 옷감과 도해량미를 지급하고 있음은 주목된다. 이는 전통적 의례의 관성이라 할 수 있으며 이 역시 우호를 유지하고자 하는 노력으로 파악된다. 이 지원은 왜관의 외무 관리들에게도 적지 않은 도움이 되었다.

전통적 외교가 붕괴된 과도기에도 양국의 갈등과는 별도로 표류민 송환은 인도적인 견지와 외교적 차원에서 유지 발전되고 있음을 사례를 통

11) 『동래부계록8』 同治12(1873)년 9월 23일조.
12) 『동래부계록8』 同治12(1873)년 10월 5일조.

해 복원할 수 있다.

2) 일본에 표착한 조선 표민 송환

일본에 표착한 조선 표민의 송환도 달라졌다. 표민 송환을 외무성이 담당하게 되면서 표민 영래서계나 표차사(표민영래차왜)가 존재할 수 없었고, 영래선(표민영래차왜선)이라는 명칭도 더 이상 존재할 수 없게 되었다. 1872년 9월, 하나부사가 데려온 영암표민(9명)과 제주표민(4명)이 그 첫 케이스였다. 이 경우 접대에 대해 동래부의 보고를 보면

> 차왜가 없고 서계가 없으니 연향을 베푸는 것이나 잡물을 마련하는 것이 당연히 논할 일이 없습니다.[13)]

라고 곤란을 표하고 있다.

그후, 조선은 접대를 받기 위해서는 서계를 가져와야 한다고 요구하였지만, 당시 왜관의 외무 관리는 서계를 없애는 것이 외무성의 지침임을 강조하면서 거부하였다.

1873년 2월(양력)의 표류민 송환 모습은 특이하며 흥미로운 논쟁점이 있다.

> 〈사례3〉 1873년 양력 1월 2일, 쓰시마에 표착하였던 남해 표류민 3명이 송환되었다. 왜관의 외무성 관리들은 이 기회를 이용하여 표류민 송환의 새로운 전례를 만들고자 하였다. 그들은 표민 순부 서계가 없으면 임관이 입관할 이유가 없다는 조선측의 설명에도 불구하고, 임관이 입관하여야 표류민을 송환하겠다고 버티었다. 1월 5일, 비바람이 강하여 왜관의

13) 『동래부계록』 1872년 9월 20일 조.

건물이 파괴되고 선창이 부서지는 피해가 있었는데 이때 대구어를 판매하기 위해 고성에서 부산포로 가던 7인승 배가 선창 석축에 부딪혀 난파되어 왜관 구성원(외무관리)들이 이들 중 6명을 구조하였다. 1월 6일 소통사들이 입관하여 구조에 감사를 표하고 그들을 넘겨달라고 요청하였으나 왜관 외무성 관리(奧義制)는 임관 입관을 요구하며 인계를 거절하였다. 이는 모리야마(森山茂)의 지시에 따른 것이었다. 소통사들은 구조한 사람들을 돌려주는데 임관은 아무 관련이 없다고 항의하고, 이를 동래부사에게 보고하면 외교적 문제가 발생할 것이라고 달래었으나 외무성 관리는 이를 거절하였다. 소통사들은 이를 동래부에 보고하였고, 8일 소통사들이 다시 입관하여 동래부사의 말을 전하며, '우리나라에는 우리나라의 법이 있으며 왜관지(倭館地)는 우리나라의 땅이다. 우리나라 땅에 우리나라 백성이 난파한 것을 왜관 사람들이 마음대로 해서는 안 된다. 지금 병이 없어도 만일 병이 난다면 왜관에서 어떻게 책임을 질 것인가?' 라고 경고의 뜻을 전하였다. 이 소식을 접한 대마도 주재 히로쓰는 조선의 주장이 타당하다고 하여 구조된 사람들을 즉시 돌려보내도록 외무성에 건의하기도 하였다. 억류 상황이 40여일 지속되었고 표류민과 난민의 불만은 커졌다. 2월 17일, 드디어 남해 표류민 3명과 선창 근처에서 난파한 난민 6명이 함께 왜관을 탈출하는 사건이 일어났다. 2월 17일(음력 1월19)자 동래부 계록에는 남해 표류민 3명(김갑일, 곽재일, 곽도치)이 송환되어 아무 문제 없이 무사히 인수하였다고 보고하였다.[14)]

위 사례는 매우 흥미롭다. 특히 동래부의 보고에서 왜관측이 난민을 억류하였다거나 표류민을 송환하지 않고 40여일간 억류하였다는 기록이 없고 당일 입항하여 송환한 것으로 보고하고 있는 것은 주목된다. 외교적 문제로 확대시키지 않겠다는 동래부의 강력한 의지가 느껴진다.

외무관료들이 위 사건에 대해 실수를 인정한 이후, 외무성은 빠른 송환을 지시하고 있다. 이후 왜관의 외무관료는 왜관선창(항구)에서, 소통사에게 표민을 인계하는 대단히 간략한 송환을 선택하였다. 그리하여 표

14) 『동래부계록』 8, 1873년 1월 19일자.

류민은 도착 즉시 바로 소통사에게 인계되었는데 이 모습이 과도기 표류민 송환의 일반적인 모습으로 고정화되었다.

과도기에 조선이 일본 표류 선박 수리를 지방 관아에서 도와주고 일본 표류민이 출항할 때까지 식사를 제공하고 출항시에 옷감과 쌀을 주어 보내고 있는 것에 부응하여 일본 외무성도 조선 표류민 선박 수리를 공비(公費)로 처리하는 것은 주목된다. 물론 표류민 선박 수리비나 송환 비용(특히 차선 비용)은 기존에는 표차왜에 대한 접대를 통해 조선이 넉넉하게 지불하였던 관행이 있었기 때문에 담당 외무 관리들의 불만이 표출되기도 하여,[15] 일시 표민선 수리 비용을 표류민에게 청구한 경우도 있었지만(1873년 4월 입항 표류민), 결국 태정관의 지시에 따라 선박 수리비를 환불하였다. 1873년 7월에는 태정관1105호에 의해 표류민이 구태어 나가사키로 호송할 필요가 없이 쓰시마로 바로 보내어도 된다고 규정되었다.[16] 과도기 조선 표류민 송환기간은 송환 비용을 절감하기 위한 이유와 선박 기술의 발달에 따라 상당히 단축되었다. (전통적 단계 평균 10개월, 과도기 평균 3개월).

전통적 외교 시스템이 붕괴된 과도기에도 표류민이 송환되고 있었다는 점은 강조되어야 한다. 아울러 표민 사무를 접수한 외무성도 과거보다 더욱 두터운 보호를 거듭 지시하고 있음도 확인된다. 외교적 갈등과 별개로 인도적 관점에서 표류민 송환이 지속되었던 것은 양국의 위기관리와 전쟁을 피하기 위한 외교적 노력의 일환으로 주목되며 왜관을 유지

15) 현명철, 위의 논문, 1873년 4월에 송환된 사례 참고, 200쪽.

16) 태정관 1105호

갑호 : 조선국 표류민은 모두 나가사키로 보낸다는 규정이 있었는데 이를 바꾸어 나가사키에 가까운 지역은 나가사키로, 대마도가 가까운 지역에서는 대마도 출장소로 보낸다.

을호 : 조선국 표류민도 청국에 준하여 처리한다고 한 규정을 바꾸어 조선 선박은 해당지역 관청이 부담하여 호송하도록 한다.

하고 명분을 얻기 위해서도 더욱 강화될 필요가 있었다. 또한 대외적 선전의 효과도 있었다고 판단된다. 한편 동래부의 입장에서도 조선표류민을 받아들이거나 일본 표류민을 송환하기 위해서 왜관의 존재가 필요했음은 물론이거니와 앞으로 다시 외교 무역이 재개될 가능성을 염두에 두어 갈등을 관리할 필요가 있었다. 동래부는 선창을 수리하거나 객사를 수리할 때 왜관에 술과 안주를 보내는 등 '전통적 관례로 복귀한다면 우호의 길은 언제나 열려 있음'을 과시하곤 하였다.

참고로 1872년 9월 위의 영암표민 9명, 제주표민 4명등 13명이 송환된 후, 1873년에는 남해표민3명에 이어 의주표민 4명과 시체3구, 강진표민 6명, 제주 정의표민 11명, 경기1명, 평안도 삼화표민 4명, 제주정의표민 3명, 영광표민 5명 등 8건 45명의 표류민을 선창에서 소통사가 인수하고 인수증을 발급하는, 과도기의 송환 모습을『동래부계록』에서 확인할 수 있다.

4. 조일수호조규 이후의 표류민 송환

1) 조선에 표착한 일본 표류민 송환 사례

「조일수호조규」가 맺어지고 난 후, 표류민 송환은 어떻게 변화하는지 살펴보자. 우선「조일수호조규부록」제1관은 각 항구에 주재하는 일본인 관리관이 일본국 선박이 파선하였을 경우, 긴급히 지방관에게 알려 일본인이 해당 지역(표착지)으로 갈 수 있다는 내용이 있다.[17] 또,「조일수호

17) 조일수호조규부록 1관 : '각 항구에 주재하는 일본국 인민과 관리관은 조선국 연해 지방에서 일본국의 여러 선박이 파선되어 긴급해지면 지방관에게 알리고 해당 지역의 연로를 거쳐 갈 수 있다.'

조규」 제6관에도 표류민이 자비로 배를 수리하고 물품을 구하도록 한 내용이 있다.[18)]

위 두 조항을 보면, 관수(관리관)의 역할이 능동적으로 바뀐 것이 주목된다. 관리관이 지방관의 도움을 얻어 직접 표착지로 가서 표류민을 보호할 수 있도록 허락한 것이다. 조항을 깊이 읽으면, 과거에는 일본 선박이 표착한 사실을 조선이 알려주거나 왜관에 호송하여야 알 수 있었지만, 이제는 관리관이 먼저 표착 사실을 파악하고 이를 개항장의 지방관에게 알려 구조에 관한 협조를 구하겠다는 내용으로도 읽힌다. 문맥으로만 보면 상당한 변화가 보인다.

그런데 실제 사례에서 이러한 변화가 바로 나타나지는 않는다. 표류민은 보통 파선을 동반한 구호의 대상이며 비용을 지급할 여유가 없는 경우가 많다. 또한 당시 표류한 배가 전신 장비를 갖추고 있지도 않았다. 위 조약 내용은 원칙적인 선언, 혹은 당시 표류민 구호에 대한 글로벌 스탠더드를 선언한 것이라 생각한다. 당시 한일관계에서는 일본인이 표류하였다는 사실을 왜관의 관리관이 먼저 알 수 없었던 것이다. 사례를 살펴보자.

조약 체결 후 약 7년이 지난 1883년 7월 18일 울산 화엄포에 표착한 이시카와현 상인 9명과 시체2구의 표착과, 11년이 지난 1887년 2월 2일 거제 지세포에 표착한 나가사키현 쓰시마 상인 6명의 송환 모습이 사료에 보인다. 1887년 거제 지세포에 표착한 표류민을 사례로 살펴보자.

> 〈사례4〉 지세포에 표착한 일본 표류민의 송환
> 2월 2일 유시 지세포 뒤 험한 산길에 일본인 6명이 젖은 옷을 입고 발견되어 백성들이 놀라 관아로 데리고 갔는데 바람과 파도에 놀라고 지쳐서

18) 조일수호조규 6관 : ‘(일본 선박이 표류한 경우 배를 수선하고 시탄을 구할 수 있다). 그 지방에서 공급한 비용은 반드시 선주가 배상해야 한다.’

> 인사불성이었다. 4일 옥포 역학 함현관(咸賢觀)과 통사 하경수(河敬守), 거제부사 대리로 좌수 신영위(辛英位)가 찾아가 문정하였다. 선주 다케다[武田友助]가 말하기를 '우리는 일본 나가사키현 쓰시마주 상현군 사스나[佐須奈]에 거주하는 사람들로 소유하고 있었던 하치반마루[八幡丸]에 행상차 가재목 23개, 판자 38립, 흑탄 204포, 소목 50겁(迲), 등을 싣고 지난 정월 30일 부산을 향하여 사스나를 출발하였는데 동북풍을 맞아 나아가지 못하고 닻을 내려서 이틀 밤낮을 보내었으나 바람이 그치지 않고 금월 2일 저녁 무렵 파도로 배가 파손되어 가지고 있었던 물품을 표실하고 6명이 판자에 의지하여 표류하였습니다. 다행히 지세포 관민이 죽을 주어 가까스로 소생하게 되었으니 부산항으로 보내주시어 본국으로 돌려보내 주시기 바랍니다.'라고 하였다. 표인들의 식사는 관례에 따라 거제부에서 지급하였고, 수호를 위해 역학 및 통사가 남았다. 표실물 중 가재목 10개, 소목 4겁, 흑탄 9포 등을 수습하였다. 16일 표민 6명과 회수한 표실물을 2척의 거제부선에 적재하고, 지세포 만호가 초참 영호차원이 되어, 옥포 역학과 함께 이들을 호송하기 시작하였다. 천성보에서 숙박하고 웅천현 선박으로 옮겨서 17일 출발하여 김해부에서 2박하고 다대진 2전선장에게 교부하여 왜관에 도착하였다. 왜관 역학 李濬守가 문정하여 옥포역학의 문정 내용과 동일함을 보고하고 왜관(대리총영사)에게 인계하였다. 표류민의 성명과 나이 물품 등을 성책으로 작성하여 의정부 내무부 통리교섭통상사무아문에 보고하였다.[19]

조약이 맺어지고 11년이 지난 시점이지만, 역시 조일수호조규 이전의 기존 관례와 별 차이를 느낄 수가 없다. 남으로 표류한 경우 그 지역 지방관이 역학을 통해 문정을 하고 이를 부산진으로 알림과 동시에 왜관으로 호송하는 시스템이 여전히 기능하고 있음을 알 수 있다. 천성보에서 웅천현 선박으로 옮겨 호송하고 있는 것도 변함이 없다. 조일수호조규 6관의 '선주가 비용을 부담한다'는 규정은 현장에서는 적용되지 않았음을 알 수 있다.

19) 『동래부계록9』 光緖13(1887)년 2월 21일조.

변화된 점은, 과도기까지도 유지되었던 표류민에 대한 출발시까지의 식사제공과 도해량미 및 의자목(옷감)이 없어졌다는 점이다. 즉 표류민을 왜관(대리총영사)에게 넘겨줌으로 모든 송환업무가 종결되는 모습이다. 또, 보고가 의정부 내무부, 통리교섭통상사무아문[20]으로 올라가는 것이 시대의 차이를 느끼게 해 준다. 표류민 송환이 간략해지고 합리적으로 변하고 있음을 알 수 있다.

2) 조일수호조규 이후 일본에 표착한 조선 표류민 송환 사례

「조일수호조규」가 맺어진 후에 조선인 표류민 송환은 어떻게 변화하였는지 살펴보도록 하자. 『동래부계록9,10』을 보면 16회 27건 169명의 표류민 송환을 확인할 수 있다. 이들 사례를 보면 표류민 송환이 다양하게 이루어지고 있음을 확인할 수 있다.

(1) 비선과 표민본선을 통한 송환

1884년 2월 16일자 『동래부계록』의 보고를 정리해 보자.

> 〈사례5〉 1884년 2월 15일, 황령산 봉군이 배 2척이 영해로 들어오고 있다고 보고하여, 초탐장 제2전선장 金履喆이 맞이하니 1척은 일본 비선으로 우리 표류민이 타고 있고, 또 1척은 표류민 본선이어서 왜관에 領付하였습니다. 역학 洪裕鉉이 문정을 하고 수본을 보내왔는데 비선에는 강진표민 8명과 일본인 사공1인 격군5명 하대왜1명이 타고 있었으며, 항해공증과 서리총영사에 보내는 서신을 가지고 있었습니다. 비선 사공이 말하기를 '귀국 표류민을 영래해 왔다'고 하였습니다. 표민 본선에 가서 문정하니 제주표민 11명이 타고 있었습니다.

20) 『통리교섭통상사무아문일기』 : 1883년(고종 20) 8월 1일부터 1895년 윤 5월 2일에 이르는 약 12년간의 일들이 기록되어 있다.

> 비선 표민(강진표민 8명-아동 포함)을 문정하니, 선주 鄭贊汝외 7명이 균청소속 1파삼선을 수리하기 위해 홍양에 가서 목재를 사서 싣고 작년 11월 29일 회선하려고 할 때 여아(7세)가 외가에 돌아간다고 동승하여 발선하였는데, 북풍으로 표류하기 시작하여 목재를 버리고 사투하다가 12월 5일 일본국 나가사키현 靑方村에 표착하였습니다. 초9일 차기선으로 三井樂村에 이른 즉, 제주표민 11명이 있어서 서로 만났으며, 금년 정월1일 출발하여 24일 쓰시마 부중에 도착, 2월 3일 출발하여 11일 대풍소에 도착하였다가 13일 출발하여 15일 부산관에 도착하였다고 합니다. (중략) 문정 후 해관으로 압송하였고 부산진에서 다시 취조를 한 후, (중략) 표류민 성명과 나이 및 거주지를 성책으로 만들어 표류민을 동래부로 보내왔습니다. 표류민은 의복과 양식을 주어 원적지로 이문을 발송하고 보내었습니다. 위 표민의 성명과 나이 거주지 성책을 의정부와 통리교섭통상사무아문에 상송합니다.[21)]

표민이 비선으로 송환되는 상황은 1872년 9월 이후 관례가 되었음은 언급한 바와 같다.[22)] 고도[五島]의 아오가타[靑方村]에 표착하였지만 나가사키를 경유하지 않고 송환되고 있는 것도 과도기인 1873년 7월 태정관 1105호에 의해 규정된 것이며, 조일수호조규로 인해 바뀐 부분이 아니다.

이전과 다른 점은 첫째, 비선노인이 '항해공증'으로 바뀐 것이다. 조일수호조규의 체결로 조선이 쓰시마에 주었던 도서(도장)를 돌려받음으로 양국 간에 입항증명서 역할을 하였던 '노인(路引)'은 역사상에서 사라졌다. 무역규칙 제1칙을 보면 상선의 입항은 일본국 인민관리관이 발행한 '항해공증'을 제출해야 한다고 규정되어 있다.[23)] 이제는 '항해공증'이 입

21) 『동래부계록10』 光緖10(1884)년 2월 16일조

22) 졸고 「메이지 초기 송환 표류민 사례연구」, 『한국학논총』 50, 국민대, 2018.

23) 무역규칙 1칙 : 일본국 상선이 조선국 개항장에 입항할 때에는 일본국 인민관리관이 발급한 증서를 조선국 관청에 3일 이내에 제출해야 한다. 이 증서는 선주가 소지한 일본국 선적의 항해를 공증하는 서류로 입항일에서 출항일까지 관리관에게 교부한다. 관리관은 각 서류를 접수하였다는 증표를 교부한다. 선주는

항 증명서의 역할을 하게 된 것이다. 항해공증은 해관에 제출하는 것이지만, 입항단계에서 소지 여부를 확인하는 것은 해안 경비를 담당하는 부산진의 입장에서는 또 당연한 일이라 하겠다. 둘째로는 '해관'의 존재이다. 해관은 관세의 측면에서 주목되고 있지만, 표류민 송환에서는 옛날 임소의 역할도 담당하였음을 알 수 있다. 1883년 해관이 설립되어 운영되고 있었기 때문에 표류민을 해관에서 인수한 것으로 판단된다.[24] 표류민을 해관에서 인수하고 부산진으로 보낸 것은 과도기 푸대접이라고 생각했던 표민 인수 절차가 오히려 정상적으로 규범화 되는 변화이다. 다음 차이는 '관수왜 서신'이 '서리총영사 서신'으로 바뀐 것 정도이다.

⑵ 표민 본선이 스스로 귀국하는 경우

전통적 단계에서 우리나라에 표류해 온 일본 선박이 스스로 귀환하는 일이 드물지 않았지만, 일본에 표류한 우리 선박은 스스로 귀환할 수 없었다. 쓰시마의 표민 송환권이 강고하였기 때문이다. 그러나 과도기에는 선박을 수리하고 귀국하는 경우가 사료에 나타난다. 다음 사료는 동래부로 들어온 경우이다. 1884년 2월 18일자를 보면,

> 〈사례6〉 1884년 2월 17일, 표민본선이 입항하였습니다. 문정을 하니 선주 高用文을 비롯 제주목 좌면 금녕리 거주민 8명은, 제주목 소속 1파삼선을 타고 지난해 6월 29일 상업차 제주를 출발하여 7월 20일 동래 부산항에 입항하여, 부산 재류 일본상인 히라야마[平山]에게 700냥을 빌려서

정박 중 이 증서를 조선국 관청에 제출하여 일본국 상선임을 증명한다. 이때 선주는 기록부를 함께 제출하여야 한다.

24) 해관 운영은 통리교섭통상사무아문이 총세무사를 통해 각항 세무사(해관장)에게 지시하는 것과, 통리교섭통상사무아문이 각항 감리를 통해 세무사에게 지시하는 이원적인 체계였다. 해관에 대한 감리의 영향력은 해관의 편의를 제공하는 정도로 제한적이었다.

> 남촌면 감만포(戡蠻浦)에서 숙박하고 미역(靑藿) 300석을 600냥에 매입하였습니다. 8월15일 발선하여 10월7일 충청도 은진 논산도에서 청곽 300석을 발매하고 850냥을 받아 양미 20석, 태 40석을 820냥에 구입하고 11월 14일 발선하여 부산항으로 향하다가 12월 18일 거제부근에서 서북풍을 만나 배가 부서지고 곡물을 다 바다에 던지고 표류하였습니다. 12월 21일 나가토[長門]州 유다마[湯玉]浦[25]에 표착. 배를 수선하고, 올 정월 9일 일본인 인솔하에 본선으로 출발 2월 8일 대마도 대풍소에 도착하였습니다. 일본인은 떠나고 우리 표민본선만 15일 출발하여 17일 부산항에 도착하였다고 합니다.[26]

일본 상인에게 돈을 빌려서 상업을 하였다는 내용에서 일본어가 능통한 사람이었을 것으로 추정된다. 즉, 일본어에 능통한 제주 상인이 일본에 표착하여 유창한 일본어로 배를 수리하고 일본인의 도움으로 쓰시마 대풍소까지 안내를 받고 스스로의 힘으로 귀환한 것으로 보인다. 또한 부산항에 용무가 있었기에 부산으로 향하였고 기록을 남길 수 있었다고 보인다. 만일 부산에 용무가 없었다면 아마 기록에 남지 않았을 것이라 생각되며, 이는 조약 이후 밀항이 적지 않았던 배경이 된다. 아무튼 쓰시마에서 가까운 유다마[湯玉]에 표착하였기에 배를 수선하고 바로 쓰시마 대풍소[27]까지 안내를 받아 이동할 수 있었다. 안내자는 아마도 일본 관리일 것이다. 같은 행정구역(나가사키현)이기에 대풍소까지 안내한 후, 잘 가라고 길을 알려주고 보내는 모습을 복원할 수 있다. 또한 쓰시마 부중을 거치지 않고 바로 대풍소로 향하였다는 것도 주목된다. 표류한 지 한달 만에 귀환하였으므로 이전과는 비교할 수 없는 빠른 귀환이라고 할 수 있다.

---

25) 지금 山口縣 下關市 豊浦町 湯玉驛 부근

26) 『동래부계록10』 光緖10(1884)년 2월 18일조.

27) 대풍소는 佐須奈 지역에 있었다. 여기에 셋쇼(關所)도 함께 있었다.

(3) 표민선에 다른 표민을 함께 태우고 호송인이 따라오는 경우

1884년 윤5월의 사례는 해남표민선에 영암표민을 함께 태우고 호송인이 동승하여 부산항까지 호송한 경우이다. 기유약조가 생명력을 갖고 있을 때에는 해남표민본선과 영암표민 차기선이 각각의 영래선과 함께 4척으로 구성되어 왔을 것이며, 과도기에는 해남표민 본선과 영암표민을 태운 비선으로 2척이 왔을 터이었다. 표민 본선에 다른 지역에 표착한 표민을 태우고 호송인이 따라온 경우로는 이번이 처음이다. 일본 외무성의 입장에서는 더욱 송환 비용이 절감되었을 것임을 알 수 있다.

> 〈사례7〉 1884년 윤5월 15일, 표민선 1척이 바다를 건너왔습니다. 배에는 해남표민10명과 영암표민 2명, 그리고 호송 일본인 1명이 타고 있었습니다. 해남표민을 문정하니 그들 10명은 지난해(1883년) 충청도 원산도에서 새로 3파삼선을 800량에 구입하여 11월 3일 발선하여 10일 진도 앞바다에 이르렀으나 서북풍으로 표류, 21일 사쓰마 가고시마 구치에라부[口永良部]에 표착하여, 배를 수리하고 머무르다가 금년 (1884년) 5월 5일 승선, 13일 나가사키 부중에 도착하였고, 거기에는 영암 파선표민 2명이 있어서 함께 배에 태웠으며 17일 출발하여 일본인 영호하에 이달(윤5월) 10일 쓰시마 대풍소에 도착 13일 출발, 금(15)일 부산관에 도착하였다고 하였습니다. 영암표민을 문정하니 그들은 균역청 소속 반파 삼선을 타고 3인이 어업을 하다가 올 4월 23일 서북풍으로 표류, 30일 나가사키현 고도[五島]에 표착. 5월 1일 1인이 병으로 죽어서 매장하고, 둘만 12일 일본 배에 타고 나가사키 부중으로 이동하니 해남표민 10명이 뒤이어 본선으로 도착하여 17일 함께 해남표민선을 타고 출발하였다고 하였습니다.[28]

가고시마 구치에라부에 표착한 해남표민 10명과 고도[五島]에 표착한 영암표민 2명이 각기 나가사키로 향하였고 나가사키에서 합류하여 대풍소를 거쳐 부산항으로 돌아온 것이다. 이 경우 五島에 표착한 영암표민

28) 『동래부계록10』 光緒10(1884)년 윤5월 16일조.

은 배가 없기 때문에 나가사키로 보내졌으며, 가고시마 표착 해남표민은 귀환 경유지이므로 나가사키에 정박한 것이라고 보인다. 영암표민은 오도에서 쓰시마를 거쳐서 비선으로 송환하거나 나가사키에서 부산으로 향하는 상선에 태워 송환할 수 있었다. 아마도 화륜선에 태워 송환하려고 나가사키로 보냈는데 마침 해남표민선이 도착하여 동승시켰던 것 같다. 송환하는 편에서는 훨씬 비용이 절감되었을 것이고 표류민도 하루속히 귀국을 원하였을 터이므로 이러한 송환이 성립된 것으로 생각된다. 표민을 호송한 일본인은 나가사키현의 관리로 판단되며, 쓰시마도 고도(五島)도 나가사키현 부속 도서였다. 당시 부산항에는 나가사키를 왕래하는 화륜선이 많이 있었기 때문에 위 호송인은 귀로에는 화륜선을 이용하여 나가사키로 돌아가는 데에 큰 불편이 없었다. 호송인이 표류민선에 동승한 사례로 특이한 사례이다.

(4) 화륜선(상선)을 통한 송환

이는 조일수호조규 이후 나타나는 가장 일반적으로 나타나는 송환의 모습이다. 표류민을 나가사키로 보내어서 나가사키에서 부산을 거쳐 인천이나 원산으로 향하는 화륜선에 표류민을 송환하는 모습이다. 즉 1884년 8월 28일 『동래부계록』에는,

> 〈사례8〉 27일 양범(兩帆) 화륜선 1척에 표류민 3명이 도착하였습니다. 선주 니시오 즌[西尾純]이 표류민 3명과 항해공증 및 총영사에게 보내는 서한을 지참하여 말하기를 원산항 상인들의 물품을 수송하는 선박으로 이달 25일 나가사키를 출발하면서 귀국 표민 3명을 태우고 왔다고 하였습니다.
>
> 표민 선주 강명여(姜明汝)를 문정하니 제주목 좌면 우도리 거주민으로 8월 6일 떼배(槎船)로 고기를 잡다가 표류 15일 기타마쓰라[北松浦]에 표착하였으며, 17일 일본배를 타고 출발하여 23일 나가사키 부중에 도착하여 머물다가, 위 화륜선을 타고 25일 출발 27일 부산관에 도착하였다고

합니다. 문정 후 해관에 압송하였습니다.[29]

나가사키에서 부산항으로 향하는 상선이 많아짐에 따라서 표민을 나가사키로 보내면 나가사키에서 부산으로 향하는 상선에 태워서 송환하는 방법으로 외무성의 입장에서 가장 경제적이고 합리적인 선택으로 보인다. 그러므로 앞으로 표류민 송환의 일반적인 방법이 된다.

(5) 표류민이 일본 선박(비선)을 임대하여 귀환

특이한 사례로 표류민이 스스로 선박을 임대하여 귀환하는 모습도 보인다.

〈사례9〉 1887년 12월 17일, 비선이 표류민 13명을 태우고 왔습니다. 표류민이 비용 78냥을 지불하고 배를 임대하였다고 합니다. 선주 鄭致瑞를 문정하니, 10명은 진주목 남면 거주민, 균청 소속 2파삼선으로 감목관용 물자를 사기 위해 색리 張文有등 3인에게 30냥에 배를 빌려주었습니다. 올 12월 3일 13명이 출발하여 6일 부산포에 도착 광목 10필, 色繒 7필을 구입하고 7일 출발하여 진주로 가는 중 8일 가덕도 앞바다에서 표류하였습니다. 10일 저녁에 사스나[佐須奈]에 표착하였습니다. 배는 소각하고 비선을 78냥에 대여하여 16일 출발하였다고 하였습니다. 문정후 해관으로 압송하였습니다.[30]

라고 보고하고 있다. 1887년 12월 78냥에 배(비선)를 빌려서 자력으로 귀환하는 표류민이 모습이다. 쓰시마 대풍소에 가까운 곳에 표류하였기 때문에 쉽게 배를 빌릴 수 있었을 것이다. 단지 임대하였기 때문에 반납하기 위해서 부산항을 선택하지 않을 수 없었고, 그리하여 기록에 남았

29) 『동래부계록10』 光緖10(1884)년 8월 28일조.
30) 『동래부계록9』 光緖13(1887)년 12월 18일조.

다고 생각한다.

이상 「조일수호조규」 이후, 일본에 표착한 조선 표류민들의 송환 모습을 살펴보았다. 그 결과 매우 다양하고 자유로운 모습으로 표류민들이 송환되고 있음을 확인할 수 있었다. 기존의 규정에 구애되지 않고 송환되는 모습은 근대적 모습으로 보이기도 한다. 즉, 표류본선이 스스로의 힘으로 귀환하는 경우, 비선을 임대하여 귀환하는 경우, 표민본선에 다른 표민을 싣고 호송관리가 동승하여 송환하는 경우, 조선으로 향하는 화륜선(상선)으로 송환하는 경우 등 기존의 송환 방법과는 다른 다양한 송환이 이루어지게 되었음을 확인할 수 있었다. 여기서 가장 일반적인 모습은 조선으로 향하는 화륜선(상선)으로 송환되는 경우임은 물론이다. 이 시기에는 해관이 설치되어 임소의 역할을 대신하여 표민을 인수하고 있음을 확인할 수 있었다.

5. 맺음말

이상 변혁기 한일관계와 표류민 송환의 모습을 살펴보았다. 이 작업은 그동안 단절적으로 파악되어온 한일관계사상을 재검토하려는 의도에서 시작하였다. 표류민 송환의 변화를 전통적 단계-과도기-조일수호조규 이후로 연속성에서 살펴보고, 이를 통해 정치 외교적 변화와 더불어 '비용절감' 혹은 '합리적 송환'이라는 관점도 포함하여 살펴보고자 한 것이다. 본 연구의 결과 표류민 송환을 다음과 같이 정리할 수 있었다.

전통적인 송환은 예조의 입송서계와 대마주의 표민영래서계를 갖춘 외교 의례를 동반한 모습이었기에 표류민은 송환되기까지 많은 시일을 기다려야 하였다.

과도기에 들어 입송서계와 영래서계가 없어졌다. 그럼에도 표민 송환은 계속되었는데 이는 양국이 모두 외교적 단절을 원하지 않았기 때문이었다. 일본 표류민의 경우 입송서계를 기다릴 필요가 없었기 때문에 부산에 도착하면 바로 왜관의 외무관원에게 인계하였으며, 조선은 관례에 따라 출항할 때까지 식비를 제공하고 출항시에 의자목과 도해량미를 제공하였다. 일본 외무성도 영래차왜의 접대 등이 없어져 송환 비용을 전혀 받을 수 없음을 이해하고 인도적 차원에서 송환을 계속하였다. 또한 조선 표류민에 대해서는 선박 수리비용을 청구하지 않는 등 과거보다 박하다는 외교적 비판을 피하고자 하였음은 조선과 동일하다. 이 시기에는 접대가 중지되었고 선창에서 소통사가 인수하였음이 특징이다.

조일수호조규의 체결로 표민 송환 절차는 더욱 간결하게 되었다. 조선에 표착한 일본 표류민의 경우는 왜관 관리관에게 넘겨줌으로 송환 절차를 완료하였다.

한편, 일본에 표착한 조선인의 송환은 자유로워지고 있음을 확인할 수 있었다. 자력으로 귀환하는 것이 가능해졌다. 그리하여 (가)표류민이 스스로 선박을 수리하고 귀환하는 경우, (나)표민 본선에 타곳에 표류한 표민을 동승시켜서 호송하는 경우, (다) 파선된 표류민을 나가사키로 보내어 그곳에서 조선으로 향하는 화륜선(상선)에 의뢰하여 송환하는 경우 등 다양한 송환모습을 사료에서 확인할 수 있었다. 1887년 일본 주재 한국 공관이 세워졌으나 1888년까지 아직 주일 한국공관이 표류민을 구호하고 본국으로 송환하는 역할까지 담당하지는 못하였다고 보이며 화륜선을 통한 송환은 한동안 지속되었다.

이상의 복원을 통하여 한일관계사는 단절적으로 파악할 수 없으며 연속성에서 파악해야 한다는 의견을 제시할 수 있었다.

참고문헌

1장

『經國大典』『東萊府接倭事目』『同文彙考』『萬機要覽』『邊例集要』『吊慰差倭謄錄』『增正交隣志』『通信使謄錄』『和國志』

『(館守) 每日記』『兩國往復書謄』『分類事考』(이상 일본 국립국회도서관 소장)

箕輪吉次, 「壬戌年 信使記錄의 集書」, 『한일관계사연구』 50, 한일관계사학회, 2015.

김덕진·변광석·이훈·정성일·池內敏, 「외교와 경제 : 조선후기 통신사외교와 경제시스템—通信使 禮單을 통해서 본 朝日外交의 특징과 그 변화—」, 『한일관계사연구』26, 한일관계사학회, 2007.

김동철, 「국역 통신사등록(Ⅳ) 해제」, 『국역 통신사등록(Ⅳ)』(정경주, 유영옥 옮김), 부산광역시사편찬위원회, 2016

김미라, 「조선 후기 왜주홍(倭朱紅)의 수입과 활용」, 『석당논총』 85, 2023,

나카오 히로시 지음, 손승철 옮김, 『조선통신사—에도 일본의 성신 외교』(한림신서 일본학총서 98, 한림대학교 일본학연구소), 도서출판 소화, 2012.

민덕기, 「조선후기 회고와 전망」, 『한일관계사 연구의 회고와 전망』(한일관계사학회), 국학자료원, 2002.

손승철, 『조선시대 한일관계사연구』, 지성의 샘, 1994.

손승철, 「조선시대 통신사연구의 회고와 전망」, 『한일관계사연구 』16, 한일관계사학회, 2002.

심민정, 「조선후기 통신사 선발과정 중 三使의 自辟」, 『조선통신사연구』7, 조선통신사학회, 2008.

심민정, 『조선후기 일본사신 왕래와 접대』, 경인문화사, 2022.

양흥숙, 「17세기 전반 회답겸쇄환사의 파견과 경제적 의미」, 『항도부산』21, 부산광역시사편찬위원회, 2005.

유채연, 「조선후기 '문위행'의 명칭과 성립과정에 대한 재고」, 『한일관계사연구』 52, 한일관계사학회, 2015.

이훈, 『외교문서로 본 조선과 일본의 의사소통』, 경인문화사, 2011.

이훈, 『조선의 통신사외교와 동아시아』, 경인문화사, 2019.

장순순, 「조선후기 대일교섭에 있어서 윤지완의 통신사 경험과 영향」, 『한일관계사연구』 31, 한일관계사학회, 2008.

정성일, 「통신사 기록을 둘러싼 오해와 진실」, 『20개 주제로 본 한일 역사 쟁점』, 동북아역사재단, 2019.

정성일, 「(서평) 『御上京之時每日記』, 『한일관계사연구』 83, 한일관계사학회, 2024.

정성일, 「조선과 일본의 외교선물 교환―1864년 일본의 조문사절과 축하사절 사례―」, 『한일관계사연구』86, 한일관계사학회, 2024.

하우봉, 「조선시대 통신사외교와 의례문제」, 『조선시대사학보』58, 조선시대사학회, 2011.

한일관계사연구논집편찬위원회, 『통신사·왜관과 한일관계』, 경인문화사, 2005.

한일관계사학회, 『韓日關係史論著目錄』, 현음사, 1993.

한일관계사학회, 『한일관계사연구의 회고와 전망』, 국학자료원, 2002.

한일관계사학회, 『한일관계사연구의 회고와 전망』, 경인문화사, 2018.

2장

1. 저서

김문자, 『임진전쟁과 도요토미 정권』, 경인문화사, 2021.
이영, 『왜구와 고려·일본 관계사』, 혜안, 2011.
이영, 『황국사관과 고려 말 왜구: 일본 근대 정치의 학문 개입과 역사 인식』, 에피스테메, 2015,
미야지마 히로시, 『일본의 역사관을 비판한다』, 창비, 2013.
하야미 아키라, 조성원·정안기 역, 『근세일본의 경제발전과 근면혁명: 역사인구학으로 본 산업혁명 VS 근면혁명』, 혜안, 2006.
秋山謙藏, 『日支交涉史硏究』, 岩波書店, 1939,
秋山謙藏, 『歷史と現實』, 創元社, 1940.
荒野泰典, 『近世日本と東アジア』, 東京大學出版會, 1988.
荒野泰典 편, 『江戸幕府と東アジア』(日本の時代史 14). 吉川弘文館, 2003.
荒野泰典, 『「鎖國」を見直す』, 岩波書店, 2019.
池上裕子, 『織豐政權と江戸幕府』(日本の歷史 15), 講談社學術文庫, 2009,
石原道博, 『文祿·慶長の役』, 塙書房, 1963.
石原道博, 『倭寇』, 吉川弘文館, 1964.
岩生成一, 『鎖國』(日本の歷史 14), 中公文庫, 1974.
鹿野政直, 『「鳥島」は入っているか: 歷史意識の現在と歷史學』, 岩波書店, 1988.
岸本美緒, 『明末清初中國と東アジア近世』, 岩波書店, 2021.
北島萬次, 『豐臣政權の對外認識と朝鮮侵略』, 校倉書房, 1990.
鬼頭宏, 『文明としての江戸システム』(日本の歷史 19), 講談社學術文庫, 2010.
木宮泰彥, 『日本民族と海洋思想』, 刀江書院, 1942.
田中健夫, 『中世海外交涉史の硏究』, 東京大學出版會, 1959.
田中健夫, 『東アジア通交圈と國際認識』, 吉川弘文館, 1997.
田中健夫, 『對外關係史硏究のあゆみ』, 吉川弘文館, 2003.
田中健夫, 『倭寇: 海の歷史』, 講談社學術文庫, 2012.
田中健夫, 村井章介 편, 『增補 倭寇と勘合貿易』, ちくま學藝文庫, 2012.
辻善之助, 『日支文化の交流』, 創元社, 1938.
中野等, 『文祿·慶長の役』(戰爭の日本史 16), 吉川弘文館, 2008.
永原慶二, 『日本の中世國家』, 日本放送出版協會, 1980.

中村榮孝,『日鮮關係史の研究』(上), 吉川弘文館, 1965.
中村榮孝,『日鮮關係史の研究』(中), 吉川弘文館, 1969.
中村榮孝,『日鮮關係史の研究』(下), 吉川弘文館, 1969.
中村榮孝,『朝鮮: 風土·民族·傳統』, 吉川弘文館, 1971.
速水融 편,『歷史のなかの江戶時代』, 藤原書店, 2011.
藤井讓治,『戰國亂世から太平の世へ』(シリーズ 日本近世史 1), 岩波書店, 2015.
藤木久志,『豐臣平和令と戰國社會』, 東京大學出版會, 1985.
本多博之,『天下統一とシルバーラッシュ: 銀と戰國の流通革命』, 吉川弘文館, 2015.
村井章介,『アジアのなかの中世日本』, 校倉書房, 1988.
村井章介,『中世倭人傳』, 岩波書店, 1993.
村井章介,『國境を超えて: 東アジア海域世界の中世』, 校倉書房, 1997.
村井章介,『世界史のなかの戰國日本』, ちくま學藝文庫, 2012.
村井章介,『分裂から天下統一へ』(シリーズ 日本中世史 4), 岩波書店, 2016.
村井章介·荒野泰典 편,『對外交流史』(新 體系日本史 5), 山川出版社, 2021.
森克已,『日宋貿易の研究』, 國立書院, 1948.

2. 논문

기시모토 미오, 홍성화 역,「동아시아·동남아시아 전통사회의 형성」,『역사와 세계』 45, 2014.
김경태,「임진전쟁기 도요토미 히데요시(豐臣秀吉)의 강화조건 연구」,『조선시대사학보』 68, 2014.
김보한,「근대 이후 일본의 '해양세력권'과 동아시아 해양 인식의 전개」,『동북아역사논총』 26, 2009.
김보한,「일본 중세사의 '해양인식', 어떻게 볼 것인가」,『일본역사연구』 40, 2014.
윤성익,「21세기 동아시아 국민국가 속에서의 倭寇像」,『명청사연구』 23, 2005.
윤성익,「戰前·戰中期 日本에서의 倭寇像 構築」,『한일관계사연구』 31, 2008.
이수열,「'아시아 교역권론'의 역사상: 일본사를 중심으로」,『한일관계사연구』 48, 2014.
이수열,「왜구론의 행방: '바다의 역사'와 일본 중세 대외관계사」,『해항도시문화교섭학』 21, 2019.
이효원,「통신사 조공사론(朝貢使論)의 허구성에 대한 역사적 고찰」,『역사와 현실』 116, 2020.
차혜원,「16세기, 명조의 南倭대책과 封·貢·市」,『동양사학연구』 135, 2016.
한윤희,「조선 초 피로인 송환에 관한 한 연구: 나카무라 히데다카(中村榮孝)의 〈해구(海寇)에서 해상(海商,= 평화로운 통호자)으로의 전환〉설을 중심으로」,『군사』 118, 2021.
荒野泰典,「日本型華夷秩序の形成」, 朝尾直弘 외 편,『日本の社會史 Ⅰ: 列島內外の交通と國家』, 岩波書店, 1987.
荒野泰典,「長崎口の形成」, 加藤榮一 외 편,『幕藩制國家と異域·異國』, 校倉書房, 1989,
荒野泰典·村井章介,「前近代の對外關係史研究をめぐって」, 歷史科學協議會 편,『新しい中世史像の展開』, 山川出版社, 1994.
荒野泰典,「近世的世界の成熟」, 荒野泰典 외 편,『近世的世界の成熟』(日本の對外關係 6), 吉川弘文館, 2010.
荒野泰典,「近世國際關係論と私: 立教の二七年」(荒野泰典先生最終講義),『史苑』 73권 1호, 2013.
荒野泰典,「海禁·華夷秩序體制の形成」, 荒野泰典 외 편,『地球的世界の成立』(日本の對外關係 5), 吉川弘文館, 2013,
荒野泰典,「唐人屋敷の設置はなぜ、一七世紀までずれこんだか: 近世日本國際關係論構築の一階梯として」, 弘末雅士 편,『海と陸の織り成す世界史: 港市と內陸社會』, 春風社, 2018.
池亨,「外征と近世國家群の誕生」, 荒野泰典 외 편,『地球的世界の成立』(日本の對外關係 5), 吉川弘文館, 2013.
田中健夫,「倭寇と東アジア通交圏」, 朝尾直弘 외 편,『日本の社會史 Ⅰ: 列島內外の交通と國家』, 岩波書店, 1987.
塚本學,「日本史は特異なのか」,『歷史學研究月報』 248, 1980.
中島樂章,「封倭と通貢: 一五九四年の寧波開貢問題をめぐって」,『東洋史研究』 66-2, 2007.
橋本雄,「對明·對朝鮮貿易と室町幕府: 守護體制」, 荒野泰典 외 편,『倭寇と「日本國王」』(日本の對外關係 4), 吉川弘文館, 2010.
村井章介,「倭寇と「日本國王」」, 荒野泰典 외 편,『倭寇と「日本國王」』(日本の對外關係 4), 吉川弘文館, 2010.
村井章介·荒野泰典,「地球的世界の成立」, 荒野泰典 외 편,『地球的世界の成立』(日本の對外關係 5), 吉川弘文館, 2013.

3장

1. 사료

『高麗史』

『朝鮮王朝實錄』

『承政院日記』

『備邊司謄錄』

『日省錄』

『同文彙考』

『邊例集要』

김강일·윤유숙·하혜정 역, 『울릉도·독도 일본 사료집』 I, 동북아역사재단, 2012.

독도사료연구회, 『독도 관계 한국 사료 총서』 1~3, 경상북도, 2019~2021.

2. 논저

고동환, 「조선후기 島嶼政策과 元山島의 변화」, 『호서사학』 45, 2006.

김태훈, 「숙종대 대일정책의 전개와 그 성과」, 『한국사론』 47, 2002.

남호현, 「18세기 조선의 위기의식과 海防 논의의 양상」, 『조선시대사학보』 87, 2018.

송병기, 『鬱陵島와 獨島』, 단국대출판부, 1999.

손승철, 「중·근세 조선인의 島嶼 경영과 경계인식 고찰」, 『한일관계사연구』 39, 2011.

손승철, 「조선전기 요도와 삼봉도의 실체에 관한 연구」, 『한일관계사연구』 44, 2013.

신태훈, 「삼척영장과 울릉도 수토제」, 『이사부와 동해』 15, 2019.

신태훈, 「조선후기 월송만호와 울릉도 수토제」, 『한일관계사연구』 72, 2021.

유미림, 「장한상의 울릉도 수토와 수토제의 추이에 관한 고찰」, 『한국정치외교사논총』 31, 2009.

유미림, 「울릉도·독도의 명칭 변천과 '독도' 인식의 연속성」, 『해양정책연구』 36-2, 2021.

장순순, 「17세기 조일관계와 '鬱陵島 爭界'」, 『역사와 경계』 84, 2012.

장준혁, 「朝鮮世宗期 1·2차 通信使와 對日政策의 기조」, 『역사와 실학』 69, 2019.

정연식, 「15세기의 蓼島, 三峯島와 울릉도」, 『조선시대사학보』 92, 2020.
田保橋潔, 「鬱陵島その發見と領有」, 『靑丘學報』 3, 1931.

4장

1. 사료

『各司謄錄』『東萊府接倭狀啓謄錄可考事目錄抄册』,『同文彙考』,『邊例集要』,『備邊司謄錄』,『承政院日記』,『歲船定奪謄錄』,『典客司日記』,『朝鮮王朝實錄』,『增正交隣志』,『春官志』,『春官通考』,『通信使謄錄』,『朝鮮通交大紀』,『柳川調興公事記錄』,『分類紀事大綱』

2. 논저

김상준·윤유숙 역,『근세한일관계 사료집 - 야나가와 시게오키 구지 기록[柳川調興公事記錄]』, 동북아역사재단, 2015.

심민정,「조선후기 연례송사 겸대제 시행과 외교적 의미」,『인문사회과학연구』 24(3), 부경대학교 인문사회과학연구소, 2023.

심민정,「조선후기 통신사행으로 인한 연례송사 정지와 제 문제」,『조선통신사연구』 37, 2024.

심민정,「조선후기 연례송사(年例送使) 정지 사례를 통해 본 대일교섭」,『한국민족문화』 88, 부산대학교 한국민족문화연구소, 2024.

유채연,「17세기 중반 조일관계의 전개와 彦滿圖書 교섭」,『전북사학』 59, 전북사학회, 2020

유채연,「17세기 후반 조일관계와 右京圖書 교섭」,『한일관계사연구』 73, 한일관계사학회, 2021

유채연,「17세기 전반 圖書制 재개과 운영 : 조일관계를 중심으로」,『동북아문화연구』 75, 동북아시아문화학회, 2023

윤유숙,「조선후기 쓰시마 간사재판(幹事裁判)의 활동 검토」,『한일관계사연구』 62, 한일관계사학회, 2018.

윤유숙,「18세기 후반 쓰시마 간사재판(幹事裁判)의 교섭 검토」,『한일관계사연구』 66, 한일관계사학회, 2019.

홍성덕,『十七世紀 朝·日 外交使行 硏究』, 전북대학교 박사학위논문, 1997 ;「조선후기 한일외교체제와 대마도의 역할」,『동북아역사논총』 41, 동북아역사재단, 2013

田代和生,『近世日朝通交貿易史の硏究』, 創文社, 1981.

5장

『同文彙考』,『邊例集要』,『漂人領來差倭謄錄』
예조참의(沈宅賢) 서계(국사편찬위원회 소장, No.3204)
예조참의(朴宗甲) 서계(국사편찬위원회 소장, No.6232)
『分類紀事大綱』10(국사편찬위원회 소장 대마도종가문서 기록류 N0.4556)
『分類紀事大綱』23(국사편찬위원회 소장 대마도종가문서 기록류 No. 4508)
『寬政六甲寅年冬朝鮮國咸鏡道之內德原之者五人乘ニ而長州湯玉浦江漂着之處最所ニ乘掛候處ニ取計候依往復書狀控』(국사편찬위원회 소장 대마도종가문서 기록류 No.3091)
『平田幸右衛門方より來狀之寫·松浦儀右衛門差出候存寄之覺書』(국사편찬위원회 소장 대마도종가문서 기록류, No.3716)
『因幡國江朝鮮人致渡海候付豊後守様へ御伺被成候次第幷御返答之趣其外始終之覺書』(국사편찬위원회 소장 대마도종가문서 기록류, No.3645)
『兩國往復書謄』 57(日本國會圖書館, デジタルコルレクション)
『竹嶋紀事』(日本國立公文書館 內閣文庫)
『御用人日記』(日本鳥取縣立博物館)
雨森東五郎의「覺」(국사편찬위원회 소장 대마도종가문서 고문서 No.8760)

이훈, 2000,『조선후기 표류민과 한일관계』, 국학자료원
池內敏, 1998,『近世日本と朝鮮漂流民』, 臨川書店
池內敏, 1993,「天明四年長州惡黨漂民一件」,『日本歷史』545
木部和昭, 1993,「朝鮮漂流民の救助·送還にみる日朝兩國の接觸」,『史境』26
岡田信子, 1974,「近世異國漂着船について-特に唐·朝鮮沿の處遇-」,『法政史學』26

6장

1. 사료

『島中失火』(奎 12914)
『各樣謄錄 下』(奎貴 9910)
『東萊府接倭狀啓謄錄可考事目錄抄冊』
『萬機要覽』, 『增正交隣志, 『邊例集要』, 『春官志』
『世宗實錄』, 『世祖實錄』, 『成宗實錄』, 『顯宗實錄』, 『顯宗改修實錄』
『分類紀事大綱』 Ⅶ, 「分類紀事大綱』 10, 「江戶御屋敷燒失」
『草梁話集』

2. 저서 및 논문

金相淏, 「조선시대의 公文書管理」, 『書誌學硏究』 1, 1986.
이현주, 「서울대 규장각한국학연구원 소장 『回謝差倭謄錄』 解題」, 『奎章閣 63, 2023.
장순순, 「倭館變遷史 硏究」, 전북대학교 박사학위논문, 2001.
_____, 「조선시대 對馬島 연구의 현황과 과제」, 『東北亞歷史論叢』 41, 2013.
_____, 「통신사의 사행록을 통해서 본 조선 지식인의 대마도 인식과 그 추이(推移)」, 『한일관계사연구』 75, 2022.
정다함, 「朝鮮初期 野人과 對馬島에 대한 藩籬·藩屛認識의 형성과 敬差官의 파견」, 『東方學志』 141, 2008.
하우봉, 「한국인의 대마도 인식」, 『독도와 대마도』, 지성의 샘, 1996.
_____, 「전근대시기 한국과 일본의 대마도 인식」, 『동북아역사논총』 41, 2013.
한문종, 「조선후기 일본에 관한 저술의 조사연구-對日關係 謄錄類를 중심으로」, 『국사관논총』 86, 1999.

7장

1. 1차 사료

한국사DB 이용(검색일 2023.07.01.)

『分類紀事大綱 三十一』「脇差紛失一件」

『分類紀事大綱 二十四』「享保四已亥年 於知世浦御米漕二艘及破船候事」

『備邊司謄錄』 숙종45년

국사편찬위원회 소장자료

『松平兵部太輔樣御領越前新保船一艘朝鮮知世浦江漂着記錄』(2739)

서울대 규장각한국학연구원 소장 자료

『漂倭入送謄錄』 2

일본국회도서관 소장자료(청구번호 WA1-6-34)

『每日記』 三(享保4年7月1日~享保4年8月29日)

『每日記』 四(享保4年9月1日~享保4年10月29日)

『每日記』 五(享保4年11月1日~享保4年12月29日)

2. 저서

이훈, 『朝鮮後期 漂流民과 韓日關係』, 국학자료원, 2000.

정성일, 『전라도와 일본 - 조선시대 해난사고 분석』, 경인문화사, 2013.

池内敏, 『近世日本と朝鮮漂流民』, 臨川書店, 1998.

3. 논문

신명호, 「조선후기 해양인식과 표류인 정책 - 『典客司日記』를 중심으로 - 」, 『해양문화학』 2, 한국해양문화학회, 2006.

심민정, 「1682년 임술통신사행의 임술약조 강정과 조일 교린관계의 재편」, 『한일관계사연구』 73, 한일관계사학회, 2021.

심민정, 「조선 후기 부산에서의 표류 일본인 접대 - 『조선표류일기』(1819)를 중심으로」, 『향도부산』 42, 부산광역시사편찬위원회, 2021.

이재훈, 「기해사행(己亥使行, 1719) 당시의 쓰시마번(對馬藩)의 지시사항 - 통신사 접대의 근저에 깔린 의식을 중심으로」, 『한림일본학』 39, 한림대학교 일본연구소, 202.

정성일, 「朝鮮의 對日關係와 巨濟 사람들 = 1830~80년대 巨濟府 舊助羅里[項里] 주민의 대마도 난파선 구조를 중심으로」, 『한일관계사연구』 49, 한일관계사학회, 2014.

정성일, 「한·일 간 표류민 송환과 해난구조의 법제화(1860~1960년대)」, 『한일관계사연구』 75, 한일관계사학회, 2022.

箕輪吉次, 「壬戌年 信使記錄의 集書」, 『한일관계사연구』 50, 한일관계사학회, 2015.

八百啓介, 「近世オランダ貿易の成立と展開」, 九州大學博士論文, 1996.

8장

1. 사료

『동래부계록』 6-10
『조선외교사무서』 1-9책

2. 저서

이훈, 『조선후기 표류민과 한일관계』, 국학자료원, 2000.
이훈, 『조선시대 한일 표류민 연구』, 국학자료원, 2001.
池内敏, 『薩摩藩士朝鮮漂流日記』, 講談社選書メチエ, 2009.
정성일, 『전라도와 일본-조선시대 해난 사고 분석』, 경인문화사, 2013.
이근우, 김윤미 역, 『조선표류일기』, 소명출판, 2020.
현명철, 『메이지 유신 초기의 조선 침략론』(동북아역사재단 교양총서), 2019.

3. 논문

심민정, 「『朝鮮漂流日記』에 나타난 표류 왜인 호송과 접대 실태」, 『한일관계사연구』 70, 2020.
현명철, 「막말 정치사와 한일관계관의 변화 - 성신지교에서 구폐로」, 『한일관계사연구』 65, 2019.
현명철, 「메이지 초기 송환 표류민 사례 연구」, 『한국학논총』 50, 국민대, 2018 (이 논문은 해양수산부 해양문화연구총서02, 『동아시아의 표류』, 2020에도 실려있다).
현명철, 「조일수호조규와 표류민 송환의 변화」, 『공존의 인간학』 5, 전주대학교 한국고전학연구소, 2021.
현명철, 「기유약조 체제의 붕괴 과정에 대하여」, 『한일관계사연구』 54, 2016.
현명철, 「1872년 일본 화륜선의 왜관 입항」, 『동북아역사논총』 49, 2015.
정성일, 「근대 조선과 일본의 해난 구조제도와 국제관계」, 『동북아역사논총』 28, 2010.
정성일, 「표류민 송환 체제를 통해 본 근현대 한일관계」, 『한일관계사연구』 17, 2002.
이훈, 「'표류'를 통해서 본 근대 한일관계 - 송환 절차를 중심으로 - 」, 『한국사연구』 123, 2003.

| 편집후기 |

〈경인한일관계 연구총서〉 100권을 내면서

〈경인한일관계 연구총서〉 제1권은 2005년 8월에 발간했다. 나는 제1권을 발간하면서 편집후기에 다음과 같이 썼다.

"2005년은 한일 양국 모두가 지난 20세기 100년간의 상처와 갈등을 씻어 버리고, 21세기 새로운 한일시대를 맞이해 보자는 의미에서 '한일 우정의 해'로 정한 해이다. 그러나 연초부터 독도나 교과서 왜곡 문제로 양국 관계가 매우 시끄럽다. 이러한 상황에서 이 책의 발간은 더욱 의미가 있다고 생각한다. 한일 관계의 여러 문제 들을 해당 분야의 전문가들이 심도 있게 다루었으며, 일정부분 당면한 문제들에 대해 문제해결의 실마리를 제공해 줄 것이다."라고 쓰면서, '한일관계 연구총서'가 시작되는 것을 축하했다. 그리고 5년쯤 후에는 '한일관계 연구총서' 100번째의 책이 나오는 날, 경인문화사는 한국학뿐만 아니라 한일관계연구서 출판의 메카가 될 것이다"을 염원했다.

그러나 100권이 되기까지에는 20년이 걸렸다. 참으로 감개무량한 순간이다. 총서 100권의 필자는 공동참여자를 포함하여 총 495명이 참가했다. 그중 한국 저자가 총 411명(단행본 저자 45명), 일본 저자가 총 84명(단행본 저자 5명)이다. 개인 단행본은 총 50권으로 전체가 한일연구자들의 개인 연구저서이다. 공동 필자로는 한일문화교류기금의 문화강좌가 7권, 공동연구 결과물이 7권, 한일관계사학회와 한일문화교류기금의 학술세미나 결과물이 31권이다. 또한 총서 100권의 연구 테마별 시대를 분류해 보면, 통시대가 17권, 고대 8권, 중세 3권, 근세(조선시대) 41권, 개항기 7권, 일제강점기 7권, 현대 6권, 기타 11권으로 조선시대가 가장 많았다. 그만큼 한일관계의 다양한 주제가 전 기간에 걸쳐서 연구되어졌다.

특히 이 저작물 가운데 제7권 『지배와 저항, 그리고 협력』(김동명), 제21권 『일본사상사 연구』(이광래), 제29권 『근대 일본어민의 한국진출과 어업경영』(김수희), 제34권 『왜관의 조선어 통사와 정보유통』(허지은), 제39권 『조선전기 한일관계와 博多·對馬』(佐伯弘次지음, 손승철·김강일역), 제46권 『외교문서로 본 조선과 일본의 의사소통』(이훈), 제54권 『전라도와 일본』 (정성일), 제68권 『조선의 통신사외교와 동아시아』(이훈) 등 8권은 각각 문화체육관광부 우수학술도서와 학술원우수학술도서로 선정이 되기도 했다.

이러한 점에서 본다면 경인한일관계 연구총서는 나름, 학술 연구 전문도서로서의 질적인 평가가 인정된 〈한일관계사의 전문분야 학술총서 시리즈〉로 학계에 자리매김이 확실히 이루어졌다고 자부하고 싶다. 아시다시피 한일관계사학회에서는 1992년 학회 창립 이래 매월 정기학술 월례발표회를 개최하여 2015년 10월 현재 221회를 개최했고, 그 결과물로서 학회지 『韓日關係史硏究』 89집을 발간했으며, 이번에 『경인 한일관계 연구총서』 100권을 발간했다. 그리고 개인적인 작업의 성과로 『韓日關係史料集成』 32권을 발간했으며(2004년), 총서 100권과 함께 『한일관계사종합연표』를 발간했다. 앞으로 학회주관으로 『한일관계사논저목록집』과 『한일관계사사전』을 발간하면 그야말로 한일관계사 연구의 모든 기본자료가 구비될 것이며, 아울러 이 자료들이 경인문화사에서 제공하는 〈한국학종합DB〉에 수록되어 한일관계사 연구 발전에 기초자료로서 활용되어질 것이다.

그동안 〈경인한일관계 연구총서〉 발간에 협력해 주신 모든 분들과 학회 여러분들의 노고에 감사드린다. 그동안 나는 여러분들과 함께 한일관계사 연구를 함께 할 수 있어 너무 행복했다.

'한국과 일본에 대한 역사연구를 통해 두 나라 사이의 올바른 관계사 정립'을 목표로 설정하고, 이를 위해 각자의 연구 분야에서 혼신의 열을 바치고 있는 한일관계사학회와 이 뜻을 가진 연구자들에 의해 한일관계사 연구는 앞으로도 영원히 지속될 것이다.

2025년 11월 15일

〈경인한일관계 연구총서〉 기획총괄 손승철 삼가

정성일(광주여자대학교 교수)
이수열(한국해양대학교 교수)
김태훈(단국대학교 일본연구소 HK연구교수)
심민정(국립부경대 해양인문학연구소 인문학술연구교수)
이 훈(한림대학교 국제문제연구소, 연구교수)
장순순(전북대학교 강사)
이재훈(동의대학교 동아시아연구소 연구교수)
현명철(한일관계사학회 고문)

해양과 재난으로 본 근세 한일 교류

2025년 10월 24일 초판 인쇄
2025년 10월 31일 초판 발행

지 은 이 한일관계사학회
발 행 인 한정희
발 행 처 경인문화사
편 집 부 한주연 김지선 김한별 정효민
표지디자인 양은경
마 케 팅 하재일 유인순
출판신고 제406-1973-000003호
주 소 (10881) 파주시 회동길 445-1 경인빌딩 B동 4층
대표전화 031-955-9300 팩 스 031-955-9310
홈페이지 http://www.kyunginp.co.kr
이 메 일 kyungin@kyunginp.co.kr

ISBN 978-89-499-6896-4 93910
값 20,000원

* 파본 및 훼손된 책은 교환해 드립니다.